L'HORIZON HERMÉNEUTIQUE DE LA PENSÉE CONTEMPORAINE

DU MÊME AUTEUR

— *Hermeneutische Wahrheit? Zum Wahrheitsbegriff Hans-Georg Gadamers*, Königstein, Forum Academicum in der Verlagsgruppe Athenäum, Hain, Scriptor, Hanstein, 1982 (Monographien zur philosophischen Forschung, Bd. 215).

— *Le tournant dans la pensée de Martin Heidegger*, Paris, P.U.F., collection Epiméthée, 1987.

— *Kant et le problème de la philosophie : l'a priori*, Paris, Librairie Philosophique J. Vrin, Bibliothèque d'Histoire de la Philosophie, 1989.

— *Emmanuel Kant. Avant/Après*, Paris, Criterion, collection La création de l'esprit, 1991.

— *Einführung in die philosophische Hermeneutik*, Darmstadt, Wissenschaftliche Buchgesellschaft, 1991.

— *L'universalité de l'herméneutique*, Paris, P.U.F., collection Epiméthée, 1993.

BIBLIOTHÈQUE D'HISTOIRE DE LA PHILOSOPHIE

NOUVELLE SÉRIE

Fondateur : Henri GOUHIER Directeur : Jean-François COURTINE

L'HORIZON HERMÉNEUTIQUE DE LA PENSÉE CONTEMPORAINE

par

Jean GRONDIN

PARIS

LIBRAIRIE PHILOSOPHIQUE J. VRIN

6, Place de la Sorbonne, V[e]

—

1993

À Louis

Printed in France
ISSN 0249-7980
ISBN 2-7116-1153-1

INTRODUCTION

Si l'idée d'herméneutique circonscrit l'horizon de la pensée contemporaine, c'est qu'elle a le bonheur d'en nommer les deux directions essentielles. Elle traduit, d'un côté, la part de réflexion investie dans l'univers de l'interprétation compris comme le ressort de toute activité cognitive et pratique, de l'autre, celle qui nous a appris à voir dans le langage le mode privilégié de cette activité interprétante et de notre être-au-monde en général. On pourrait sans peine subsumer toutes les avenues de la philosophie d'aujourd'hui sous ce double horizon, même lorsqu'il reste ignoré comme tel. Toutes les discussions d'éthique appliquée, par exemple, lors même qu'elles débattent de cas soi-disant concrets, se déploient sur le fond d'une universalité de l'ordre interprétatif, lequel peut faire craindre un certain relativisme éthique. C'est en effet la pluralité toute moderne des opinions sur un sujet qui nous incite à rechercher des critères, des normes, des consensus *ad hoc*, etc. L'universalité de l'ordre interprétatif ne peut donc relever que d'une philosophie à vocation herméneutique.

L'orientation « linguistique » (avec guillemets pour la distinguer de la science proprement linguistique) de la pensée contemporaine, la « seconde », ne doit cependant pas être dissociée de cette universalité de l'horizon interprétatif. Si le langage incarne l'articulation par excellence de notre humanité, c'est qu'il est lui-même solidaire de l'espace de l'interprétation, le langage ne se laissant comprendre qu'à partir de la motivation ou de l'arrière-fond herméneutique qui le travaille. Bien curieusement, c'est une vérité que la philosophie du langage de notre siècle s'est toutefois obstinée à méconnaître. Pour elle, le langage a souvent représenté quelque chose comme un donné ultime, une positivité irréfragable, comme si le discours n'était pas d'abord l'expression d'un vouloir-dire, d'un avoir à dire. Le parler humain ne se laisse pas réduire au langage des sons ou des langues particulières, il jaillit d'un vouloir-dire qui traverse toutes les langues. Un mot, une phrase ne se suffisent jamais à eux-mêmes. Ils portent quelque chose à la parole, qu'on ne comprend qu'en s'engageant sur la voie du dialogue qu'ouvre l'espace de jeu, ou d'écoute, des bredouillements qui sont proférés. Dans la mesure où elle a pris le langage pour une positivité dernière, la philosophie analytique, l'un des grands acquis de notre siècle, a parfois succombé, bien malgré elle, à une nouvelle forme de physicalisme : ce qui serait « réel », incontournable, indubitable, factuel, ce serait le langage, le discours effectif, celui que l'on peut observer, donc analyser méthodiquement, tout le reste n'étant que nébuleux ou insensé.

C'est une dérive que l'herméneutique, loin de l'encourager, comme on l'a facilement cru, permet de corriger en raccordant l'usage du langage à l'ordre de l'interprétation ou du dialogue. Tout discours procède d'un lieu, d'une question, d'un échange, d'un embarras aussi, d'une volonté de communication, ou encore, ce que l'échange réel doit laisser paraître, de domination. Le langage ne se laisse en effet comprendre correctement qui si l'on tend aussi l'oreille au dialogue dont il est l'écho, à ce que ses balbutiements aspirent à dire, ce qui les meut, ce qu'il y a, risquons le terme, « derrière » le discours lui-même, bref, ce qu'Augustin surnommait le « verbe intérieur », le discours de l'âme avec elle-même, qui sommeille en tout langage et qui constitue son humanité la plus intime. Cette intelligence herméneutique du langage, loin de donner dans un « relativisme », traduit une volonté élémentaire de justice envers le discours qui se dit : plutôt que de classer ce qu'on entend dire sous des rubriques déjà connues, et jugées, l'herméneutique invite à comprendre dans sa spécificité propre, voire dans son altérité, ce que le discours veut dire, sans toujours parvenir à l'exprimer parfaitement dans les mots qu'il lui arrive d'employer. C'est ainsi que l'herméneutique se double d'une éthique, mieux, qu'elle est une éthique.

Les études qui suivent se proposent de retracer les étapes déterminantes dans l'élaboration de cet univers herméneutique, où se condensent les tâches de la pensée présente. Elles partent de Heidegger parce qu'on peut considérer sa confrontation avec la métaphysique comme la prémisse essentielle de la philosophie herméneutique du vingtième siècle, celle qui découpe l'horizon de la pensée contemporaine. Et partir de Heidegger veut dire qu'on doit s'inspirer d'abord et avant tout d'*Être et temps*, qui est moins le titre d'un livre que d'une nécessité de la pensée. La formule, « Être et temps », comme la première étude entreprendra de le montrer, résume à la fois l'espace de la pensée classique, c'est-à-dire de la métaphysique, et ce qui reste à penser pour notre modernité, à savoir l'impensé de la métaphysique, disons la finitude. Nos réflexions sur « Être et temps » et les ressources éthiques de la finitude veulent montrer comment la mise en question de la métaphysique doit nécessairement déboucher sur une méditation à portée (nous ne prétendons rien de plus) éthique. Cette réorientation éthique de la philosophie, que nous avons présentée ailleurs à partir de Kant [1], confronte la pensée à un tournant décisif de son histoire, à la problématique du tournant comme tel. L'historiographie contemporaine, la moins fiable assurément, a parfois confondu ce tournant de la philosophie tout court avec un virage quelconque dans l'évolution de la pensée heideggérienne. C'est manquer l'enjeu du tournant, lequel déborde largement le cadre limité et en lui-même inoffensif de la pensée heideggérienne. La troisième étude s'emploiera donc à rappeler quelques-uns des prolégomènes à l'intelligence du tournant depuis Heidegger.

Si nous avons perdu des amis en décrétant qu'il restait indispensable de partir de Heidegger, nous sacrifierons sans doute tous ceux qui nous restent en clamant ensuite qu'on ne peut en *rester* à Heidegger ou à la philologie de ses textes, qui demeurent, malgré tout, les plus forts qu'ait produits notre positiviste XXe siècle. Sans trop le vouloir, le démontage de la métaphysique accompli par Heidegger aura en un sens été trop radical : à force de ramener, avec les meilleurs arguments du monde, toutes les interrogations à la question préalable de l'être et de son destin historique, son œuvre de percée aura paradoxalement contribué à un certain émoussement des capacités critiques de la pensée, perceptible dans le jargon heideggérianisant qui sévit encore ici et là. La pensée heideggérienne redevient elle-même métaphysique, c'est-à-dire totalisante, au moment précis où elle se pratique comme la seule qui soit possible et où elle se codifie en des formules incantatoires qui se ferment à tout ce qui paraît encore provenir de l'héritage métaphysique. D'où l'utilité cathartique d'un saut, abrupt, mais continu, de l'heideggérianisme à la théorie dite critique, amorcé dans l'étude « De Heidegger à Habermas ». La théorie critique rappelle utilement que le procès intenté par Heidegger à la rationalité occidentale oublie peut-être la rationalité communicationnelle ou dialogique, c'est-à-dire la raison qui découle de l'entente langagière et de la confrontation des arguments. Ce moment critique, et apparemment extrinsèque à l'heideggérianisme, peut intervenir dans le cadre d'une réflexion sur l'horizon herméneutique de la pensée puisque le premier à l'avoir mis

1. Cf. *Kant et le problème de la philosophie : l'a priori*, Paris, Vrin, 1989, et *Emmanuel Kant*, Paris, Criterion, 1991.

en évidence aura été Gadamer lui-même, le plus important disciple de Heidegger. Son ouvrage de 1960, *Vérité et méthode*, a eu l'insigne mérite d'introduire en philosophie contemporaine le paradigme de l'entente langagière (*Verständigung*) : avant d'être monologue objectif et propositionnel sur le monde extérieur, le langage se fait valoir comme un medium intersubjectif d'entente et d'orientation. Parler, c'est d'abord écouter (*Hören*), appartenir (*Gehören*) à une communauté, répondre à un appel et s'inscrire dans un dialogue situé dans le temps.

Il s'agit d'une conception du langage – et de la raison, depuis que les Grecs ont fondu les deux termes dans leur concept de *logos* – foncièrement différente de celle qu'avait avancée Heidegger. Mais, sur ce point, Gadamer a choisi, par déférence peut-être, de ne pas s'opposer de façon ouvertement polémique à la pensée de son maître. L'opposition ne devient manifeste et affichée qu'avec Habermas, d'où l'intérêt de confronter d'abord les pensées de Heidegger et d'Habermas, lequel a toujours reconnu sa dette envers l'herméneutique sur la question de l'entente langagière [1], avant d'en venir à Gadamer. Si Habermas nous oblige à revenir à l'herméneutique et à Gadamer, c'est que Habermas semble avoir conféré une nouvelle dimension métaphysique à l'idée d'entente langagière. Afin d'assurer des fondements normatifs fermes à sa théorie sociale, Habermas a été conduit à extirper la notion d'entente langagière de son sol herméneutique. La communication qui intéresse Habermas, ce n'est pas tant le « dialogue que nous sommes » (Hölderlin), que la communication idéale que présupposerait « contra-factuellement » le langage réel. La théorie habermassienne redonne ainsi une teneur nouménale à la rationalité dialogique que l'herméneutique avait inscrite dans l'histoire. Malgré la distance qu'il a voulu prendre vis-à-vis du marxisme de l'École de Francfort, Habermas réactualisait ainsi l'idéalisme de la théorie critique dans sa critique systématique des idéologies du monde contemporain, où toute communication réelle se trouve soupçonnée de contamination idéologique. Comment aspirer à une vérité dialogique authentique si l'idéologie, ou la communication systématiquement déformée, est omniprésente ?

La précarité de la théorie critique réside depuis toujours dans la prétention de vérité que l'on veut bien reconnaître au phénomène

1. Cf. J. Habermas, *La logique des sciences sociales*, Paris, PUF, 1987. Pour sa dette, plus secrète, envers Heidegger, cf. *Die nachholende Revolution*, Francfort, Suhrkamp, 1990, 104.

« idéologique » : si la conception du monde universellement reçue, celle que propage disons le capitalisme libéral, est « fausse », comment savoir enfin si celle que propose la critique des idéologies est la vraie ? Le recours à des notions vagues d'émancipation, d'intersubjectivité réconciliée ne reste-t-il pas purement déclamatoire, à la limite démagogique ? L'effondrement du mur de Berlin, confirmant la faillite du communisme réellement existant, pourrait jeter un éclairage nouveau sur la naïveté et les slogans du marxisme occidental, fûssent-ils subrepticement réintroduits dans les assises transcendantales ou pragmatiques du langage. La « destruction de la raison » que l'on décrie à l'envi chez tous ceux qui, herméneutes ou déconstructivistes, dénoncent les *a priori* métaphysiques de la théorie critique réédite à sa façon l'unilatéralité de l'ouvrage du même nom de Lukács [1]. L'étude de cette section consacrée à l'éthique d'Adorno est à cet égard la plus critique. Elle entend en effet marquer la limite d'une théorie qui se propose de mettre le doigt sur la tare fondamentale de la société, c'est-à-dire la manipulation idéologique des masses, par le biais, selon la version canonique de l'École de Francfort, de la culture de masse ou de l'industrie culturelle. Cette théorie, en plus d'être singulièrement élitiste, méconnaît les ressources critiques de la culture et de la conscience populaires, bref, la raison même de la démocratie. Son vice essentiel est de reproduire la stratégie bien connue des théories de la conspiration : notre être et nos jugements résulteraient d'une géante machination, destinée à hypnotiser la population dans son ensemble. Magiquement, le théoricien de la société, et lui seul, parvient à y résister. Seule la théorie critique de la société reste finalement vertueuse ou porteuse de moralité. Elle a beau jeu de critiquer les complots du capitalisme, mais elle ne peut ainsi faire aucune place à une pensée autre, tout particulièrement à une pensée, encore à venir, de la démocratie, fondée sur le postulat, assurément fragile, de la maturité et de la lucidité du plus grand nombre.

C'est pourquoi une théorie attentive à la démocratie, et à ses zones grises constitutives, a peut-être plus de chances et plus d'avenir si la philosophie redevient plus herméneutique. Sauf erreur, cette "herméneutisation" de la pensée représente l'un des traits fondamentaux de la réflexion philosophique, mais aussi politique (pensons notamment au pluralisme, honni en théorie, mais célébré dans la pratique de toutes les

1. Cf. à cet égard K.-O. Apel, « Constitution du sens et justification de la validité. Heidegger a-t-il dépassé la philosophie transcendantale par sa conception de 'l'histoire de l'être' ? », in *Les Etudes philosophiques*, 1990, 373-396.

sociétés avancées), des dernières années [1]. Nous éviterons ici, par incompétence (mais que nous savons partagée), de toucher à la dimension proprement politique du phénomène démocratique, pour nous en tenir au niveau des assises conceptuelles de l'herméneutique contemporaine, qui méritent d'être présentées pour elles-mêmes. Notre parcours de la pensée herméneutique s'ouvrira sur une présentation de l'œuvre du juriste italien Emilio Betti, auteur peu connu en France, mais qui a la vertu d'illustrer ce qu'aurait téléologiquement voulu être l'herméneutique classique, c'est-à-dire une théorie normative et canonique des critères d'objectivité de l'interprétation. Le projet de Betti, dont il faut saluer la portée critique, comporte cependant des éléments encore scientistes auxquels l'herméneutique plus heideggérienne, celle de Gadamer ou Bultmann, nous aide à renoncer. La recherche de critères universellement applicables conserve en effet quelque chose de métaphysique à la lumière d'une pensée qui s'est avisée de l'universalité de l'ordre interprétatif. Il serait de fait fabuleux de pouvoir s'entendre sur des normes universelles et strictement rationnelles dans les sphères de la connaissance et de l'agir. L'ennui, bien relatif, c'est qu'on n'a jamais rien trouvé de tel. Toutes les normes procèdent en effet du travail de l'histoire, de la tradition et des avenues qui ont fait leurs preuves, mais dont l'autorité n'a jamais rien d'algorithmique. La pensée de Paul Ricœur nous facilitera, encore une fois à partir de Heidegger, l'accès à la dimension proprement narrative de cette expérience herméneutique. L'étude sur Ricœur servira donc de pendant à celle sur Betti, mais l'herméneutique ricœurienne n'a pas encore réussi à s'affranchir du problème extraordinairement paralysant du relativisme, legs de l'historicisme et de l'herméneutique normative du XIXe siècle. Les études consacrées à Gadamer s'y attaqueront. Elles espèrent montrer que le problème, au reste assez récent, du relativisme ressortit lui-même à un horizon secrètement métaphysique de la pensée. Seul un étalon métaphysique, postulé, mais jamais porté au jour, permet d'insinuer que tout n'est que relatif. C'est sous-estimer étrangement les ressources du dialogue intérieur qu'est tout être humain et qui révèle sa capacité insigne de réflexion ou de raison. Tout n'est justement pas acceptable pour un être situé dans le temps et qui n'a jamais fini d'apprendre de l'histoire. Mais c'est au niveau de l'individu et des idées qui se laissent discuter que doit se décider l'horizon de l'acceptable et du juste.

1. Sur l'herméneutique comme nouvelle « *koinè* » de la philosophie contemporaine, cf. G. Vattimo, *Ethique de l'interprétation*, Paris, La Découverte, 1991.

Les épouvantails du relativisme peuvent alors retourner dans les granges du fondamentalisme, pour faire place à une pensée de notre relation herméneutique, c'est-à-dire réfléchie, au langage et au dialogue que nous ne cessons jamais d'être. La dimension du langage intérieur nous met à même de concevoir qu'il puisse y avoir à la limite des « propositions » qui apparaissent contradictoires, mais qui n'en soient pas moins toutes deux « vraies ». Ce qui n'est qu'un scandale pour une logique édifiée sur une métaphysique devient pensable dans une perspective herméneutique, qui rejoint sur ce point l'expérience de la compréhension commune, celle qui soupçonne une motivation derrière toute expression humaine. Pourquoi x soutient-il telle position et y telle autre ? Quelle est la situation, l'urgence, la légitimité qui parle en elle ou en lui ? Qu'est-ce que le langage veut dire ? Voilà la seule question de l'herméneutique.

A.

Heidegger

I
LE SENS DU TITRE *ÊTRE ET TEMPS*

Dans des notes de 1941, publiées en annexe à son cours sur Schelling, Heidegger met en relief trois significations bien distinctes du titre *Sein und Zeit*[1]. Ce titre serait, en premier lieu, le nom d'un événement dans l'être lui-même; ensuite, le mot d'ordre d'une méditation au sein de l'histoire de la pensée; enfin, le titre d'un traité qui tente un parcours de cette pensée. L'ouvrage intitulé *Être et temps* doit donc être distingué de la «nécessité»[2] qu'indiquent l'événement et la méditation historiale *Sein und Zeit*. Quatorze ans après sa publication, *Sein und Zeit* est devenu, mine de rien, un événement de l'être lui-même ainsi qu'une balise de l'histoire de la pensée occidentale.

La projection, apparemment présomptueuse, de *Être et temps* dans l'histoire de l'être[3] relève-t-elle de l'auto-interprétation tardive du second Heidegger ou était-elle déjà à la racine de l'œuvre de 1927, le chef-d'œuvre philosophique du vingtième siècle? De quel droit, plus généralement, le titre d'un livre peut-il se déclarer événement de l'être? Afin de répondre à ces questions, il faut, bien sûr, avoir compris, ou entrevu, ce que signifie la formule *Sein und Zeit*. Titre assurément énigmatique, même s'il ne se constitue que de vocables très familiers. «Être», «temps», «et»: autant de mots que nous employons tous les jours, sinon dans toutes les phrases (dans la mesure où tout discours dit l'être, et toujours sous un mode temporel et en

1. M. Heidegger, *Schellings Abhandlung über das Wesen der menschlichen Freiheit* (Tübingen Max Niemeyer Verlag, 1971), 229; trad. fr., *Schelling* (Paris, Gallimard, 1977), 324.

2. Ibid., «nous distinguons par conséquent la nécessité qui est désignée par les mots «Être et temps» et le livre ainsi intitulé».

3. Cf. aussi M. Heidegger, *Gesamtausgabe* (sigle GA), Band 54 (Francfort, V. Klostermann, 1982), 113, où les étapes essentielles de l'occident sont placées sous les titres «*Être et mot*» (la pensée présocratique), «*Être et raison*» (la métaphysique de Platon à Nietzsche) et «*Être et temps*».

adjoignant des pensées). Mais «être et temps»? Quel est le sens d'un titre pareil? Cette étude se propose d'esquisser une réponse à cette question en cernant l'horizon des questions délimité par ce titre en 1927 en vue de saisir pourquoi, depuis les bases posées dans *Sein und Zeit*, ce titre en est venu à circonscrire un événement de l'être, puis un tournant de la philosophie.

S'il est encore permis, soixante-six ans plus tard, de s'interroger sur ce que nomme *Sein und Zeit*, c'est que ce titre n'est pas clair comme le jour. Dans les parties publiées d'*Être et temps*, Heidegger ne commente pas, à proprement parler, le titre de son ouvrage. Il est certes question de la compréhension de l'être depuis l'horizon du temps, de l'être du *Dasein* et de sa temporalité, de l'histoire de l'ontologie, mais Heidegger ne dit jamais expressément, en 1927 : voici pourquoi j'ai intitulé ce livre *Sein und Zeit* et ce qui est directement visé par ce titre. Le temps, est-ce celui du *Dasein*, comme l'ont présumé les premiers lecteurs du livre – condamnés à interpréter le titre à partir de ce que l'ouvrage publié paraissait offrir, une analytique du *Dasein* – ou celui de l'être (et de l'être tout uniment ou de l'être tel qu'appréhendé par la métaphysique?), ou encore celui de la compréhension humaine de l'être, le temps figurant comme schème transcendantal? *Sein* désigne-t-il le *mot* «être» ou son référent ontologique, l'*ens commune* de la tradition ou l'être de l'homme, voire l'être du temps lui-même? Et que signifie le «et», dont Fichte a déjà dit qu'il était le mot le moins philosophique qui soit[1]? Un lien plus étroit peut-il être établi entre

1. Notre époque parait être d'un autre avis. Fait significatif peut-être, la conjonction «et» brille dans un nombre appréciable de titres philosophiques du vingtième siècle, symptôme de la défaveur relative de la pensée systématique. Rappelons quelques-uns des titres les plus programmatiques de notre siècle : *Histoire et conscience de classe* (Lukács); *Le Moi et le ça, Totem et tabou* (Freud); *Matière et mémoire, La pensée et le mouvant* (Bergson); *Process and Reality* (Whitehead); *Expérience et jugement, Logique formelle et logique transcendantale* (Husserl); *Le formalisme en éthique et l'éthique matériale des valeurs* (Scheler); *L'éthique protestante et l'esprit du capitalisme, Économie et société* (Weber); *Marxisme et philosophie* (Korsch); *Être et temps, Kant et le problème de la métaphysique, Identité et différence* (Heidegger); *Être et avoir* (Marcel); *Raison et existence* (Jaspers); *Théorie traditionnelle et théorie critique* (Horkheimer); *Droit naturel et dignité humaine* (Bloch); *L'être et le néant* (Sartre); *Eros et civilisation* (Marcuse); *Le visible et l'invisible* (Merleau-Ponty); *The Open Society and its Enemies* (Popper); *Word and Object* (Quine); *Vérité et méthode* (Gadamer); *Les mots et les choses* (Foucault); *La voix et le phénomène, Écriture et différence* (Derrida); *Théorie et praxis, Connaissance et intérêt* (Habermas); *Philosophy and the Mirror of Nature* (Rorty); *Expérience esthétique et herméneutique littéraire* (Jauss); *Temps et récit* (Ricœur); *Discours et responsabilité* (Apel); *Raison, vérité et histoire* (Putnam); *Réduction et donation* (Marion).

l'être et le temps ? Au premier coup d'œil, il pourrait sembler que Heidegger ait choisi l'épigraphe « Être et temps » afin d'identifier l'horizon thématique très général de ses recherches, ce qui lui aurait permis de regrouper tout un réseau de renvois entre l'être et le temps. Bien que susceptible d'une interprétation cohérente, comme nous nous efforcerons de le montrer, le programme « Être et temps », dans sa généralité, se prête à des quantités de lectures puisqu'il interpelle un certain nombre de problématiques philosophiques que l'on peut isoler les unes des autres (la question du sens de l'être et de ce qui en circonscrit la compréhension au sein de l'histoire de l'ontologie, le problème de l'être de l'homme, de son existence, de sa temporalité, de son exister authentique dans le temps), mais que Heidegger soupçonne connexes. Le titre *Être et temps* réunit donc sous un chapiteau des problèmes que la tradition a coutume de ranger sous des rubriques différentes : l'ontologie, la métaphysique, l'anthropologie, l'épistémologie, la philosophie de l'histoire, les questions de l'existence et de l'éthique (que rejoint la question de l'authenticité), etc. Nous aurons à faire voir en quoi cette réunion découle du programme « Être et temps ».

« Être et temps », c'est pour Heidegger le titre de ce qui est « proposé » (*aufgegeben*)[1] à la pensée plutôt que le fin mot d'une doctrine bien arrêtée, nonobstant les emprunts du livre de 1927 au jargon de la philosophie systématique. Il suffit de se remémorer la *dernière* phrase du livre (« le *temps* lui-même se manifeste-t-il comme horizon de l'*être* ? »[2]) pour s'apercevoir qu'aux yeux de Heidegger *Sein und Zeit* trace avant tout l'horizon d'une question, suffisamment interrogative pour savoir rester ouverte. Dans les récits et les cours postérieurs à 1927, alors que s'enclenchera véritablement le commentaire, disons l'auto-réinterprétation du titre de l'œuvre, Heidegger répétera inlassablement que le « *und* » renferme le problème fondamental de son œuvre[3], mais sans prétendre le résoudre, d'autant que cette question émergera de plus en plus comme la question fondamentale (*Grundfrage*) derrière la question directrice (*Leitfrage*) de la

1. Cf. M. Heidegger, *Einführung in die Metaphysik* (Tübingen, Max Niemeyer Verlag, 1953 ; 4. Aufl., 1976), 157 ; trad. fr., *Introduction à la métaphysique* (Paris, Gallimard, 1983), 209 : « 'Être et temps' désigne, dans une méditation de ce genre, non pas un livre, mais ce qui est proposé comme tâche ».

2. M. Heidegger, *Sein und Zeit* (sigle SZ) (14. Aufl., Tübingen, Max Niemeyer Verlag, 1977), 437 ; trad. fr., *Être et temps*, trad. E. Martineau (Paris, Authentica, 1985), 296.

3. M. Heidegger, *Kant und das Problem der Metaphysik* (4. Aufl., Francfort, V. Klostermann, 1973), 235 ; trad. fr., *Kant et le problème de la métaphysique* (Paris, Gallimard, 1953), 298.

métaphysique, « qu'est-ce que l'étant ? ». Un cours de 1930 est particulièrement éclairant à ce propos :

> Être et temps – il y a un livre qui porte ce titre. Mais ce titre de livre, comme tel, est aussi peu significatif que n'importe quoi d'autre. Aussi le livre ainsi intitulé n'est pas ce qu'il y a de décisif. Ce qui est décisif, c'est que le lecteur devienne attentif à l'événement fondamental de la métaphysique occidentale, de la métaphysique de tout notre *Dasein*, un événement au sujet duquel des livres particuliers n'ont rien à décider, un événement devant lequel nous avons d'abord à nous incliner... « Être », ça va ; « temps », ça va aussi ; mais « être et temps » ? Le « et » qui les comprime ensemble est l'index véritable du problème. La question directrice « qu'est-ce que l'étant ? » doit se transformer en la question fondamentale, celle du « et » de être et temps, et qui questionne de cette manière le fondement des deux. La question fondamentale est donc : *quelle est l'essence du temps, de telle sorte que l'être se fonde en lui et que dans cet horizon la question de l'être puisse et doive se développer comme le problème directeur de la métaphysique ?* [1]

À partir de 1930 donc, sinon plus tôt, le titre « Être et temps » vient résumer rien de moins que l'*événement de la métaphysique*, lequel ne peut être pensé et mis en question qu'après l'achèvement de la métaphysique, avec Nietzsche, comme Heidegger le découvrira un peu plus tard. Dès maintenant, l'articulation possible des trois niveaux du titre *Sein und Zeit*, signalés par les manuscrits de 1941, commence à se dessiner. 1) *Être et temps*, c'est premièrement, selon la perspective de 1941, repérable en 1930, un événement dans l'être, plus exactement l'événement de l'être qui se manifeste sur le sol de la métaphysique, c'est-à-dire l'intelligence de l'être suivant un mode particulier du temps, la permanence de la présence, laquelle entraîne l'explicabilité universelle de l'étant et, partant, son instrumentalisation à grande échelle, instituée par l'accomplissement technique de la métaphysique. 2) Cet événement de la métaphysique rend possible et nécessaire, à un second niveau, une *méditation* qui s'appelle « Être et temps », laquelle est *aufgegeben*, aussi bien pro-posée qu'im-posée, à la pensée qui s'emploie à mettre à découvert le fondement de la métaphysique (en vertu du *Rückgang in den Grund der Metaphysik*, d'après le titre de l'introduction de 1949 à *Qu'est-ce que la métaphysique ?*), que cette méditation soit conduite par Heidegger ou par un autre. 3) Voilà

1. GA, Band 31, 115-116.

pourquoi, troisièmement, le livre *Sein und Zeit* ne peut être qu'une tentative, parmi d'autres possibles, cherchant à correspondre à ce qui appelle à penser sous le mot d'ordre « Être et temps ». Il en résulte que le chemin qui conduit de *Sein und Zeit* au débat avec la métaphysique, qui s'accomplira dans la seconde philosophie de Heidegger, accuse une extraordinaire rigueur. Pour en saisir le déroulement, il est maintenant temps de reproduire la logique de l'interrogation « Être et temps » telle qu'elle se fait jour dans l'œuvre de 1927.

Si l'on doit trouver l'ébauche d'une explication du titre quelque part dans *Sein und Zeit*, c'est dans les § 5 et 6 de l'Introduction qu'il faut la débusquer. C'est là que sera explicitée la double tâche de *Être et temps*, qui commande la subdivision de l'ouvrage en deux grandes parties[1]. Quelles sont ces deux tâches ? La première se veut « l'interprétation du *Dasein* par rapport à la temporalité et l'explication du temps comme horizon transcendantal de la question de l'être » ; la seconde présentera les « traits fondamentaux d'une destruction phénoménologique de l'histoire de l'ontologie au fil conducteur de la problématique de l'être et de la temporalité. À n'en pas douter, ces deux tâches ont l'insigne fonction de mettre en œuvre le programme « Être et temps ». Le § 5 présente la première tâche sous le titre d'une « Analytique ontologique du *Dasein* » (comme libération de l'horizon en vue d'une interprétation du sens de l'être en général) ; c'est ici que prend place « l'analytique existentiale du *Dasein* ». Réduite à sa plus simple expression, la double tâche de *Sein und Zeit* est celle d'une analytique (du *Dasein*) et d'une destruction (de l'histoire de l'ontologie). Même si ces termes prendront une signification inédite chez Heidegger, il est permis de supposer que la dichotomie de l'analytique et de la destruction s'inspire directement de la distinction kantienne, elle-même de souche aristotélicienne, entre l'analytique et la dialectique, s'il est vrai que la dialectique de Kant pratique une destruction de la métaphysique, que Heidegger répétera (*wiederholen*, dira constamment le *Kantbuch*) à l'aide d'une compréhension différente et plus radicale de ce que doit être une destruction et de ce que signifie la métaphysique. Cette filiation est d'autant plus éclatante que Heidegger aperçoit dans la *Critique*

1. SZ, 39 ; trad. fr., 49. Nous savons que seuls les deux tiers de la première partie ont été publiés, ce qui complique, bien sûr, l'intelligence du titre *Être et temps*. Les huit pages du § 6 sont donc tout ce que nous savons du projet systématique de la seconde partie. Son projet plus proprement *historique* peut être reconstruit, car les cours de cette période nous permettent de retracer les grandes lignes du débat projeté avec le schématisme kantien (II.1), le *cogito* cartésien (II.2) et le traité d'Aristote sur le temps (II.3).

de la raison pure, à l'encontre de la lecture épistémologiste des néo-kantiens, une nouvelle tentative de fonder l'ontologie, ce que *Sein und Zeit* voulait aussi être, à sa façon, en tant qu'ontologie fondamentale. Nous aurons l'occasion de revenir sur le poids de cette analogie pour l'économie d'une pensée placée sous la maxime « Être et temps ».

Ceci étant posé, tâchons de cerner le rapport entre la première tâche d'une Analytique et le titre « Être et temps » (la compréhension du titre étant le but restreint de ce chapitre). Nous parlerons ici du « sens analytique » de la formule « Être et temps ». La première tâche se propose d'exhiber, à l'aide d'une interprétation du *Dasein* sous le rapport de la temporalité, que le temps incarne l'horizon transcendantal (l'apparition de ce vocable kantien ne surprendra plus) de la question de l'être. Suivant cette visée analytique, dont la réalisation devait, selon toute vraisemblance, culminer dans la troisième section « Temps et être », non publiée, le titre « Être et temps » peut se lire selon la dialectique de la question et de la réponse, esquissée au second paragraphe de l'Introduction. Ce qu'on questionne (*das Gefragte*)[1], c'est l'être, et ce qui est plus précisément recherché, demandé (*das Erfragte*), c'est le sens de l'être. La réponse à la question du sens de l'être, attaquée en interrogeant un étant particulier, le *Dasein* (*das Befragte*, l'interrogé) quant à son être (d'où le projet d'une Analytique *ontologique* du *Dasein*), sera de nature temporelle. C'est le temps qui recèle la réponse à la question de l'être, abordée par le biais d'une interrogation de l'étant qui possède la prérogative de comprendre l'être, baptisé pour cette raison *Da : sein* – « c'est là qu'est l'être ». De ce point de vue formel, le sens du titre *Sein und Zeit* ne pose aucun problème particulier : l'être indique la question du livre, son point de départ, et le temps sa réponse, son terme ou sa direction.

C'est le sens et la portée de cette question qu'il importe de bien appréhender. Heidegger ne veut pas développer une thèse propre à sa « conception du monde » lorsqu'il entend « montrer que ce à partir de quoi le *Dasein* en général comprend et interprète silencieusement quelque chose comme l'être est *le temps* »[2]. Car c'est ainsi que l'être a toujours-déjà, quoique implicitement, été compris. L'originalité analytique de *Sein und Zeit* est de rendre explicite ce qui tout au long de la métaphysique était condamné à l'oubli. Et dans la mesure où ce qui n'était qu'implicite dans l'histoire de l'ontologie en est constitutif, la

1. SZ, 5-6 ; trad. fr., 28-29. Nous reprenons les traductions proposées par E. Martineau.

2. SZ, 17 ; trad, fr., 36.

dé-couverte du rapport entre être et temps peut, en effet, être vue comme un événement fondamental de l'histoire de l'être, comme la première mise à distance de la métaphysique envisagée sous l'angle de ses assises ontologiques. L'être s'est toujours manifesté sous l'éclairage du temps. Pour Heidegger il s'agit là d'une constatation, du *factum* de la métaphysique. Il ne consacrera pas beaucoup d'énergies à démontrer qu'il en est ainsi, se contentant de relever quelques indices de l'investissement temporel de l'être au sein de la métaphysique ou, pour reprendre les termes d'*Être et temps*, de «l'histoire de l'ontologie»[1]. Deux indices[2] s'imposeront au début de *Sein und Zeit* : l'être fonctionne depuis toujours comme critère présidant à la distinction naïve entre les différentes régions de l'étant, l'être temporel (historique et naturel) étant dissocié de l'être atemporel ou supratemporel[3]; le second indice sera plus décisif : c'est à partir de la présence et de la permanence de la présence que la tradition a voulu comprendre l'être de l'étant, le titre par excellence de l'être, *ousia*, désignant la présence (*Anwesenheit*)[4]. Nous n'étudierons pas ici le bien-fondé de cette thèse qui porte la lecture heideggérienne de la métaphysique, des années vingt aux derniers écrits[5]. Au-delà de ce qui relève pour lui de la constatation, l'épellation temporelle de l'être, la question qui préoccupe Heidegger est de comprendre comment et pourquoi le temps a pu accéder à cette extraordinaire dignité ontologique : « Comment le temps a-t-il été investi de cette fonction ontologique privilégiée? De quel droit est-ce justement quelque chose comme le temps qui joue ce rôle de critère? Est-ce que, dans cet usage naïvement ontologique du temps, sa vraie pertinence ontologique possible se manifeste? Autant de questions qui jusqu'ici n'ont été ni soulevées, ni approfondies»[6].

Ces question relèvent expressément de l'entreprise qui daigne s'appeler *Sein und Zeit* et dont le propos est de mettre en évidence ce qui conditionne l'histoire de l'ontologie et ce qui, en vertu de cette mise à distance, permet, si l'on nous passe l'expression, de la *subvertir* afin de *libérer* la question de l'être de ses scléroses historiques. Nous passons ainsi de la tâche analytique à la tâche «destructrice» et critique

1. Redisons que l'identification de la métaphysique et du complexe «Être et temps» peut être constatée dès 1930.
2. Heidegger, *Kant et le problème de la métaphysique*, et les cours de cette période en énuméreront quelques autres. Cf. à ce sujet notre étude *Le tournant dans la pensée de Martin Heidegger* (Paris, PUF, 1987).
3. SZ, 18; trad. fr., 37.
4. SZ, 25; trad. fr., 41.
5. Nous renvoyons encore une fois à l'étude citée dans la note 2.
6. SZ, 18; trad. fr., 37.

de *Être et temps*. Mais avant de rendre praticable la destruction libératrice de l'histoire de l'ontologie, l'Analytique devra avoir mis à jour une juste compréhension du temps, sa « vraie pertinence ontologique », selon le texte que nous venons de citer.

Comment le temps, source de toute intelligence de l'être, doit-il lui-même être entendu ? Question cruciale si tant est que la problématique du temps est censée renfermer la réponse à la question du sens de l'être. Chose certaine, le recours à l'interprétation du temps fournie par la métaphysique elle-même n'est plus viable. Car, dès que la métaphysique s'est penchée sur l'être du temps, elle l'a pensé à partir d'une entente déjà temporelle de ce qui mérite d'être appelé « étant » dans le temps. L'étant, en régime métaphysique, se caractérise en effet par la présence (*Anwesenheit*) : ce qui est, c'est ce qui est là, maintenant, devant moi. Si la métaphysique veut capturer l'être du temps, elle ne pourra être attentive qu'à ce qui est « présent » (donc étant au sens propre) en lui. Rien d'étonnant dès lors à ce que la présence du temps pour la métaphysique se réduise à celle de l'instant, du maintenant. Le temps métaphysique se ramène tout naturellement à une série de maintenants, le passé étant un présent qui n'est plus et le futur un présent à venir. Le privilège de l'instant dans la conception métaphysique, aristotélicienne, du temps ne peut servir à élucider les rapports de l'être et de son horizon temporel, puisque le temps « est lui-même pris comme un étant parmi le reste de l'étant, et l'on tente de le saisir lui-même en sa structure d'être à partir de l'horizon d'une compréhension de l'être orientée tacitement et naïvement sur lui »[1]. Impossible donc de sonder la détermination silencieusement *présentielle* de l'étant en métaphysique si la considération du temps lui-même se conduit déjà à partir d'une lecture de ce qui est *présent* dans le temps. Pour éclairer la détermination temporelle de l'être de l'étant, une conception plus originaire du temps s'impose.

1. SZ, 26 ; trad. fr., 41. Cf. *Einführung in die Metaphysik*, 157 ; trad. fr. (modifiée), 208 : « Car dès l'instant où, à la fin de la philosophie grecque, chez *Aristote*, s'instaure une méditation sur l'essence du temps, le temps lui-même doit nécessairement être pris comme un présent quelconque, *ousia tis*. Cela s'exprime en ceci, que le temps est conçu à partir du maintenant, de ce qui est à chaque fois et uniquement présent. Le passé est « ce qui n'est plus maintenant », le futur un « maintenant qui n'est pas encore ». L'être au sens de la subsistance (présence) devient la perspective pour la détermination du temps. Mais le temps ne devient pas la perspective expressément empruntée pour l'interprétation de l'être ». Cf. aussi M. Heidegger, *Vier Seminare* (Francfort, V. Klostermann, 1977), 75-76 ; trad. fr., *Questions IV* (Paris, Gallimard, 1976), 271-272.

Elle deviendra perceptible à travers la temporalité du *Dasein*, déployée dans la seconde section de la partie publiée d'*Être et temps*. Il ne suffit pas, bien entendu, de proclamer que la temporalité du *Dasein* est plus fondamentale que la conception métaphysique, vulgaire du temps, il faudra démontrer de quelle manière la conception vulgaire, ou inauthentique, du temps *dérive* de cette temporalité essentielle, celle du *Dasein*[1]. La juste compréhension de l'intimité de l'être et du temps doit passer par le parcours de la temporalité du *Dasein* et de ses modalités authentique et inauthentique.

Situé dans cet horizon, le propos de l'Analytique existentiale manifeste toute sa rigueur. Reproduisons-en les plus importants jalons. Heidegger mènera son enquête auprès du *Dasein*, porte d'entrée de l'ontologie puisque l'être ne se donne que sur le terrain de la compréhension, existential du *Dasein*. L'Analytique aura pour tâche d'explorer l'être propre de l'homme, savoir l'existence, strictement définie dans *Être et temps* par l'avoir-à-être[2]. Le *Dasein* est l'étant dont l'être est à être. Par conséquent, le *Dasein* se soucie de l'être qu'il a à être et qu'il peut être, son *Seinkönnen*. C'est pourquoi la structure fondamentale de l'existentialité réside dans le souci (SZ §41), lequel recevra une lecture temporelle dans la seconde section de *Sein und Zeit* (§65). Dire du *Dasein* qu'il se distingue existentialement par le souci, c'est supposer qu'il est porté par un « être-au-devant-de-soi ». C'est dire que l'être du *Dasein* se détermine depuis l'avenir, son pouvoir-être futur. L'être-en-dehors-de-soi (« extatique »), orienté depuis le futur, exprime la temporalité propre du *Dasein*, laquelle peut être vécue de façon authentique ou inauthentique. La temporalité authentique, le « temps originaire », précise Heidegger[3], s'accomplit lorsque le *Dasein*, existant alors « de manière finie », assume de lui-même, et non en se basant sur les lieux communs que colporte l'idéologie du « on », son être-pour-la-mort à travers la résolution devançante (*vorlaufende Entschlossenheit*), où le *Dasein* s'ouvre, au lieu de se refermer, ainsi que le lui prescrit le « on », à ses possibilités les plus propres. Les caractérisations de l'authenticité restent à dessein formelles chez Heidegger, parce qu'il appartient à chacun, le *Dasein* étant à chaque fois mien (*jemeinig*), de réaliser son être-authentique selon sa situation et ses possibilités. Tout ce qu'une analytique de l'existentialité, dont l'office est de faire ressortir l'ensemble des *structures* de l'existence[4], a à indi-

1. Ce qu'accomplira le § 81 de *Sein und Zeit*.
2. SZ, 12, 42 ; trad. fr., 33, 54.
3. SZ, 329 ; trad. fr., 231.
4. SZ, 12 ; trad. fr., 33.

quer ici, c'est que le *Dasein*, se sachant *pouvoir*-être, peut, en général – ou, plus vraisemblablement, à tel ou tel moment précis de son existence –, s'assumer ou ne pas s'assumer soi-même. En contrepartie, le pouvoir-être, vécu existentiellement, peut faire place à un non-pouvoir, au *Verfallen* (déchéance). Quelle que soit l'actualisation réelle de ces possibilités, une investigation philosophique de l'existence n'a qu'à rappeler (car tous se savent déjà pouvoir-être) qu'un être principiellement ouvert à son propre être, à l'avoir-à-être que nomme l'existence, peut refermer ou laisser ouverte cette ouverture à soi. Plus simplement, mais dans une terminologie pré-heideggérienne, la logique de l'authenticité se trouve inscrite dans la conscience de soi (Heidegger dirait plutôt *Erschlossenheit* [1], *Dasein*).

Pour l'économie du thème « Être et temps », il apparaît significatif que la temporalité authentique se comprenne d'abord en fonction de l'avenir. L'insistance sur la futurité du temps vécu vient expressément relativiser la primauté du présent, caractéristique de la conception vulgaire et métaphysique du temps. La préséance du temps présent et de la permanence de la présence dérive précisément d'une occultation de la temporalité originaire possible. Aussi bien dire que la métaphysique, dominée par l'entente vulgaire du temps, incarne une forme inauthentique de l'existence. L'*oubli* de l'être qui caractérise la métaphysique représente, comme nous le confirmerons, un mode d'être inauthentique de la temporalité dans sa relation au passé.

En vue de mesurer la portée de ces thèses, dont dépend la compréhension du titre « Être et temps », il nous faut plonger dans le vocabulaire technique, passablement inusité, que mobilise Heidegger afin d'isoler la temporalité authentique de sa modalité inauthentique [2]. Les virtualités authentique et inauthentique du temps désignent autant de façons pour le *Dasein* de vivre son avenir, son passé et son présent (dans cet ordre !). L'avenir authentique, nous le savons, à défaut de pouvoir l'illustrer ici, est celui du devancement (*Vorlaufen*) résolu [3] qui assume de manière expresse l'être-pour-la-mort du *Dasein*. Le futur inauthentique, quant à lui, n'est qu'un *Gewärtigen*, un « être en

1. Que F. Vezin (*Être et temps*, Paris, Gallimard, 1986) traduit par « ouvertude ». Pour une justification de cette traduction, cf. F. Vezin, « Ouverture, ouvertude », in *Genos*, 1, 1992, 57-8.

2. SZ, 337 ; trad. fr., 237 : « Comment dissocier maintenant de l'avenir authentique l'avenir inauthentique ? ».

3. Pour tout ce qui suit, cf. SZ, § 68.

attente de...», où l'avenir ne fait pas l'objet d'une appropriation[1] (*Vorlaufen*) ou d'un devancement véritables, mais se trouve renvoyé aux calendes grecques du «pas encore», qu'on attend (*erwarten*, qui sourd du *Gewärtigen*) bien passivement. Ce qui est attendu, sous la temporalité inauthentique, c'est en somme la réitération du présent, l'éternel retour, sécurisant, du maintenant. Le *présent* de l'inauthenticité, mode du temps qu'elle privilégie, n'est qu'un présentifier (*Gegenwärtigen*), c'est-à-dire le fait d'être complètement absorbé par le monde des activités courantes et dont «on» a à se préoccuper «en attendant», afin de ne pas se trouver confronté à une décision concernant l'être-futur possible et ouvert du *Dasein*. Le présent authentique est réservé à l'instant (*Augenblick*), dont la fonction est d'ouvrir (*erschliessen*) au *Dasein* le champ de sa situation présente conformément à la résolution devançante prise en regard du futur. Un texte clef oppose lumineusement les possibilités de l'exister temporel sous le rapport de l'authenticité : «Mais pour autant que le comprendre inauthentique projette le pouvoir-être à partir de ce dont on peut se préoccuper, cela revient à dire qu'il se temporalise à partir du présentifier. L'instant, tout au contraire, se temporalise inversement à partir de l'avenir authentique»[2].

L'antithèse ne pourrait être plus tranchée : tandis que pour l'authenticité, le présent (*Augenblick*) se détermine à partir du futur (*Vorlaufen*)[3], l'avenir envisagé par l'inauthenticité n'est rien de plus que la réitération et l'être en attente (*Gewärtigen*) d'un présent monocorde (*Gegenwart*), indifférent, subordonné à la dictée des affaires mondaines, l'univers du «on», plutôt qu'au pouvoir-être possible. L'être-en-attente d'une réitération infinie du présent (la temporalité inauthentique) évacue, c'est-à-dire refoule le futur véritable, «authentique», du *Dasein*, son être-pour-la-mort. Sous la domination de l'inauthentique, la mort n'a aucune place, aucun mot à dire, le présent (de la vie) se répétera indéfiniment. Tout restera sempiternellement pareil. Selon Heidegger, cette in-finité du présent ressortit à un nivellement[4] et à un recouvrement du temps essentiellement fini du

1. Mot où résonne le propre de l'*Eigentlichkeit*, auquel fera écho l'*Ereignis* de la seconde philosophie de Heidegger.

2. SZ, 338; trad. fr., 238.

3. Cf. SZ, 426; trad. fr., 290 : «La temporalité ekstatico-horizontale se temporalise *primairement* à partir de l'*avenir*. La compréhension vulgaire du temps, au contraire, voit le phénomène fondamental du temps dans le *maintenant*, plus précisément dans le maintenant pur, amputé de sa structure pleine, que l'on nomme présent.»

4. SZ, 424; trad. fr., 289.

Dasein. L'im-mortalité, au sens littéral, dé-finit on ne peut mieux l'être-pour-la-mort inauthentique, savoir l'esquive de la mort, qui cherche refuge dans l'assurance d'un présent à répétition infinie. En évacuant l'être-pour-la-mort, la conception vulgaire du temps gomme l'intimité profonde de l'être et du temps pour l'homme. C'est précisément pour biffer l'inexorable temporalité de l'être du *Dasein* que l'être véritable (l'*ontôs on*) se trouve, tout au long de la métaphysique, ennobli des prédicats de l'éternité et de la permanence (de la présence). L'être plein est atemporel, présence permanente (*ständige Anwesenheit*)[1], « être et temps » désignant, pour la métaphysique, l'antithèse par excellence. Seule une thématisation *expresse* du rapport « Être et temps » permet d'entrevoir que la lecture traditionnelle de l'être procède d'une négation du temps, entendons : d'une déchéance vis-à-vis de la temporalité *authentique* du *Dasein.*

Par là, il ne s'aurait s'agir d'imputer à Heidegger une vision du monde « athéiste » ou dépourvue de transcendance, au sens courant du terme. Ce serait passer de la philosophie à la lutte des *Weltanschauungen.* L'analyse de Heidegger se veut existentiale : à partir d'un examen des structures de l'existence elle se propose de conquérir le site originel de la temporalité de l'homme et, par le fait même, de retracer la genèse de la conception traditionnelle, infinie, du temps. L'approche du temps, et plus particulièrement de l'être-pour-la-mort, devra rester strictement « immanente » (*diesseitig*) :

> Sur l'« au-delà » et sa possibilité, il est alors tout aussi peu décidé ontiquement que sur l'« en-deçà », comme s'il s'agissait de proposer, à des fins d'« édification », des normes et des règles de comportement devant la mort. Si l'analyse de la mort reste purement « immanente », c'est dans la mesure où elle n'interprète le phénomène qu'en examinant comment, en tant que possibilité d'être de chaque *Dasein*, il *se tient engagé en lui...* L'interprétation ontologique immanente de la mort précède toute spéculation ontico-transcendante sur celle-ci[2].

On sait qu'en dépit des avertissements de Heidegger, les premiers lecteurs d'*Être et temps* y ont bel et bien vu le témoignage d'une pensée résolument athée ou nihiliste. Heidegger lui-même n'hésitait pas, dans ses cours, à professer un athéisme de principe pour marquer la radicalité du questionnement philosophique : « La philosophie dans sa mise en question radicale, ne pouvant compter que sur soi-même, doit être

1. SZ, 424; trad. fr., 288.
2. SZ, 248; trad. fr., 183.

principiellement *athée*»[1]. «La recherche philosophique est et reste athéisme»[2]. Aussi l'étude de l'être-pour-la-mort devra-t-elle s'effectuer dans l'optique de «l'immanence la plus radicale»[3]. Même si cette option immanentiste sera reprise dans *Sein und Zeit*, il est significatif de noter que les termes «athéisme» ou «athée», qui semblaient être des attributs essentiels de la philosophie dans les leçons, n'apparaissent pas une seule fois dans le livre de 1927[4]. Heidegger, à l'instar d'autres professeurs, était-il plus ouvert dans ses leçons que dans ses publications? Quoi qu'il en soit, Heidegger a certainement choisi de se montrer plus prudent dans *Sein und Zeit*, ayant bien aperçu que la proclamation de l'athéisme, fût-il purement méthodologique, ne faisait qu'attiser le conflit des visions du monde au détriment de la réflexion purement philosophique. Que *Être et temps* ait quand même pu apparaître comme le héraut d'une conception du monde athée ne semble cependant pas avoir renversé Heidegger outre mesure : «mieux vaut empocher le reproche facile d'athéisme, reproche qui est d'ailleurs pleinement justifié lorsqu'il est ontiquement pensé»[5].

La lecture athée ne rejoint donc pas l'essentiel du thème «Être et temps», mais son éclosion demeure compréhensible dans le climat de crise expressionniste que traversait la prise de conscience de la modernité au début du siècle. Ce qui importe, aux yeux de Heidegger, c'est de reconnaître que pour la métaphysique, être et temps sont des notions qui s'excluent réciproquement et que la métaphysique comme telle n'est pas indifférente à leur exclusion[6]. C'est dire que, secrètement, la conception métaphysique de l'être reste transie, *via negationis*, de temporalité (inauthentique, il va sans dire). Envisagée sous l'angle d'une destruction libératrice de l'histoire de l'ontologie (la seconde

1. GA, Band 61, 197; cf. 196 : «*prinzipieller Atheismus*».
2. GA, Band 20, 109-110.
3. GA, Band 20, 434.
4. Comme l'atteste l'index de R. A. Bast et H. Delfosse, *Handbuch zum Textstudium von Martin Heideggers «Sein und Zeit»* (Stuttgart, Frommann-Holzboog, 1979).
5. GA, Band 26, 211, cité d'après la traduction de H. Birault, «Philosophie et théologie : Heidegger et Pascal», dans *Martin Heidegger* (Paris, L'Herne, 1983), 394.
6. L. Ferry et A. Renaut, «Heidegger en question : essai de critique interne», *Archives de philosophie*, 41, 1978, 597-639, ont bien relevé l'incapacité de la métaphysique «à penser le temps» (608), mais ils n'en tiennent aucunement compte dans leur tentative de critique interne, préférant s'en tenir, solution de facilité, à l'usage que fait Heidegger du grec ancien pour dénoncer l'impasse et finalement l'imposture du trajet heideggérien. Une véritable critique interne devrait, il nous semble, partir de la question de Heidegger, celle de l'être et du temps.

tâche du diptyque *Être et temps*), la généalogie de *Sein und Zeit* comporte une fonction non plus analytique, mais éminemment critique : celle de mettre à découvert la sédimentation temporelle des concepts fondamentaux de l'ontologie afin d'ouvrir la voie à une confrontation explicite de l'être et du temps sur le sol du *Dasein*, être historique et mortel.

De cette manière, l'œuvre de 1927 réédite *mutatis mutandis* le projet kantien d'une critique de la raison *pure* en tant que critique de la métaphysique traditionnelle, la raison pure étant une autre nom, sinon l'instance suprême, de l'atemporalité. La métaphysique, pure ou atemporelle, se trouve démasquée, non plus parce qu'elle dépasse l'horizon de l'expérience possible, mais parce qu'elle escamote le champ de l'expérience humaine, celui que délimite constitutivement l'être-pour-la-mort du *Dasein*. L'oubli de l'être-pour-la-mort s'accompagne, anthropologiquement, d'une obstruction de la temporalité authentique et, épistémologiquement, d'une négligence de l'histoire (Kant opposait encore, dans l'Architectonique de la raison pure, les sciences rationnelles, mathématiques ou métaphysiques, aux sciences historiques). Dans la mesure où la compréhension de l'être se fonde sur le temps, il n'est guère étonnant de voir toute la métaphysique caractérisée chez Heidegger par l'oubli de l'être tout court, la *Seinsvergessenheit* sur laquelle s'ouvrait, et devait s'ouvrir, le livre intitulé *Être et temps*.

Fait immensément significatif, l'oubli se trouve aussi ancré dans la temporalité inauthentique du *Dasein*. Les modalités authentique et inauthentique du présent et du futur ont déjà été relevées. Or le passé se prête à la même modulation. Le passé authentique prend la forme de la répétition[1], retour du *Dasein* qui assume consciemment son être-été (*Gewesensein*), remémoration explicite des possibles passés, constitutifs du projet futur que je suis à l'instant présent. La relation au passé peut aussi être inauthentique, c'est-à-dire oubliée. L'*oubli* caractérise ainsi la temporalité inauthentique du *Dasein*[2]. Si l'expérience fondamentale à partir de laquelle est éprouvé tout *Sein und Zeit* est nulle autre que celle de l'*oubli* de l'être[3], il faut en conclure que la métaphy-

1. SZ, 339 ; trad. fr., 238. D'où le poids du terme « répétition » dans le rapport de la philosophie de Heidegger à la tradition, dans le livre sur Kant par exemple.

2. SZ, 339 ; trad. fr., 238.

3. M. Heidegger, *Wegmarken* (2. Aufl., Francfort, V. Klostermann, 1978), 325 ; trad. fr., *Lettre sur l'humanisme* (Paris, Aubier-Montaigne, 1964 ; 3e édition, 1983), 69 (aussi dans M. Heidegger, *Questions III* [Paris, Gallimard, 1966], 97). Il s'agit d'un texte de 1946, mais la première phrase de SZ le laissait déjà pressentir :

sique, assise sur cet oubli, incarne elle-même une modalité inauthentique de ce que peut être le *Dasein* (de son *Seinkönnen*). Heidegger ne peut pas ne pas avoir pensé au thème capital de l'oubli de l'être en classant l'oubli sous la catégorie de l'inauthenticité. Si l'histoire de l'ontologie reste marquée d'inauthenticité, l'urgence d'une destruction placée sous le mémorial « Être et temps » devient pressante. Le thème « être et temps », *oublié* tout au long de la métaphysique, peut enfin faire l'objet d'une *répétition* expresse, d'une confrontation directe. C'est l'aboutissement de la tâche « destructrice » de *Sein und Zeit*. Mais entendons-nous bien : il ne s'agit pas d'une destruction destinée à « liquider » la métaphysique, « accusée » d'avoir oublié l'être, mais d'une destruction conduite dans une visée positive, afin de rendre, enfin, possible la position adéquate, authentique, de la question de l'être[1]. L'oubli métaphysique du temps ne résulte pas d'un défaut d'application, il est le signe d'une intimité plus essentielle, qu'il est pour la première fois possible de découvrir et dont les ressources libératrices peuvent enfin se déployer. L'intention peu ou prou avouée de Heidegger ne fait aucun doute : depuis la destruction de l'histoire de l'ontologie une nouvelle confrontation, directe cette fois, de l'être et du temps devient réalisable par l'entremise d'un débrouillement de la temporalité authentique du *Dasein*. Si, pour la métaphysique, « Être et temps » était le nom d'un antagonisme (l'opposition de l'être plein, conçu par la raison pure, et de l'être historique, de Parménide et Platon jusqu'à Kant et Husserl), le nom de ce que la métaphysique, essentiellement, oublie, il deviendra un titre positif pour Heidegger. C'est que la question de l'être, posée *directement* depuis la temporalité authentique de l'homme, exige une instantialisation concrète[2]. Voilà ce que, après avoir décelé ses fonctions analytique et destructrice, l'on pourrait appeler le sens *impératif* du titre *Sein und Zeit*. Son intention est de signaler qu'une appropriation authentique du *Dasein*, ouvert à son être

« la question [de l'être] est aujourd'hui tombée dans l'oubli » (SZ, 2, 21 ; trad. fr., 27, 39).

1. SZ, 23 ; trad. fr., 39. Cf. J.-L. Marion, « La fin de la fin de la métaphysique », *Laval théologique et philosophique*, 42, 1986, 27 : « la destruction de l'histoire de l'ontologie n'a pas pour résultat de détruire la question de l'être, mais, exactement à l'inverse, de la rendre possible ».

2. C'est donc à partir de la temporalité authentique que se réalisera la promesse de la première tâche impartie à SZ (19 ; trad. fr., 37) : « C'est dans l'exposition de la problématique de l'être-temporal qu'est pour la première fois donnée la réponse concrète à la question du sens de l'être ». SZ, 39 ; trad. fr., 49 : « la question du sens de l'être est la plus universelle et la plus vide ; toutefois, elle contient en même temps la possibilité d'être individuée de manière plus aiguë sur le *Dasein* singulier ».

le plus propre, apparaît envisageable au soir de la métaphysique, et grâce à ce crépuscule. L'historicité et la mortalité de l'homme peuvent alors faire l'objet d'une thématisation fondamentale, donc ontologique, sans l'hypothèque hétéronome de l'atemporalité ou de la rationalité métaphysique.

Ainsi que le précisera un cours de 1930 sur la liberté, donc sur un thème éminemment éthique, qui gouverne toute la thématique ontologique, la question « Être et temps » nous projette devant la question de l'homme[1]. Sous le titre « *Sein und Zeit* » c'est toujours l'être de l'homme qui est finalement en question. Qu'en est-il de cet être ? Cette question suppose que l'être de l'homme n'a pu être cerné de façon adéquate sous les catégories métaphysiques[2]. La conception métaphysique de l'homme comme d'un être doué de raison procède d'une décision contre la temporalité originaire, mortelle, du *Dasein*, la raison personnifiant la faculté des vérités éternelles, celle qui habilite l'homme à participer de l'être atemporel. À la toute fin d'un cours de 1925, qui servit de canevas à la rédaction d'*Être et temps* – et on sait que les professeurs ont coutume de condenser leurs *leitmotive* dans les dernières heures d'un semestre – Heidegger déclare que le *cogito sum*, l'interprétation de l'homme suivant le fil conducteur de la *res cogitans*, de la pensée, ne dénote en rien une lecture authentique du *Dasein*. Si une définition spécifique de l'homme doit être possible, elle n'aurait pas à s'orienter sur le *cogito sum*, mais sur le « *sum moribundus* »[3], la mort étant seule capable de donner un sens propre à l'être du *Dasein*. La voie de l'authenticité pour un *Dasein* soucieux de son être-possible découle d'une prise en compte de sa mortalité.

Sous ce jour, l'originalité de la thématique « Être et temps » consiste à faire entrer la question de l'authenticité, donc de l'éthique, dans le domaine de l'ontologie, deux « disciplines » que la philosophie a tenues séparées. On sait que Heidegger s'est toujours montré rebelle au compartimentage de la philosophie. À ses yeux, la philosophie c'est tout un, savoir « une ontologie phénoménologique universelle, partant de l'herméneutique du *Dasein*, laquelle en tant qu'analytique de l'*existence*, a fixé le terme du fil conducteur de tout questionner philosophique là où il *jaillit* et là où il *re-jaillit* »[4]. La problématique de

1. GA, Band 31, 121 : « Die Grundfrage nach Sein und Zeit zwingt uns zur Frage nach dem Menschen. »

2. Sur ce point cf. G. Vattimo, *Introduction à Heidegger* (Paris, Cerf, 1985), 21, 25sq.

3. GA, Band 20, 437-438.

4. SZ, 38 ; trad. fr., 48.

l'existence, là où émerge et où rebondit le questionner philosophique, n'est-elle pas excellemment éthique? Assurément, l'éthique ne saurait contourner la question décisive d'une juste compréhension de l'existence, axée sur le projet d'une authenticité possible. À la question que d'aucuns ont cru devoir poser à Heidegger, «quand rédigez-vous une éthique?», la *Lettre sur l'humanisme* répond : «si donc, conformément au sens fondamental du mot ἦθος, le terme d'éthique doit indiquer que son propos est de penser le séjour de l'homme, alors la pensée qui pense la vérité de l'être comme l'élément originel de l'homme en tant qu'eksistant est déjà en elle-même l'éthique originelle» [1]. Reprocher à Heidegger de ne pas avoir *abordé* l'éthique, c'est passer tout à fait à côté du mariage de l'ontologie et de l'authenticité, la percée de «*Sein und Zeit*».

Au fil de cette étude, trois significations du titre *Être et temps* sont devenues perceptibles, même s'il ne faut jamais oublier que ce titre désigne moins une doctrine que l'*horizon* d'une question, ou d'une constellation de questions. Suivant la première tâche du livre, la fonction du titre «Être et temps» est d'abord d'ordre analytique : son propos consiste à montrer que le temps recèle l'horizon transcendantal de la compréhension de l'être. L'être, qu'il soit entendu métaphysiquement ou postmétaphysiquement, ne peut recevoir qu'une interprétation temporelle de la part d'un étant caractérisé par son futur, son pouvoir-être. Le second sens, destructeur ou critique, en tirera les conséquences historiales. Une mise à distance de l'histoire de l'ontologie (rebaptisée «métaphysique» en 1930 au plus tard) et de sa lecture silencieusement temporelle, selon les schèmes de la présence et de la permanence, de l'être permet, pour la première fois, d'*initier* une confrontation directe de l'être et du temps, relocalisée au sein du *Dasein* et de son authenticité possible. Le sens critique du titre *Être et temps* expose dans quelle mesure la métaphysique procède de l'exclusion réciproque de l'être (traduisons : du présent, du permanent, de l'immuable, de l'idée, de l'*a priori*, de la raison) et du temps (de l'avenir, du changeant, de l'historique et du mortel). La métaphysique, bien sûr, ne pense pas explicitement cette antithèse qui la constitue. Seule la pensée d'«Être et temps» peut faire surgir l'impensé de la métaphysique [2].

1. M. Heidegger, *Wegmarken*, 353; trad. fr., *Lettre sur l'humanisme*, 151 (*Questions III*, 141).

2. M. Heidegger *Was heisst Denken?* (Tübingen, Max Niemeyer Verlag, 1971), 42; trad. fr., *Qu'appelle-t-on penser?* (Paris, PUF, 1967), 77 : «à travers

Cependant, la généalogie temporelle de la métaphysique ne représente pas une fin en soi. «La destruction», insistait *Sein und Zeit*, «ne se rapporte pas de façon négatrice au passé, sa critique touche l'aujourd'hui»[1]. Cette visée contemporaine peut s'entendre de multiples façons. Il peut aussi bien s'agir de la tâche philosophique de notre temps que de l'impératif qui incombe à chaque individu, conscient de sa temporalité congénitale. Une visée n'exclut pas l'autre si tant est que les racines de l'activité philosophique ne peuvent être qu'existentielles[2]. La perspective critique du titre «Être et temps» se double d'un appel, d'un impératif. Il laisse retentir l'urgence d'une appropriation expresse, partant, authentique, de la compréhension de l'être et de l'homme depuis l'analytique existentiale de la temporalité et la destruction de l'histoire de l'ontologie. L'Analytique et la Destruction, le *Kantbuch* et le cours de 1930 sur la liberté y insisteront, veulent déblayer le terrain en vue d'une compréhension plus originelle de l'être de l'homme, méditation fondamentale qui tient lieu d'éthique selon la *Lettre sur l'humanisme*.

Situons maintenant ces trois significations dans l'architecture du livre *Être et temps*. Le sens analytique, la mise en lumière des assises temporelles de la question de l'être, et le sens destructeur, la prise de distance envers la métaphysique, sont tout naturellement assignés aux deux grandes parties de l'œuvre, qui correspondent à la double tâche du projet de l'ontologie fondamentale. Quant aux implications éthiques de la problématique «Être et temps», il est certain qu'elles devaient être développées dans la «métontologie» que Heidegger projetait de greffer à l'ontologie fondamentale. Au terme de l'analytique et de la destruction, la problématique de l'ontologie est appelée à subir un transbordement (*Umschlag*) :

> Cette nouvelle position de la question se trouve dans l'essence de l'ontologie elle-même et résulte de son revirement, de sa μεταβολή. Cette problématique, je la nomme *métontologie*. Et c'est ici, dans le domaine du questionnement métontologico-existentiel, que se trouve aussi le domaine de la métaphysique de l'existence (et ce n'est qu'à partir d'ici que se laisse poser la question de l'éthique)[3].

la question «Être et temps», ce qui est visé c'est l'impensé de toute métaphysique».

1. SZ, 22 ; trad. fr., 39.
2. SZ, 13 ; trad. fr., 33.
3. GA, Band 26, 199.

Dans l'état actuel des sources, il reste hasardeux d'épingler l'intention précise de cette métontologie qui devait parachever la conception heideggérienne de la philosophie. Conservons lui son statut appellatif, lequel fait intégralement partie de la configuration « Être et temps ». Le rayonnement des implications du titre *Sein und Zeit* s'inscrit donc dans un ensemble cohérent, nonobstant le caractère interrogatif et parfois flottant des réflexions de Heidegger sur les affinités électives de l'être et du temps.

Si Heidegger se montre aussi hésitant lorsqu'il évoque les rapports de l'être et du temps, c'est qu'il n'est pas persuadé d'avoir lui-même atteint le fond de la question et d'avoir justement correspondu à ce qui était à penser à son époque. L'urgence d'une pensée de l'être et du temps se fait sentir, mais comment savoir si ses possibilités ont été radicalement saisies ? Une réflexion qui a déchiffré la conjonction de la métaphysique et de la certitude, présomption d'atemporalité, doit s'accommoder de la précarité du questionnement philosophique. Voilà pourquoi Heidegger n'hésite jamais à se remettre en question et à dissocier la nécessité d'une pensée de l'être selon le temps du livre qui s'intitule « Être et temps ». Devant l'énormité de l'enjeu, il est juste de croire que ce livre n'est qu'*un parcours* (*Vollzug*[1]) de ce qui est à penser (*aufgegeben*[2]). Il y va, en effet, d'un dépassement de la métaphysique qui ne saurait être l'œuvre d'un seul individu. Ce qui, pour reprendre une formulation de Heidegger, « appelle » notre époque à penser, c'est à vrai dire un événement de l'être, l'émergence à l'ère de la technique planétaire, l'aboutissement de la lecture de l'être comme présence, des fondements temporels de la métaphysique.

La logique des trois strates de la maxime « Être et temps », suivant le livre sur Schelling, devient ainsi plus vraisemblable. « Être et temps », c'est d'abord un événement de l'être (*Ereignis im Seyn selbst*), l'apparition de la technique qui dévoile ce que l'être a de plus propre (*eigen*), sa relation au temps, un advenir qui circonscrit de façon insistante, impérative, la tâche de la méditation contemporaine, la question posée à notre époque et dont le livre *Sein und Zeit* n'aura été que le premier écho.

1. Cf. M. Heidegger, *Schellings Abhandlung*, 229 ; trad. fr., 324.
2. Cf. M. Heidegger, *Einführung in die Metaphysik*, 157 ; trad. fr., 209.

II

LA PERSISTANCE ET LES RESSOURCES ÉTHIQUES DE LA FINITUDE

Dasein, être et temps – tels sont sans l'ombre d'un doute les concepts fondateurs de l'entreprise de *Sein und Zeit*. Ils en marquent aussi les jalons : l'enquête de Heidegger s'adressera au *Dasein* en vue d'ouvrir la question du sens de l'être, lequel devra se manifester dans l'horizon du temps. Deux de ces notions, reliées par un «et», que la grammaire des profondeurs pourrait appeler une conjonction indéfinie, ont trouvé place dans le titre de l'œuvre maîtresse de Heidegger, l'être et le temps, mais c'est, bien sûr, le *Dasein* qui parraine leur réunion[1] Le *Dasein*, le *und* dans *Sein und Zeit*, incarne donc, comme l'écrit Heidegger, le point de départ et le point d'arrivée de l'interrogation philosophique : «la philosophie est ontologie phénoménologique universelle, partant de l'herméneutique du *Dasein*, laquelle, en tant qu'analytique de l'*existence*, fixe la fin du fil conducteur de tout questionnement philosophique là où ce questionnement *prend source* et où il se *répercute*»[2], donc dans le *Dasein*. Toute la question est de comprendre comment s'articulent les rapports du *Dasein*, de l'être et du temps. À défaut d'indications claires et distinctes de la plume de Heidegger, qui d'ailleurs n'a cessé de répéter dans ses écrits et ses cours que l'essentiel était toujours tu[3], il paraît conseillé d'éclairer ces

1. Cf. à titre indicatif le schéma esquissé par Heidegger en 1930 in *GA*, tome 31, 131 ; cf. aussi *Kant und das Problem der Metaphysik*, 235 (tr. fr. *Kant et le problème de la métaphysique*, 298) : «Wenn die Problematik der Metaphysik des Daseins als die von «Sein und Zeit» genannt wird, so kann jetzt aus der Verdeutlichung der Idee einer Fundamentalontologie klar geworden sein, daß in diesem Titel das «und» das zentrale Problem in sich birgt».

2. *SZ*, 38.

3. Cf. GA, tome 39, 41 ; tome 53, 132; *Wegmarken*, 201 : «Die «Lehre» eines Denkers ist das in seinem Sagen Unsgesagte» (tr. fr.in *Questions II*, Paris Gallimard, 1968, 121).

rapports en faisant ressortir l'expérience de l'être spécifiquement dévolue au *Dasein*. Comment le *Dasein* fait-il la rencontre de l'être? La réponse se trouve dans la définition même du *Dasein* : « l'étant *Dasein* se caractérise avant tout par le fait qu'il y va en son être *de* cet être même » – *in seinem Sein um dieses Sein geht*[1]. « Cet être même », aucune équivoque possible, renvoie à l'être même du *Dasein*. Citons, en guise de confirmation, la formule plus explicite que propose un cours de 1925; « le *Dasein* est un étant pour lequel il y va en son être, dans son être-dans-le-monde, *de son être même* »[2]. L'expérience de l'être originairement réservée au *Dasein* est celle de son propre être, expérience vécue sous le mode du souci : le *Dasein* a le souci de son être ou, comme on peut lire dans les cours de Marbourg, le *Dasein* est l'étant dont le propre être ne lui est pas indifférent[3]. Insistons, car ce message élémentaire n'est pas toujours entendu : l'être qui importe au *Dasein* au premier chef, c'est son être à lui et pas d'abord, ainsi que pourraient le laisser croire les écrits plus tardifs de Heidegger, l'être au sens large. Dans l'optique de *Sein und Zeit*, être un *Dasein* signifie que nous nous trouvons face à face avec notre être, inéluctablement projetés dans une confrontation avec nous-mêmes. La compréhension de l'être en général prend racine dans l'ouverture à soi (pour ne pas dire « conscience de soi », suivant une terminologie idéaliste délaissée par Heidegger[4]) qui circonscrit ce que *Être et temps* nommera la « vérité de l'existence », « l'ouverture la plus originaire et la plus authentique »[5] du *Dasein*. Même si le dernier Heidegger insiste davantage, afin de faire obstacle à une appropriation strictement existentialiste et trop facile de sa pensée, sur la révélation destinale de l'être comme tel, le rapport de cet être plus qu'humain à l'être du *Dasein* ne s'effacera jamais. La précieuse introduction à *Qu'est-ce que la métaphysique ?* de 1949 exprime

1. SZ 12.

2. GA, tome 20, 405. Ce cours de 1925 a servi de canevas à la rédaction de *Sein und Zeit* en 1926. Cf. à ce propos Th. Sheehan, « Heidegger's Early Years. Fragments for a Philosophical Biography » in Th. Sheehan, *Heidegger. The Man and the Thinker*, Precedent Publishing, Chicago, 1981, 14-15, et Th. Kisiel, « Why the First Draft of *Being and Time* was never published », in *The Journal of the British Society for Phenomenology*, 20, 1989, 3-22.

3. GA, tome 25, 20 (tr.fr. *Interprétation phénoménologique de la « Critique de la raison pure » de Kant*, Paris, Gallimard, 1982, 41); tome 26, 171

4. Dès 1921/2 (cf. maintenant GA, tome 61, 119) Heidegger préférait le terme « *Reluzenz* » à celui de conscience pour parler de cette ouverture à soi. Il fait encore allusion à cette *Reluzenz* dans une lettre à Gadamer de 1971, dont on trouve des extraits in H.-G. Gadamer, J. Habermas, *Das Erbe Hegels*, Francfort, Suhrkamp, 1979, 93.

5. SZ 221.

« la présomption qui porte tout le reste, savoir que conformément au dévoilement de l'être le rapport de l'être à l'essence de l'homme appartient à l'être lui-même »[1]. Texte cryptique qui signifie que l'ouverture à l'être ne peut avoir lieu que pour un étant ouvert à son propre être, investi du privilège et du devoir d'avoir à porter l'être à la parole.

Le souci de l'être est à ce point central dans *Sein und Zeit* que le souci finira par définir l'être même du *Dasein*, le dénominateur commun de toute son activité. Mais si le *Dasein* repose sur le souci, c'est parce qu'il est habité d'un être-au-devant-de-soi-même[2], d'une ouverture à ses possibilités futures d'existence. Le *Dasein se découvre* comme pouvoir-être, au double sens de l'expression : d'une part, l'être du *Dasein* se manifestera au fil de l'analyse philosophique comme pouvoir-être ; d'autre part, tout *Dasein* est amené tôt au tard à prendre conscience de soi comme d'un pouvoir-être, d'un *Seinkönnen* qu'il peut assumer ou ne pas assumer en propre. C'est dans cet être-au-devant-de-soi que le Heidegger des années vingt aperçoit le phénomène originaire de la temporalité du *Dasein*. Le *Dasein* est temps parce qu'il se tient de tout son être dans l'être-au-devant-de-soi, constamment exposé à ses possibilités d'existence qu'il peut saisir ou laisser passer. Le *Dasein* peut vivre sa temporalité, orientée toujours vers son pouvoir-être, de manière authentique ou inauthentique. Authentiquement lorsque le *Dasein* prend lui-même son existence en charge comme pouvoir-être fini, c'est-à-dire quand il prend acte de son futur essentiel, donc de sa mortalité, et de la nécessité pour lui de déterminer ses possibilités d'être en fonction de cette expérience limite. Heidegger n'offre pas beaucoup de plus de précisions au sujet des modalités concrètes de l'existence authentique, laissant à chacun le soin de décider pour soi-même de son existence, de remplir, pour ainsi dire, la case de l'authenticité conformément à *sa* situation et *ses* possibilités. Il s'agit, en termes kantiens, d'une morale formaliste se prêtant à plusieurs contenus et

1. *Was ist Metaphysik ?*, Francfort, V. Klostermann, 11. Aufl., 1975, 13 (tr. fr. in *Questions I*, Paris, Gallimard, 1968, 32) ; cf. aussi *Die Technik und die Kehre*, Neske, Pfullingen, 1962, 38 : « ...zum Wesen des Seins aber das Menschenwesen gehört, insofern das Wesen des Seins das Menschenwesen braucht » (tr. fr. in *Question IV*, Paris, Gallimard, 1976, 144). Ces textes ne prétendent pas que tout le cosmos dépende du *Dasein*, ce qui serait le paroxysme de l'anthropomorphisme, qu'un Löwith a cru devoir dénoncer en rappelant que l'homme était plutôt un rouage de la nature, laquelle pourrait bien subsister sans lui (cf. K. Löwith, *Sämtliche Schriften*, Band 8 : *Heidegger – Denker in dürftiger Zeit*, Stuttgart, J.B. Metzler, 1984, 287).

2. Cf. GA, tome 20, 407.

dont l'impératif catégorique pourrait être : assume ton existence à partir du futur que tu es vraiment, c'est-à-dire futur fini.

À ce propos, deux remarques. *a)* Cet impératif, que se donne et qu'est le *Dasein*, n'est pas à entendre dans un sens platement égocentrique. Le *Dasein* que nous sommes peut tout aussi bien être collectif, le *Dasein* étant toujours *Mitsein* : l'ouverture à soi ne se limite pas à l'individu laissé à lui-même, elle échoit également à la communauté humaine qui peut se définir comme société, comme peuple, comme langage ou comme classe sociale, selon les positivités du moment. Après avoir donné l'impression d'exalter l'héroïsme de l'individu isolé dans *Sein und Zeit*, Heidegger aura tendance dans les années trente à décerner la dignité du *Dasein* au «peuple» (on en connaît les suites), à l'art, puis au langage. Il est certainement juste d'affirmer que l'expérience de l'être, le *Dasein*, s'effectue à travers la médiation du langage et comme langage, lequel présuppose toujours une communauté humaine. *b)* Il importe aussi de noter que l'existence authentique (tout comme la moralité pour Kant et Fichte) ne sera jamais réalisée une fois pour toutes. L'authenticité conservera nécessairement le caractère d'un idéal, d'une tâche à accomplir, pour un *Dasein* également hanté par la déchéance, à telle enseigne que celle-ci sera élevée au rang d'existential[1]. Cet excédent du pouvoir-être en regard des possibilités réalisées ou réalisables s'est déposé dans l'une des significations de l'adage célèbre de Heidegger, «plus haut que la réalité se tient la possibilité»[2], qui vaut autant pour l'existence que pour la philosophie. C'est qu'il y a un «pas encore», un «*noch nicht*», qui caractérise existentialement l'essence du *Dasein*[3].

1. SZ 176.
2. SZ 38.
3. Cf. GA, tome 20, 408. Le philosophe Ernst Bloch a fait du «pas encore» l'une des catégories centrales de la pensée. Sa philosophie s'élève sur le fondement d'une «ontologie du pas encore» (*Das Prinzip Hoffnung*, Francfort, Suhrkamp, 1973, Band I, 12; tr. fr. *Le principe espérance*, Paris, Gallimard, 1976, 22), aussi bien dire : du *Dasein*. Elle se propose de mettre en lumière la structure d'anticipation qui anime l'existence humaine : nous vivons essentiellement dans le futur, dans une tension qui transcende l'état actuel (le souci chez Heidegger possède la même structure de l'être-au-devant-de-soi). Tout agir humain se nourrit d'attentes, de rêves, d'espoirs ou de besoins à assouvir. Et pourtant, écrit Bloch, «la seule propriété authentique de l'homme», le *desiderium*, «reste inexploré» (*ibid.* 4; tr. fr. 12). Si penser signifie transcender, force est de constater que la transcendance n'a pas encore réussi à trouver sa pensée (*ibid.* 3; tr. fr. 12), c'est-à-dire une philosophie qui lui soit adéquate. L'espérance, la catégorie anthropologique la plus élémentaire, est un continent aussi peuplé que le meilleur des pays cultivés (tous habitent l'espoir), mais aussi peu exploré, conceptuellement, que l'Antartique (*ibid.*

Si l'anticipation de l'existence authentique en reste à dessein à un plan formel, les modalités de l'inauthenticité sont plus faciles à identifier. L'exister inauthentique est celui qui fuit son futur fini, jugé effroyable, et qui choisit de s'accrocher aux lieux communs, sécurisants, du « on », de l'opinion publique ou de l'idéologie dominante[1]. L'idéologie du « on » nivelle les possibilités d'existence du *Dasein* (*Einebnung aller Seinsmöglichkeiten*[2]) selon des schèmes préétablis. Déchargeant le *Dasein* de son être (*Seinsentlastung*[3]), qui réside dans l'avoir-à-être, le « on » aliène l'homme de son existence véritable, car il prend à sa place la décision quant à la détermination de son pouvoir-être. La « dictature du on »[4] coupe le *Dasein* du rendez-vous avec lui-même auquel il est pourtant convié en tant que *Dasein*, l'étant libre pour son pouvoir-être (liberté étant synonyme d'ouverture pour Heidegger). L'aliénation du « on » équivaut ainsi à une *perversion* du *Dasein* : l'homme « déchu » n'a plus à se soucier de son être, le « on » s'en charge pour lui, sanctionnant que tout va déjà pour le mieux dans

5 ; tr. fr. 13). Traditionnellement, le concept philosophique a toujours eu les yeux tournés vers le passé, l'essence (τί ἦν εἶναι), l'être déjà achevé. Tandis que cette ontologie s'en tenait à l'être plein, statique, fermé sur lui-même, répétitif, l'ontologie du pas encore aura la tâche de libérer l'espace du possible et du futur essentiel à l'existence. À la rétrospective de la philosophie classique, de Platon (l'anamnèse des idées) à Hegel (le retard de la philosophie sur le réel), Bloch oppose la fonction utopique, la prospective ouverte, selon lui, par le marxisme (cf. en particulier l'interprétation des thèses sur Feuerbach au chapitre 19 du *Principe espérance*). Le *Seinkönnen* et le souci heideggériens ne recouvraient-ils pas les mêmes phénomènes ? Nous nous contenterons de souligner que l'éclipse du registre de l'existence chez le dernier Heidegger ne diminue en rien la persistance de la fonction utopique représentée dans *Sein und Zeit* par le pas encore, le pouvoir-être et l'authenticité. Le contraire est plutôt vrai : l'effacement du volontarisme rendra d'autant plus saillante l'attente d'un salut qui dépendra de moins en moins de l'homme (exprimé à l'aide des deux leitmotive : « avec le péril croît aussi ce qui sauve » et « seul un dieu peut encore nous sauver »).

1. Heidegger n'oppose pas toujours l'authenticité au « on », car le « on » (entendons la dépendance sociale du *Dasein*) demeure un existential indéracinable (cf. *Sein und Zeit*, 129) : « *l'être-soi authentique* ne repose sur aucune situation d'exception d'un sujet qui se serait détaché du « on », il *est* plutôt *une* modification existentielle du « on » compris comme existential essentiel » (*SZ*, 130). Plus loin dans *Sein und Zeit* il sera question du « pouvoir-être le plus authentique dans le on » (299). L'inauthenticité réside avant tout dans la propension du « on » à aplanir les possibilités d'existence du *Dasein* et à le décharger de la décision qui incombe à un étant ouvert à son propre être. Pour tout ceci cf. C.B. Guignon, « Heidegger's « Authenticity » revisited » in *The Review of Metaphysics*, 38, 1984, 321-339.

2. SZ 127.

3. SZ 128.

4. SZ 126.

le meilleur des mondes. C'est le lieu de la critique des idéologies comme critique de la domination chez Heidegger[1].

Au registre du temps, cela signifie qu'à l'angoisse d'un avenir authentique, donc mortel et fini, l'existence inauthentique préfère la présence du « on », la présence éternelle, l'éternité du même qui ne connaît ni finitude, ni mortalité, ni révolution. Selon la grille du « on », le temps ne représente plus l'indice de l'avoir-à-être-fini du *Dasein*, mais la suite infinie, ou éternelle, des « maintenant ». Cette conception du temps, qui trouva son expression philosophique chez Aristote et qui, d'après Heidegger, n'a pas bougé depuis a été celle qui aura dé-fini (au sens d'une évacuation de la finitude) l'histoire de la métaphysique. Malgré tout, l'être persiste, en régime métaphysique, à être interprété dans l'horizon du temps, fût-ce *via negationis* : l'être temporel, terrestre, y est distingué de l'être a-temporel, véritablement étant, l'étant divin où sont conçues les essences éternelles, les idées (εἴδη) de tous les étants. Être, c'est participer d'une essence éternelle, *a priori*, rationnelle, immuable. Heidegger a été le premier à s'interroger sur l'origine secrètement temporelle de cette compréhension de l'être depuis l'Antiquité : « Comment le temps a-t-il été investi de cette fonction ontologique privilégiée ? De quel droit est-ce justement quelque chose comme le temps qui joue ce rôle de critère ? Est-ce que, dans cet usage naïvement ontologique du temps, sa vraie pertinence ontologique possible se manifeste ? Autant de questions qui jusqu'ici n'ont été ni soulevées, ni approfondies. C'est en quelque sorte « de lui-même » que le temps, dans l'horizon de sa compréhension vulgaire, est entré dans cette fonction ontologique « qui va de soi » et où il s'est maintenu jusqu'à présent »[2].

Le temps n'a pu être investi d'une telle dignité ontologique qu'en raison d'une métamorphose radicale de la temporalité du *Dasein*. Le temps originaire (« sa signification ontologique possible et authentique ») a d'abord son siège dans la finitude du *Dasein*. Étant donné que le *Dasein*, condamné à la déchéance, refuse le plus souvent d'assumer sa finitude, il dote l'être qu'il souhaite véritable (ὄντως ὄν, l'étamment étant) d'un coefficient d'a-temporalité, d'éternité, qui résulte d'une modification inauthentique de la temporalité, c'est-à-dire d'une fuite face à la finitude radicale. L'être éternel, sans devenir, sans tare empirique, deviendra désormais le paradigme de l'ontologie.

1. Cf. à titre d'exemple, SZ 127, 222.
2. SZ 18 ; tr. Martineau, 37.

Toute l'histoire de la métaphysique jaillirait de cette lecture temporelle de l'être, donc d'une modalité inauthentique de la temporalité qui cherche à s'évader de sa finitude, site de la temporalité fondamentale, celle qui donne naissance à toutes les autres. La métaphysique, conclura Heidegger, se fonde sur un oubli de l'être, mais cet oubli de l'être – littéralement contestable, car la métaphysique a toujours parlé de l'être[1] – n'est bien saisi que si on l'entend aussi comme oubli du temps primordial (la finitude du *Dasein*), l'horizon à l'intérieur duquel l'être doit devenir intelligible selon le programme de l'ontologie fondamentale. L'oubli de l'être, oubli du temps, ressortit à l'oubli de l'être (temporel) du *Dasein* voué à un avoir-à-être fini. La métaphysique escamote le futur authentique du *Dasein* en s'abandonnant à l'hégémonie inauthentique, mais sécurisante, du présent[2]. Ceci explique pourquoi l'être sera métaphysiquement compris dans l'orbe de la présence, de la permanence dans la présence.

C'est sur cette thèse fracassante que s'édifie en 1927 l'entreprise d'une destruction de l'histoire de l'ontologie, la seconde tâche de *Sein und Zeit* qui devait se mettre en œuvre au terme de l'analytique du *Dasein*. Les deux tâches de *Être et temps* sont celles d'une analytique et d'une destruction[3]. Heidegger ne l'indique pas en toutes lettres, mais comment ne pas penser ici à la complicité de l'analytique et de la

1. Cf. *Was ist Metaphysik?*, 11 (tr. fr. in *Questions I*, 29) : « Nun spricht aber die Metaphysik ständig und in den verschiedensten Abwandlungen das Sein aus. Sie selbst erweckt und befestigt den Anschein, als sei durch sie die Frage nach dem Sein gefragt und beantwortet. Allein, die Metaphysik antwortet nirgends auf die Frage nach der Wahrheit des Seins, weil sie diese Frage nie fragt ». La question de la vérité de l'être, celle que la métaphysique ne pose jamais, est celle du mode de découvrement de l'être, du lieu de ce dévoilement, bref, celle du *Dasein*. C'est l'expérience de l'être caractéristique du *Dasein* qui commande tout dévoilement de l'être dans l'horizon du temps.

2. Cf. O. Marquard, « Drei Bemerkungen zur Aktualität Heideggers » in *Theologie und Menschenbild*, E. Link zum 65. Geburtstag, Francfort/Berne/Las Vegas, Peter Lang, 1978, 244 ; « 'Sinn von Sein' ist die Zeit : Seinsbestimmungen sind immer Zeitbestimmungen. Aber die abendländische Metaphysik – von Parmenides bis zum Wiener Kreis – verdrängt das Historische, die Unverfügbakeitsdimensionen der Zeit - Zukunft als Tod, Gewesenheit als Faktizität der Vorgaben - und lässt nur das Ontische, die Gegenwart gelten : das metaphysische Seinsverständnis ist im Reiche der Zeit der Staatsstreich der Gegenwart. Zeit wird entendlicht zum Staffel auf der Gegenwart : es gab Gegenwart, es wird Gegenwart geben, da darf kein Tod dreinreden ». Cf. dans la même veine, G. Vattimo, « Vers une ontologie du déclin », in *Critique*, no. 452-3, 1985, 105.

3. À l'état embryonnaire, en 1921-22 (cf. GA, tome 61, 31), la double tâche était celle d'une destruction et d'une topique existentielle (distinction aristotélicienne dont Kant s'était aussi inspiré).

dialectique qui gouverne la *Critique de la raison pure* de Kant? À l'instar de Kant, l'analytique du *Dasein* se propose de poser les jalons d'une révolution du mode de penser à travers une prise en compte de la temporalité du *Dasein* qui rendra nécessaire une destruction de l'histoire de l'ontologie, autrement dit, une dénonciation des illusions dont se berce une métaphysique qui ferme les yeux sur ses assises temporelles. Cette dichotomie de l'analytique et de la destruction incarne à ce point la clef de voûte de l'architecture de *Sein und Zeit* qu'elle doit être une reprise consciente [1], *mutatis mutandis*, du projet kantien d'une critique de la raison pure, c'est-à-dire une critique de la rationalité a-temporelle. La reprise – *Wiederholung*, dit lui-même Heidegger dans son livre sur Kant – de la critique de la raison en tant qu'instauration d'un nouveau fondement de la philosophie ne se fera pas, cependant, sans une critique des présupposés métaphysiques du sujet transcendantal de Kant.

Dans les années qui ont suivi la parution de *Être et temps*, Heidegger en est venu à prendre conscience des présupposés métaphysiques de sa propre analytique du *Dasein*. L'échafaudage transcendantal de la métaphysique du *Dasein* subira des soubresauts considérables, au point de devenir méconnaissable. Mais, il ne faut pas s'y tromper, l'idée d'une philosophie de la finitude du *Dasein* continuera de dominer tacitement l'idée d'une destruction de l'histoire de l'ontologie qui s'accomplira désormais sous le titre d'un dépassement de la métaphysique. C'est sur la base d'une telle radicalisation de la seconde tâche de *Sein und Zeit* que Heidegger esquissera les grandes lignes de son diagnostic de notre époque et de ses soubassements ontologiques.

Heidegger persiste à affirmer que la métaphysique comprend l'être dans l'horizon temporel de la présence (du § 6 de *Sein und Zeit* aux derniers écrits, l'une des thèses les plus constantes de l'œuvre de Heidegger). N'est «étant» pour la métaphysique que l'étant qui s'offre dans la présence, qui se maintient dans la permanence de la présence. Or le présent est toujours présent en regard d'un point de référence – rôle qui sera occupé par la subjectivité qui se constitue justement en s'instaurant comme le point de mire de tout étant. L'étant par excellence, permanent et stable, sera celui qui se prête au regard et à la prise du sujet, *subjectum* que sera l'idée chez Platon et Aristote, le Dieu des médiévaux et l'homme pour les modernes. L'étant se définit par l'εἶδος, par l'idée, assignée tout entière au regard que porte sur lui la

1. Cf. O. Marquard, *Skeptische Methode im Blick auf Kant*, Fribourg/Munich, Alber-Symposion, 1958, 17, note 22.

subjectivité. La perspective idéelle, mais qui s'oublie comme perspective, s'arroge ainsi la prérogative de décider de ce qui peut être interpellé comme étant. Grâce à l'idée (c'est que l'idée sera la source de toute « grâce », qu'elle provienne du Dieu médiéval ou de l'homme moderne), l'étant devient disponible et maîtrisable pour et par la subjectivité. L'étant se réduit à la disponibilité, décision ontologique qui scelle l'oubli le plus total de la finitude et de l'expérience de l'être propre au *Dasein*, savoir l'indisponibilité chronique (de *chronos*) de l'existence en tant que projet jeté. Comme pour masquer l'indisponibilité de son être le plus propre, le *Dasein* s'abîmera tête première dans le royaume de la disponibilité du présent, laquelle découle de la détermination de l'étant selon l'idée, dont l'homme prendra possession au cours de l'histoire de l'Occident, suivant en cela la logique secrète et le destin, joué dès Platon, de la métaphysique. La mathématisation de l'étant, elle aussi anticipée chez Platon, émergera dans la technique moderne comme le trait décisif de l'étant. Ce qui compte désormais, c'est précisément qu'on puisse compter avec l'étant, qu'il se plie à notre volonté de pouvoir.

Cette mise en disponibilité de l'étant, le *Gestell*[1], tisse la toile de fond de l'interprétation heideggérienne des Temps modernes. Heidegger sait très bien que l'on peut voir l'essence des Temps modernes dans le fait que l'homme se libère des attaches du Moyen Âge pour trouver sa propre liberté[2]. À son avis, cette caractérisation est « juste », mais elle en reste « à l'avant-plan »[3]. Ce qu'il y a de plus fondamental à la modernité, c'est plutôt que l'homme devienne « sujet », à la fois le fondement et la raison (*Grund*) qui rassemble la totalité de l'être autour de soi. L'homme accède à la fonction de sujet en élaborant son *Weltbild*, sa vision du monde (« monde » servant à désigner l'étant dans sa totalité). L'homme moderne est celui qui prend sur soi la visée ou la « vision » du monde, d'où dérive le terme francisé de *Weltanschauung*, ou encore, la construction (*Bild*, de *bilden*) du monde dans son

1. Qu'on peut traduire suivant G. Vattimo (*Le avventure della differenza*, Milan, Garzanti, 1980, 173 ; tr. fr. « Dialectique et différence », in *Exercices de la patience*, 1982, 125 ; et « Vers une ontologie du déclin », *op. cit.*, 100) par « imposition », terme qui retient 1. le sens premier de *stellen* (la mise en place, la position) et 2. l'idée de contrainte à laquelle nul ne peut se soustraire. L'idée de rassemblement suggérée par le préfixe « Ge- » se perd peut-être dans le « in- », mais elle est conservée dans la contrainte que souligne plus fortement le français « imposition » que l'allemand *Gestell*.

2. *Holzwege*, Francfort, V. Klostermann, 5. Aufl. 1972, 81 ; tr. fr. *Chemins qui ne mènent nulle part*, Paris, Gallimard, 1962, 79.

3. *Ibid.*

ensemble. Le monde se résume à la visée de l'homme qui a pris soin de re-présenter, de placer l'étant devant lui (*vor-stellen*), objectivation qui porte toute la science, laquelle s'avère ainsi un sous-produit de la technique, et non l'inverse. Ce monde objectivé («constitué», dira la philosophie transcendantale) apparaîtra comme *Bild*, comme construction et comme image qui ne fait que refléter la visée de celui qui occupe le trône de la subjectivité, «trône» parce que chaque époque de l'histoire de la métaphysique se définit par le «règne» d'un *subjectum*, donc par un certain pouvoir. Selon Heidegger, deux processus solidaires forment les assises ontologiques des Temps modernes : le devenir-sujet de l'homme et le devenir-image du monde[1]. L'homme n'est plus l'entendeur de l'étant, comme chez les Grecs[2], mais son ordinateur, chargé d'évaluer et de cataloguer l'étant en termes de rentabilité et de données, le présent de la «donnée» (fille de la *Vorhandenheit*), fixe et identifiable, étant la seule dimension du temps (et, partant, de l'être) qui compte pour l'homme. «Assujetti», subjugué aussi, l'homme ne connaît plus d'autre temporalité que celle du présent à répétition infinie et plus d'autre expérience de l'être que celle de l'étant qui peut être reproduit[3].

Abandonné au règne du présent, mode inauthentique de sa temporalité lorsque prédominant, le *Dasein* pourra être qualifié de «déraciné» (*bodenlos*, sans sol). Ce verdict ne veut pas être entendu au sens d'un jugement de valeur moral, ainsi que l'assure Heidegger (sans jamais, du reste, être pris au sérieux), mais bien comme une constatation d'ordre ontologique, existential ou temporal (termes qui font signe vers le même). L'homme est, littéralement, déraciné dès lors qu'il a perdu le sens de la terre. Terre et sol, avant d'être des échos de l'idéologie *Blut und Boden*, sont pour Heidegger, comme pour d'autres et à d'autres titres, des symboles de la finitude du *Dasein*. Finitude qui s'exprime essentiellement dans l'épreuve de l'indisponibilité : si le *Dasein* est l'être pour lequel il y va en son être de son être même, c'est sans doute parce que cet être échappera toujours à la saisie d'un étant voué à la mort. Cette dimension de l'existence, son visage le plus authentique, car le plus inaliénable, se trouve recouverte à l'époque du *Gestell* où les choses se rangent sous le signe de la disponibilité, bref du présent «supervisible» (*überschaubar*), que l'on peut opposer au futur

1. *Ibid.*, 85; tr. fr. 84.
2. *Ibid.*, 84; tr. fr. 82.
3. Phénomène de re-production au carré qui gagnera également l'expérience esthétique, comme l'a montré W. Benjamin dans «L'œuvre d'art à l'époque de sa reproduction mécanisée» in *Zeitschrift für Sozialforschung* 5, 1936, 40-67.

insaisissable du *Dasein* de même qu'à l'indisponibilité, la facticité irréversible, de son passé. L'oubli de l'être est en vérité un oubli du temps, oubli de la finitude qui se tapit derrière la domination technique de l'univers, aussi infinie en puissance que le *Dasein* est fini en acte.

L'époque où le *Dasein* déraciné a perdu le sens de la terre, c'est-à-dire, selon le texte sur l'origine de l'œuvre d'art, de l'ouverture finie au monde sur le mode de l'ἀληθεία, du dévoilement qui s'accompagne d'un voilement (λήθη) tout autant essentiel, est celle du nihilisme, où il n'en est rien de l'être. Si l'être ne signifie plus rien, c'est parce que l'être – et l'être du *Dasein* est toujours en question là où il s'agit de l'être chez Heidegger – se refuse à la disponibilité, le critère de l'étantité. Le nihilisme dévoile l'essence cachée de la métaphysique qui cherche à expliquer l'étant à partir d'un point d'Archimède afin de le rendre intelligible, transparent, disponible[1]. À force de rendre compte des phénomènes et d'épeler leurs régularités, on en oublie l'inexplicable sous toutes ses formes et que résume le mot « être »[2].

La grâce de l'être ou de l'*Ereignis* (terme qui en viendra à supplanter l'être dans le but d'accentuer son caractère événementiel, soustrait au calcul et à toute volonté de production, et de désubjectiviser toute source d'appropriation), c'est précisément que l'être se dérobe à l'explication, qu'il se refuse à la volonté de domination de la métaphysique. La pensée de l'être chez Heidegger prendra de plus en plus la forme d'une méditation commémorative et allusive (*Andenken*) sur le refus de l'être. Tout le tournant de la philosophie de Heidegger se joue ici. Le tournant relève d'abord de l'être : l'être se dé-tourne de nous, se prodigant à la faveur du refus. La prise en considération de ce refus « ontologique » par la pensée conduira 1) à un tournant de la philosophie, à un renversement de l'entreprise de *Sein und Zeit* qui cher-

1. Cf. R. Schürmann, « Que faire à la fin de la métaphysique ? », in *Martin Heidegger*, Paris, L'Herne, 1983, 358 ; « Le nerf de la métaphysique [...] n'est-il pas la règle de toujours chercher un premier à partir duquel le monde devienne intelligible et maîtrisable, la règle du *scire per causas*, de l'établissment des « principes », donc ? ».

2. Cf. R. Rorty, « Heidegger wider die Pragmatisten » in *Neue Hefte für Philosophie*, 23, 1984, 13 ; « Warum stellt Heidegger immer wieder die Frage nach dem Sein, ohne sie jemals zu beantworten ? Ich nehme an, die Antwort ist : weil das Sein ein gutes Beispiel für etwas ist, für das wir keine Kriterien besitzen, um Fragen nach ihm zu beantworten. Heidegger fordert uns nicht auf, nach dem Sein zu fragen, um unsere Aufmerksamkeit auf einen Gegenstand der Erkenntnis zu lenken ». Cf. M. Heidegger, GA, tome 54, 157 : « Das in das Seiende Hereinscheinende, jedoch aus dem Seienden nie Erklärbare oder Machbare ist das Sein selbst » (cf. aussi *ibid*, 150).

chait à découvrir le dénominateur commun de l'être sous l'éclairage du concept[1] et 2) plus radicalement encore, à un renversement de la métaphysique, à un tournant de l'histoire porteur d'une expérience non métaphysique, non dominatrice donc, de l'être et du *Dasein*.

À propos de ce dépassement de la métaphysique et du *Gestell*, l'espoir de Heidegger semble être que la frénésie de la technique sera assez violente pour appeler une riposte du *Dasein*, pour provoquer un tremblement de la terre qu'habite le *Dasein*, capable de secouer le joug de l'arraisonnement métaphysique, de « briser l'oubli grâce à une méditation de l'être »[2]. Le *Gestell* présente, selon Heidegger, une tête de Janus : d'un côté, la possibilité d'une domination accrue et de plus en plus exclusive de la technique, de l'autre, l'espoir du salut qui pourrait poindre au milieu de cette détresse et à cause d'elle :

> Entre les figures épochales de l'être et la métamorphose de l'être dans l'*Ereignis* se tient le *Ge-stell*. Celui-ci est, pour ainsi dire, une station intermédiaire, il offre un double aspect : c'est, pourrait-on dire, une tête de Janus. En effet, il peut être en quelque sorte encore compris comme une continuation de la volonté de volonté et du même coup comme l'une des expressions ultimes de l'être. Mais il est en même temps une préfiguration de l'*Ereignis* lui-même[3].

Autrement dit, un habiter non métaphysique de l'homme pourrait résulter de l'installation tous azimuts de l'im-position métaphysique sous la forme de la technique. Lorsque la modernité – le devenir-sujet de l'homme et le devenir-image du monde – sera devenue totale, « évidente » en quelque sorte, l'être pourra peut-être manifester son indisponibilité originelle :

> Ce qui se produit maintenant, c'est que l'essence de la modernité est en train de se fondre à quelque chose d'évident (*die Einschmelzung in das Selbsverständliche*) : ce n'est que lorsque cette « évidence » se trouve assurée par des visions du monde que peut se développer le ferment apte à susciter une originelle mise en

1. SZ 6 (« aus der Helle des Begriffs »).

2. GA, tome 53, 143. Cf. J. Habermas, *Der philosophische Diskurs der Moderne*, Francfort, Suhrkamp, 1985, 123. *Le discours philosophique de la modernité*, Paris, Gallimard, 1987, 121 : « La pensée qui retrace ce destin de l'oubli de l'être, infligé à la philosophie occidentale, fonctionne comme un catalyseur ».

3. *Zur Sache des Denkens,* Niemeyer, Tübingen, 1968, 56-7 ; tr. fr. *Questions IV*, Paris, Gallimard, 1976, 91 ; cf. aussi *Nietzsche*, Pfullingen, Neske, tome II, 368-70, 471 ; tr. fr. *Nietzsche*, Paris, Gallimard, 1971, 295-97, 380 ; *Identität und Differenz*, Pfullingen, Neske, 1957, 29 ; tr. fr. in *Questions I*, 274.

question de l'être, qui ouvre la dimension dans laquelle se décide si l'être sera encore une fois capable d'un dieu et si l'essence de la vérité de l'être pourra revendiquer de manière plus aurorale l'essence de l'homme[1].

Le piétinement du sol des mortels pourrait tirer les hommes de leur sommeil technique. Un peu comme Marx avait déclaré que la bourgeoisie produisait ses propres fossoyeurs, rendant inévitable la victoire du prolétariat, Heidegger semble suggérer que la détresse pourrait donner lieu à une mise en question des fondements de la métaphysique, sans postuler, comme le fait Marx, que la révolution soit inéluctable, convaincu plutôt qu'elle est nécessaire (*not-wendig* : l'urgence d'un tournant). La pensée et l'humanité se trouvent à un point de bifurcation : ou bien la volonté de volonté se poursuit au rythme actuel, ou bien l'abnégation de la volonté métaphysique ouvrira l'avenir d'un nouveau commencement pour notre *Dasein* historique. En attente de la seconde voie, la méditation de Heidegger se comprend elle-même comme l'un des témoignages de la résistance du *Dasein* à la séduction technique à visage humaniste, ou, plus prudemment, comme l'une des formes de préparation à cette résistance, dont le site n'est pas encore définissable. Le *Gestell* représente certes le plus haut danger pour la pensée, mais il libère aussi la possibilité de faire l'expérience de l'être en dehors des schèmes fondationnels de la métaphysique[2]. Avec la détresse croît aussi ce qui sauve, espère Heidegger après Hölderlin. L'illusion serait ici de croire que le renversement doive prendre le chemin d'une « opposition » à la technique. Heidegger nous encourage plutôt à voir que l'être nous fait déjà signe au sein de l'essence de la technique, en se retirant, préservant ainsi pour ceux qui savent l'entendre le secret de son indisponibilité.

Il n'appartient donc pas à la pensée d'initier une révolution ou de se considérer déjà comme une telle révolution. Prétendre disposer d'une panacée susceptible de régler tous les problèmes, ce serait perpétuer le jeu de la technique, axée sur le nivellement des différences, le « faire » et le « *hic et nunc* » de la présence. Se contentant de laisser ouverte la

Sur l'ambiguïté de la technique, cf. K. Held, « Heideggers These vom Ende der Philosophie » in *Zeitschrift für philosophische Forschung*, 39, 1980, 542.

1. *Holzwege*, 103 ; tr. fr., 100. Cf. *Vom Wesen der Wahrheit* in *Wegmarken*, 195 (tr. fr. in *Questions I*, 187) : « Als Beirrung schafft die Irre aber zugleich mit an der Möglichkeit, die der Mensch aus der Ek-sistenz zu heben vermag, sich *nicht* beirren zu lassen, indem er die Irre selbst erfährt und sich nicht versieht am Geheimnis des Da-seins » (souligné par Heidegger).

2. Cf. G. Vattimo, « Vers une ontologie du déclin », *op. cit.*, 103.

fenêtre d'une histoire future de l'être, la pensée doit s'armer de patience – se désarmer donc – et préparer le terrain de la *Gelassenheit* (laisser être l'être, même sous la forme du *Gestell*), sa plus haute vertu à l'ère de la mobilisation totale, et, pour l'instant (l'*Augenblick*, distingué du « présent » – *Gegenwart* – dans *Sein und Zeit*), son unique consigne (*Wink*) pratique.

La *Stimmung* de la *Gelassenheit*, un autre nom pour ce que *Être et temps* appelait plus pompeusement l'existence authentique, représente la disposition du *Dasein* qui sait dire « oui et non » à la constellation de la technique[1]. Non, dans la mesure où l'homme peut encore refuser l'empire exclusif de la technique et la déshumanisation qu'elle entraîne. Oui, quand même, à l'utilisation non aliénante des objets techniques – car la technique permet de remédier à bien des souffrances matérielles – et oui, avant tout, au message de l'être, qui, à travers l'ambiguïté du *Gestell*, laisse deviner son indisponibilité et celle de la nature humaine. Le projet d'existence authentique qu'esquisse le dernier Heidegger est peut-être moins utopique et moins anti-technique qu'on pourrait le croire. Qui niera que le défi de la technique doive être relevé autrement que par un oui et par un non ? Le oui à la technique signifie, explicitement ou pas, un oui à la modernité, aux formes, limitées, de salut et de liberté qu'elle rend possibles, tandis que le non se veut un non aux illusions de l'idéologie techniciste et à l'automatisme de la technique qui risque de devenir fin en soi[2]. Certes, Heidegger n'indique pas de façon plus précise où et quand il faut dire oui ou non[3]. Parce qu'il aura été mal servi par un certain oui en 1933 ? Peut-être, mais Heidegger entend rester fidèle, sur ce point, au formalisme – d'autres parleront de décisionnisme – de l'authenticité exposée dans *Sein und Zeit*, laissant à chacun le soin (*Sorge*) d'en décider. Positivement, Heidegger fait indirectement appel à la *Mündigkeit*, à la maturité des agents sociaux qui auront à donner une orientation plus concrète à la *Gelassenheit*.

1. *Gelassenheit*, Pfullingen, Neske, 1959, 23 ; tr. fr. in *Questions III*, Paris, Gallimard, 1966, 177.

2. Même attitude chez J. Habermas qui défend le potentiel libérateur de la modernité contre ses détracteurs, mais qui s'élève contre une compréhension purement technique ou fonctionnaliste de la rationalité moderne. Tel est le sens de sa « Critique de la raison fonctionnaliste » qui forme le second volet de sa *Théorie de l'agir communicationnel* (Francfort, Suhrkamp, 1981 ; Paris, Fayard, 1987).

3. R. Schürmann, *op. cit.*, interprète le silence de Heidegger, son aveu d'ignorance quant aux solutions pratiques à adopter, d'une manière positive en y dépistant le premier témoignage d'une pensée an-archique qui ne prétend plus être en possession d'un principe universel qui couvre toutes les situations concrètes.

À n'en pas douter, un idéal de praxis, sinon un programme pratique, a su se maintenir dans les derniers écrits de Heidegger[1]. Seulement, il y a aussi ces textes où Heidegger semble entretenir l'espoir d'une parousie future de l'être, espérance qui paraît remettre le salut entre les mains d'une force surhumaine (qu'il s'agisse de l'être, des dieux ou du destin), comme s'il voulait par là compenser l'humanisme, engagé et résistant, de la *Gelassenheit*. Tel paraît être, au premier abord, le sens du soupir « seul un dieu peut encore nous sauver », répété trop fréquemment dans les années soixante pour être purement occasionnel[2]. Mais cette profession de foi – et tout discours sur le futur en est une à l'ère atomique – a-t-elle au premier chef une signification théologique ? Il est permis d'en douter.

Chose à peu près certaine, l'évocation du divin ne saurait traduire l'espoir d'un retour des dieux grecs ou du dieu de la métaphysique, car cela ne ferait que ressusciter l'hypostase de l'être plein dont Heidegger a percé l'illusion au moyen de son ontologie de la finitude dès *Être et temps*[3]. Le « dieu » dont parle Heidegger n'a de sens que si on le replace sur le sol de la finitude humaine. Le discours heideggérien sur ce dieu qui seul peut nous sauver pourrait tacitement renouer avec la signification première du terme θέος chez les Grecs[4]. Ce mot n'était pas d'abord un substantif pour l'intelligence grecque, mais un prédicat à vocation comparative : est dit θέος tout ce qui dépasse le pouvoir de l'homme, sans pour autant constituer une sphère d'être transcendante ou un étant autonome[5]. Le θέος se contente de représenter tout ce qui

1. Heidegger l'affirme en toutes lettres : la *Gelassenheit* envers les choses et l'ouverture au mystère de l'être « nous procurent la possibilité de vivre dans le monde d'une manière entièrement nouvelle » ; « elles nous promettent un nouveau fondement et un nouveau sol, sur lequel, tout en restant dans le monde technique, mais à l'abri de sa menace, nous puissions nous tenir et subsister » (*Gelassenheit*, 24 ; tr. fr. 179).

2. Cf. *Der Spiegel*, 1976, Nr. 23, 208 ; tr. fr. in M. Heidegger, *Réponses et questions sur l'histoire et la politique*, Paris, Mercure de France, 1977, 49 ; cf. Pierre Aubenque, « Martin Heidegger (1889-1976). In memoriam » in *Études philosophiques*, 1976, 271 ; C.F. von Weizäcker in *Erinnerung an Martin Heidegger*, Pfullingen, Neske, 1977, 246 (tr. fr.in *Martin Heidegger*, Paris, L'Herne, 1983, 160).

3. Cf. G. Vattimo, « La crise de l'humanisme » in *Exercices de la patience*, 1983, 27.

4. Cf., par exemple, GA, Band 54, 164.

5. Pour cette thèse cf. U. von Wilamowitz-Moellendorf, *Der Glaube der Hellenen*, Leipzig, 2. Aufl. 1931, Darmstadt, 1955, tome I, 17-20; K. Kerényi, « Theos : « Gott » auf Griechisch » in *Antike Religion*, Munich/Vienne, 1971, 207-219.

outrepasse l'entreprise de l'homme, des forces de la nature jusqu'au destin et aux vertus morales. Nommer le θέος, c'est prendre conscience des limites de l'humain, le θέος personnifiant, pour ainsi dire, le premier index de la finitude humaine. Vouloir assigner à ce θέος une existence indépendante et des prédicats positifs reviendrait à quitter le sol de la finitude.

« Seul un dieu peut encore nous sauver » pourrait donner à entendre qu'une lueur de salut jaillira peut-être d'une nouvelle conscience de la finitude humaine [1], car seule une telle conscience serait à même de démasquer le leurre de la métaphysique et de sa volonté de puissance. La domination in-finie de l'étant demeure solidaire d'un oubli de l'être, qui est oubli du temps et de la finitude. C'est pourquoi Hans-Georg Gadamer ne voit dans le soupir « seul un dieu peut encore nous sauver » qu'une simple « façon de parler » [2], destinée à montrer que la politique calculatrice et technocratique ne parviendra jamais, à elle seule, à sauver l'humanité de la catastrophe qui pèse sur elle. Cette intuition de Gadamer se trouve confirmée par le contexte de l'interview du *Spiegel*. Harcelé par les journalistes qui cherchaient à savoir si l'individu était capable, avec le secours de la philosophie, de changer quelque chose à la constellation du *Gestell*, Heidegger fait précéder sa désormais célèbre réponse par un avertissement qui donne raison à la lecture rhétorique de Gadamer : « si je puis me permettre de répondre de manière brève et un peu *massive*... » [3]. La déclaration de Heidegger, dans tous les contextes où elle a été proférée, a pour fonction de mettre un frein aux prétentions de la volonté calculatrice qui n'a pas encore eu l'idée de se remettre elle-même en question et de s'imputer, en un sens, la responsabilité des maux qu'elle cherche à combattre. L'endiguement de la rationalité calculante et insistante ouvrira peut-être la voie à une

1. Quelques interprètes récents de Heidegger l'ont bien compris. Parmi les auteurs déjà cités, signalons R. Schürmann, G. Vattimo et R. Rorty. Selon Schürmann, le dépassement de la métaphysique de l'infinitude mis en œuvre par Heidegger rend caduque la recherche d'un point d'Archimède de l'action, libérant par le fait même les possibilités d'un agir et d'une pensée pluriels parce que finis. Vattimo, quant à lui, explore les avenues de la fondation herméneutique, ancrée dans la finitude du *Dasein*, qui remplace le projet de fondation métaphysique (« Vers une ontologie du déclin », *op. cit.*, 97). R. Rorty, néo-pragmatiste qui cherche à libérer la philosophie de l'obsession des problèmes épistémologiques qu'elle ne saurait résoudre, interprète directement « l'authenticité comme conscience de la finitude » (*op. cit.*, 16).

2. Cf. l'interview de Gadamer in *Interpretatio. A Journal of Political Philosophy*, 12, 1984, 11 ; cf. aussi de Gadamer, « Gibt es auf Erden ein Maß ? » in *Philosophische Rundschau*, 32, 1985, 20.

3. *Der Spiegel*, 1976, no. 23, 208 ; tr. fr., *op. cit.*, 48.

autre pensée, la pensée méditante[1], plus conforme à l'espace de notre finitude. Selon Heidegger, il n'appartient pas à un nouvel effort de la volonté métaphysique d'écarter le péril, car sans doute est-ce de cette volonté qu'émane à l'heure actuelle la menace la plus aiguë. Le désir de sécurité absolue, visant à exclure toute espèce de vulnérabilité, ne fait que transposer l'absolutisme métaphysique sur un autre terrain. S'il en est ainsi, on comprend pourquoi, d'après Heidegger, le salut ne peut plus dépendre de l'être plein de la métaphysique, mais d'un être que, faute de mieux, il appelle parfois, et non sans réserve, l'être fini.

L'idée d'une « finitude de l'être », conçue comme l'antidote de l'être métaphysique apparaît justement pour la première fois dans la conférence intitulée « Qu'est-ce la métaphysique ? »[2]. Un cours sur Hegel de 1930/31 est encore plus explicite : « *Sein ist Endlichkeit* »[3]. Dans ces textes, la finitude de l'être vient prendre le contre-pied de l'infini métaphysique, comme le reconnaît Heidegger lui-même dans les années soixante, où s'esquisse un nouveau concept de finitude :

> De la finitude de l'être, il fut d'abord question dans le *Kant-Buch*. La finitude de l'*Ereignis*, de l'être, du *Geviert*, auxquels on fit allusion pendant le séminaire, se distingue de la première finitude (celle du *Kantbuch*) dans la mesure où elle n'est plus pensée à partir de son rapport à l'infinitude, mais pensée comme finitude en elle-même : finitude, fin, limite, le propre – être retenu dans le propre. C'est dans cette direction – c'est-à-dire à partir de l'*Ereignis* lui-même, à partir du concept de propriété – qu'est pensé le nouveau concept de finitude[4].

La finitude de la dernière philosophie de Heidegger n'est plus enchâssée dans une opposition à l'infini[5], comme c'était encore le cas à l'époque de *Sein und Zeit*, titre qui consacrait l'opposition métaphysique que ses derniers écrits tenteront de laisser derrière. Ayant dépassé la confrontation avec sa tutelle métaphysique, la finitude pourra déployer ses propres ressources. Mais que signifie l'expression « fini-

1. Cf. *Gelassenheit*, 13 ; tr. fr. *Questions III*, 166.

2. *Was ist metaphysik ?* 40 ; tr. fr. *Questions I*, 69, et non dans le *Kantbuch*, comme l'affirme Heidegger dans *Zur Sache des Denkens*.

3. GA, tome 32, 1980, 145. Cf. aussi tome 39, 274.

4. *Zur Sache des Denkens*, 58 ; tr. fr., *Questions IV*, 93. Un détail : même si la finitude occupe l'avant-scène du *Kantbuch*, il n'y est nulle part question de la finitude de l'être, comme le suggère ici Heidegger, mais de la finitude de la compréhension de l'être, du *Dasein*, de l'homme, de la transcendance, de l'entendement, de la raison, de l'intuition, de la connaissance humaine, etc.

5. Cf. *GA*, tome 54, 77 ; « Alles « Anti » denkt im Sinne dessen, wogegen es « anti » ist ».

tude de l'être ? » Dans une lettre à R. Munier, Heidegger parle de la « finitude de l'être, dans le lever en retrait duquel se tient le *Da-sein* de l'homme »[1]. La finitude continue par conséquent d'être comprise en fonction du *Dasein*, désignant le lieu qu'habite le *Dasein* (*in dessen sich entziehender Offenbarkeit*). La finitude de l'être signifie que l'être doit rester question pour le *Dasein*[2]. Penser la finitude à partir d'elle-même, dans ce qu'elle a de propre, c'est méditer le retrait de l'être. La plus haute révélation de l'être, dira maintenant Heidegger, pourrait bien être celle de son refus[3]. L'être figure désormais comme l'instance qui tient en échec tout dépassement métaphysique de la finitude. Mais qu'en est-il de cet être au juste ? Que signifie-t-il ? C'est précisément cette question qui doit rester sans réponse définitive, si l'on doit faire justice à la finitude. L'être est la question qui se pose à tout *Dasein*, l'étant pour lequel il y va en son être de cet être, et celle qui doit demeurer sans réponse. Heidegger est d'avis que le silence de l'être est peut-être plus significatif, si l'on cherche à comprendre le séjour des hommes au sein d'un caverne où tout lumière se profile sur fond d'obscurité, que toutes les réponses possibles qui ont balisé l'odyssée de la métaphysique.

À toutes les étapes de la réflexion heideggérienne, l'être est envisagé comme une dimension du *Dasein* qui échappe à la saisie immédiate et souveraine. D'abord assimilé à l'idée de fondement (au fondement de l'étant ou au fondement de la rencontre de tout étant), au transcendantal, à l'*a priori*, au temps, l'être prendra ensuite le caractère d'un événement appropriant, d'un destin ou d'une histoire. Toutes ces dimensions du *Dasein* – toutes ces « concrétions » de l'être qui tient en haleine la philosophie de Heidegger – sont autant d'instances de l'indisponibilité du *Dasein*. L'être résume l'in-disponible qui réduit à néant toute volonté in-finie de mise en disposition. La finitude de l'être indique la finitude de notre ouverture à l'être. Le nouveau concept de finitude, chez le dernier Heidegger, ne s'entend plus comme simple opposition à l'infini métaphysique, mais comme convocation à l'*Erei-*

1. In *Martin Heidegger*, L'Herne, 1983, 109 (« die Endlichkeit des Seins, in dessen sich entziehender Offenbarkeit das Da-sein des Menschen steht »).

2. C'est ce qu'indique le contexte où il est question de la finitude de l'être dans la lettre à R. Munier (*Ibid.*) : « Ce dont traite la conférence (*Was ist Metaphysik ?*) est une question. La réponse cherchée a, de son côté, le caractère d'une question. C'est sur elle que prend fin le texte. Il atteste par là même la finitude de la pensée. À moins qu'il ne faille dire : la finitude de l'être, dans le lever en retrait duquel se tient le *Da-sein* de l'homme ».

3. Cf. *Holzwege*, 104 ; tr. fr. 100. Cf. à ce propos J.-L. Chrétien, « La réserve de l'être » in *Martin Heidegger*, Paris, L'Herne, 1983, 255-268.

gnis, à l'événement qui caractérise en propre notre entente de l'être : l'expérience du refus. Ce refus n'est pas rien. «*Der Verzicht gibt*»[1], écrit Heidegger dans l'un de ses textes les plus personnels. Un certain salut pourrait se cacher dans ce don, car il relativise la volonté de puissance qui nous éloigne de notre finitude, de notre «propriété»[2]. Le voilement ou l'oubli de l'être est le fait même de l'être – c'est ici que gît son mystère ou son secret[3]. Heidegger ne s'en prend donc pas tant à l'oubli de l'être qu'à l'oubli de l'oubli, à l'absence de mystère dans un monde où tout doit être clair comme le jour.

1. *Der Feldweg*, Francfort, V. Klostermann, 1953, 7 (tr. fr. *Questions III*, 15 ; « le renoncement ne prend pas, mais il donne »).
2. Cf. *Zur Sache des Denkens*, 58 (tr. fr. *Questions IV*, 93).
3. *Nietzsche*, tome II, 370 (tr. fr. *Nietzsche*, tome II, 296-297).

III

PROLÉGOMÈNES A L'INTELLIGENCE DU TOURNANT

> Tout le monde attend toujours la deuxième partie de *Sein und Zeit*. C'est qu'ils ne connaissent pas le livre sur Kant.
>
> Martin Heidegger [1]

Une interprétation philosophique du tournant chez Heidegger doit respecter quatre principes généraux. Elle doit tout d'abord privilégier les textes relativement rares où Heidegger a lui-même expressément parlé de *Kehre*. Outre la lettre sur l'humanisme de 1946, les conférences de Brême en 1949 et la lettre à Richardson de 1962, elle devra tenir compte du tome 45 de la *Gesamtausgabe* (GA), des *Beiträge zur Philosophie*, mais aussi des textes contemporains d'*Être et temps* où s'annonce quelque chose comme un tournant, tout spécialement les tomes 24 et 28 de la GA, *Kant et le problème de la métaphysique* et la conférence *De l'essence de la vérité*. Une confrontation de l'ensemble de ces textes permet, en effet, d'entrevoir la problématique proprement philosophique que circonscrit la notion de *Kehre*, d'autant plus importante qu'elle est rare dans le corpus heideggérien. La question philosophique de la *Kehre* pourra être ainsi *dissociée* de la question, encore très superficiellement débattue, de l'*évolution* ou du changement de perspective de la philosophie de Heidegger. Sans cette dissociation heuristique, toute mutation de la pensée de Heidegger risque d'être prise pour le tournant lui-même. Il est sûr que le « dernier » Heidegger s'est intéressé à des questions comme celles de l'art, de histoire de l'être ou de la poésie et qu'il a révisé bien des aspects de son ontologie fondamentale (sa notion de spatialité, par exemple, mise en question

1. « Die Leute warten immer auf den zweiten Teil von *Sein und Zeit*, sie kennen eben das Kantbuch nicht. » Cité par W. Schulz, « Die Aufhebung der Metaphysik in Heideggers Denken », dans le collectif *Heideggers These vom Ende der Philosophie*, Bonn, Bouvier, 1989, 37.

dans *Zur Sache des Denkens*), mais ces métamorphoses ne doivent pas être confondues avec le tournant lui-même, lequel n'est pas d'abord, selon les termes de Heidegger dans sa lettre à Richardson, une péripétie dans l'itinéraire d'un penseur, mais une *chose* ou une *cause* («*Sache*») qu'il s'agit de penser pour elle-même. Le tournant disons «biographique» de la philosophie de Heidegger pourra être d'autant mieux compris qu'il sera distingué du tournant philosophique, c'est-à-dire de la *Kehre* qui apparaît dans les écrits de Heidegger, sans dénoter, le plus souvent, une inflexion ou une rupture dans l'itinéraire intellectuel du penseur. On verra que la question philosophique de la *Kehre* reste liée à l'évolution de la pensée de Heidegger, mais dans le sens d'une relation de conséquence, non d'équivalence. C'est que le tournant dit biographique résulte de la prise en compte ou de la découverte, à un moment précis du cheminement de Heidegger, de ce qu'exigeait de la pensée la *Kehre* première, la «chose» qui, comme telle, n'est pas l'affaire d'un philosophe particulier.

Le second réquisit que doit satisfaire une interprétation de la *Kehre* est que ce tournant doit faire l'objet d'une reconstruction philosophique, ou argumentative, qui fasse ressortir la rigueur et la nécessité d'une pensée du tournant. On a récemment fait valoir contre ce principe que Heidegger n'aurait jamais pu y souscrire si tant est que «le tournant a pour vocation de détourner la pensée de l'horizon d'intelligibilité de la métaphysique pour le conduire vers une région radicalement *autre*»[1]. À partir du dernier, ou mieux, de l'ultime Heidegger, il est clair que le dépassement de la métaphysique équivaut à la *fin* de la philosophie. Cette perspective, qui donne définitivement congé à la pensée philosophique, reléguée à un autre âge (celui qui s'étend, en gros, de Platon à Hegel ou Nietzsche), est certainement celle des dernières conférences publiques de Heidegger, *Temps et être* en 1962 et la conférence sur *La fin de la philosophie et la tâche de la pensée* lue à l'Unesco en 1964. La cohérence secrète qui conduit l'ultime Heidegger à renoncer à l'intelligibilité philosophique, celle de la métaphysique, représente à coup sûr une lointaine conséquence de la pensée du tournant. Seulement, à l'époque où le tournant se met en scène, à la fin des années vingt et au milieu des années trente, Heidegger a encore la conviction de faire de la philosophie. L'œuvre majeure de cette période s'intitule bien «Contributions à la *philosophie*», ouvrage qui

1. Cf. J.-F. Mattéi, «Les deux versants de la pensée», in *Dialogue*, XXVII, 1988, 676.

parle explicitement d'un *Begreifen der Kehre*[1]. C'est donc au nom d'un tel effort du concept que doit s'accomplir une interprétation philosophique du tournant, qui cherche à comprendre *in statu nascendi* la nécessité d'une *Kehre*, bien avant les avatars qu'il en viendra à épouser dans les années soixante.

Toute reconstruction du tournant doit, troisièmement, partir du texte clef que continue d'être le passage de la *Lettre sur l'humanisme*, où Heidegger a pour la première fois choisi de parler publiquement, ou sous forme publiée (car le terme était apparu auparavant dans ses cours), de la *Kehre*. Il y a donc tout lieu de croire que Heidegger a patiemment mûri ce texte, souvent mal compris tant les indications du philosophe étaient inouïes. Heidegger s'oppose dans ce passage, qui se veut une réponse à Sartre et à la métaphysique de la subjectivité, au malentendu qui voudrait faire de la «projection (*Entwurf*) de l'être» une position de la représentation (*vorstellendes Setzen*) ou encore un accomplissement de la subjectivité (*Leistung der Subjektivität*). Non, dit Heidegger, la compréhension de l'être se doit plutôt entendre comme «relation extatique à l'éclaircie de l'être» (*der ekstatische Bezug zur Lichtung des Seins*). Mais cette pensée, dont Heidegger situe les *prémices* (ce qui est tout à fait exact) en *Sein und Zeit*, n'a pu être proprement saisie à partir de l'horizon transcendantal et apparemment subjectiviste qui recouvrait encore l'œuvre de 1927 : «Une pénétration et un parcours suffisants de cette pensée autre, *en train de délaisser* la subjectivité, a bien sûr été rendue difficile du fait que lors de la parution de *Être et temps*, la troisième section de la première partie ne fut pas publiée (cf. *Sein und Zeit*, p. 39). Ici, tout se re-tourne. La section en question ne fut pas publiée parce que la pensée *échoua* à dire adéquatement ce tournant et qu'elle n'en vint pas à bout avec l'aide de la langue de la métaphysique. La conférence *De l'essence de la vérité*, qui fut *pensée* et *prononcée* en 1930, mais publiée en 1943 seulement, livre un certain coup d'œil sur la pensée du *tournant* de *Être et temps* en *Temps et être*. Ce tournant n'est pas une modification du point de vue de *Être et temps*, mais en lui seulement la pensée tentée accède à la localité de la dimension à partir de laquelle est éprouvé *Être et temps*, c'est-à-dire éprouvé depuis l'épreuve fondamentale de l'oubli de l'être[2].»

1. M. Heidegger, *Beiträge zur Philosophie (vom Ereignis)*, GA, Band, 65, 64.

2. M. Heidegger, *Wegmarken*, 325 ; tr. fr. *Questions III*, 97 (modifiée ; c'est nous qui soulignons).

Ce texte assimile d'une manière rarement remarquée la question du tournant à la transition de la deuxième à la troisième section (*Temps et être*) de la première partie de *Sein und Zeit*. Parler *ici* de *Kehre* a quelque chose de parfaitement lumineux, le titre de cette troisième section, qui resta inédite, étant tout bonnement l'inversion (on dirait en allemand *Umkehrung*) du titre de l'œuvre. Un « retournement » devait bien s'y produire, même si la partie publiée d'*Être et temps* n'avait jamais parlé de *Kehre* comme telle. Ce que la lettre sur l'humanisme nous apprend, ou confirme, c'est que *Sein und Zeit* échoua à dire cette *Kehre*, restant, par un certain côté (mais pas totalement, car la pensée de 1927 était déjà « en train de » dépasser la subjectivité), prisonnière de l'horizon d'intelligibilité de la métaphysique, celui qui ramène tout à une subjectivité autonome et entièrement transparente à soi, en un mot, à la rationalité d'un sujet souverain. Nous en venons ainsi à un quatrième et dernier réquisit : une interprétation rigoureuse de la *Kehre* doit montrer, si cela se laisse vérifier, quel type de tournant était prévu dans l'architecture de *Sein und Zeit* (et plus spécialement dans *Temps et être*) et tenter d'expliquer pourquoi il échoua, pour faire place à autre chose.

Cette lecture de la lettre de 1946 peut laisser l'impression qu'il n'est encore question que du renversement « biographique » de la perspective de Heidegger. Ce n'est pas le cas. Il ne faut pas prendre à la légère l'assurance de Heidegger selon laquelle le tournant n'équivaut pas bêtement à « une modification du point de vue de *Sein und Zeit* ». On gardera aussi à l'esprit l'avertissement de la lettre à Richardson qui stipulait bien que le tournant ne concernait pas le penseur ou la seule pensée de Heidegger, mais un *Sachverhalt*, la chose ou la relation à la chose[1]. Lorsqu'on traitera de la *Kehre* inscrite dans l'architectonique d'*Être et temps*, il ne s'agira que du problème philosophique qu'elle ouvre à la réflexion. L'échec à dire cette *Kehre* tient, selon les mots de 1946, à l'insuffisance chronique de la métaphysique. Mais lorsque Heidegger s'avisera de cette insuffisance, une nouvelle *Kehre* s'imposera à sa pensée, reflétant un tournant de la chose elle-même qui obligea sa propre philosophie à rajuster son tir. En quoi consiste ce tournant de la chose elle-même que Heidegger nous invite à comprendre à partir de l'échec de *Temps et être* ?

Il est raisonnable de supposer que le tournant le plus fondamental se manifesta lorsque Heidegger prit conscience de l'impossibilité de

1. W. J. Richardson, *Heidegger. Through Phenomenology to Thought*, La Haye, M. Nijhoff, 1963, XIX : tr. fr. *Questions IV*, Paris, Gallimard, 1976, 185.

conduire à terme le tournant prévu dans la troisième section de la première partie de *Sein und Zeit*. On peut l'établir à même les textes où Heidegger s'est efforcé de dire ce tournant en 1927. Mais la troisième section n'est-elle pas restée inédite ? On sait que cette section fut bel et bien rédigée, mais Heidegger en fut trop insatisfait pour la publier, tellement qu'il brûla son texte[1] (ce qu'il ne fit pas toujours pour les manuscrits, nombreux, qu'il a choisi de ne pas livrer au public). Si elle ne fut pas contemporaine d'*Être et temps* (terminé en 1926), la *première* rédaction de *Temps et être* eut sans doute lieu au début de 1927, car une *seconde* version en fut proposée à la fin du cours du semestre d'été 1927 (GA, 24). Ceci ressort d'une indication qui se trouve au début de ce cours (de quatre heures/semaine), le présentant expressément comme une « *nouvelle* élaboration de la troisième section de la première partie d'*Être et temps* ». Cette indication confère au cours de 1927 une importance de tout premier plan dans l'ensemble de l'œuvre de Heidegger, déjà soulignée par le fait que ce fut aussi le *premier* tome à paraître dans l'édition de la GA en 1975. Heidegger, qui fut responsable de la décision d'ouvrir sur ce tome 24 l'édition complète[2], aura voulu signifier par là que l'intelligence intégrale de *Sein und Zeit* et de la philosophie qui suivit, celle de la *Kehre* accomplie, devait d'abord passer par la problématique, ou le *Holzweg*, de *Temps et être*, telle qu'elle fut pensée et, ce qui est non moins capital, telle qu'elle échoua (il faut bien parler d'échec, sinon la section aurait été publiée ou, à tout le moins, préservée) en 1927. En l'absence de la version originale de *Zeit und Sein*, ce cours représente le document le plus exhaustif de ce que voulait être le premier tournant, de son échec et de ce que celui-ci laissa poindre à l'horizon de la pensée heideggérienne.

Pour comprendre le propos de la section *Temps et être*, on peut aussi se reporter à l'Introduction d'*Être et temps*, tout particulièrement au § 5 où Heidegger définit la tâche assignée à la première partie de l'œuvre, que devait parachever la troisième section. La première partie comptait offrir une analytique du *Dasein* dont l'intention était de libérer l'horizon pour une interprétation du sens de l'être en général (selon l'intitulé du § 5). C'est dans cette première partie ou son terme que devait trouver réponse la question centrale du livre, la question du sens de l'être, promettant de révéler l'horizon à partir duquel l'être a

1. Cf. la postface à l'édition de *Sein und Zeit* dans la GA, Bd. 2, 582.

2. Cf. F.-W. von Hermann, *Hermeneutische Phänomenologie des Daseins, Eine Erläuterung von « Sein und Zeit »*, Bd. I, Francfort, V. Klostermann, 1987, 404.

toujours été compris. Cet horizon sera, bien sûr, le temps. La première partie devait rendre manifeste en quoi le temps constitue l'horizon transcendantal de toute compréhension de l'être, d'où le titre de la première partie, dont la non-parution de *Temps et être* suspendit la réalisation : « L'interprétation du *Dasein* selon la temporalité (*Zeitlichkeit*) et l'explication du temps comme horizon transcendantal de la question de l'être. »

Heidegger parle ici de *Zeitlichkeit* pour caractériser la temporalité du *Dasein*, celle dont la deuxième, et de fait dernière, section de l'œuvre (*Dasein und Zeitlichkeit*) dressera l'analytique, mais il réserve le terme latinisé de *Temporalität* (que nous rendons, faute de mieux, par le latin *temporalitas*) pour désigner la problématique, plus proprement ontologique que « daseinologique », de l'être même entendu sous son aspect temporel (ou *temporal*, dérivé de *Temporalität*). L'analyse de la *temporalitas* de l'être même, dont *Être et temps*, en dépit de son insistance sur la question de l'être, n'avait à peu près pas parlé, devait se produire dans la troisième section de l'œuvre, là où devait être apportée, annonçait l'Introduction de 1927, une « réponse concrète » à la question du sens de l'être [1], celle qui donne sens à l'ouvrage, voire à l'ensemble de la philosophie de Heidegger. Cette section étant restée inédite, l'œuvre maîtresse de Heidegger demeure *de facto* un livre sans réponse ou un chemin qui ne mène, sinon nulle part, du moins à aucune réponse « concrète », mais bien à de nouvelles questions.

Pour bien apercevoir le « tournant » prévu en 1927, il n'est que de remarquer que la deuxième section devait traiter de la temporalité (*Zeitlichkeit*) du *Dasein*, tandis que la question de la *temporalitas* de l'être devait être l'affaire de la troisième, non publiée. Banalement : la troisième section devait ainsi marquer un passage, voire un tournant, de la question du *Dasein*, qui avait préoccupé les deux premières sections de l'ouvrage publié, à la question de l'être même. La primauté de l'être sur le *Dasein* n'est pas seulement un leitmotiv de la « dernière » ou « deuxième » philosophie de Heidegger, elle s'esquissait bel et bien dans la troisième section d'*Être et temps*. En ce sens, Heidegger avait raison d'écrire en 1946 que le tournant d'*Être et temps* en *Temps et être* relevait dès 1927 d'une pensée qui était *en train de* laisser derrière soi la subjectivité, désertion déjà signifiée par la notion d'un « être-jeté » (*Geworfenheit*) du *Dasein* et l'idée d'une interprétation de celui-ci selon sa temporalité radicale, au point de le destituer du titre de « sujet » que les Temps modernes lui avaient décerné. Tout cela était

1. *SZ*, 19.

effectivement en marche dès *Sein und Zeit*, mais l'architectonique de l'œuvre n'en avait pas encore tiré toutes les conséquences.

En effet, la problématique de la *temporalitas* de l'être, chargée d'épeler les caractères temporaux de l'être même, devait *découler* des horizons transcendantaux ouverts par la temporalité du *Dasein*. Ce dernier représentait encore l'*a priori* ou la condition, nécessaire et universelle, de l'apparition ou de la donation de l'être selon ses schèmes temporaux. Cette tentative de décliner la *temporalitas* de l'être depuis les schèmes horizontaux et transcendantaux du *Dasein* occupe de fait toute la section qui se trouve à la fin du cours de 1927 sur les problèmes fondamentaux de la phénoménologie où Heidegger distingue, conformément à l'esprit et au programme de *Temps et être*, la temporalité du *Dasein* de celle de l'être. Le détail, assez technique, de ces analyses, qui font des emprunts majeurs à la terminologie de Kant et de Husserl, certainement les auteurs les plus présents à l'esprit de Heidegger entre 1925 et 1929, ne peut nous intéresser ici[1].

On ne peut manquer d'être saisi par le caractère extraordinairement tâtonnant, déjà manifeste dans les développements connexes de *Sein und Zeit*, qui imprègne l'enquête de Heidegger dans cette ultime tentative de « sauver » la troisième section d'*Être et temps*, hésitations qui l'ont finalement conduit à surseoir à sa publication, en 1926, 1927 ou 1928. Heidegger met alors le doigt sur une faille essentielle de son approche, qu'il n'a pas cachée à ses étudiants, lesquels devaient avoir beaucoup de difficultés à suivre leur maître dans sa propre remise en chantier du questionnement de l'ontologie fondamentale. À la fin du cours, il affirme textuellement – et le passage a valeur d'autocritique – qu'une « non vérité fondamentale » se cache dans « l'interprétation temporale de l'être comme tel »[2]. « L'histoire de l'être, poursuit Heidegger, montre que toute interprétation ontologique, quand il s'agit de l'horizon qui lui est essentiellement nécessaire et de son assurance, ressemble plus à un tâtonnement qu'à un questionnement méthodique ou univoque. Déjà l'acte fondamental pour la constitution de l'ontologie, c'est-à-dire de la philosophie – l'objectivation de l'être, autrement dit la projection de l'être selon l'horizon de sa compréhensi-

1. Le lecteur voudra bien se reporter aux chapitres III (« De la temporalité du *Dasein* à celle de l'être »), IV (« L'intention de *Temps et être* à l'époque de *Sein und Zeit* ») et V (« L'échec de *Temps et être* et la radicalisation de la finitude ») dans notre étude *Le tournant dans la pensée de Martin Heidegger*, *op. cit.*

2. M. Heidegger, *Die Grundprobleme der Phänomenologie*, GA, Bd. 24, p. 459 ; tr. fr. : *Les problèmes fondamentaux de la phénoménologie*, Paris, Gallimard, 1985, 386 (modifiée).

bilité –, est livré à l'incertitude et reste constamment exposé au danger d'un renversement, étant donné que l'objectivation de l'être se meut nécessairement dans une direction, conforme au projet, qui va à l'encontre du comportement quotidien par rapport à l'étant. Il en résulte que le projet de l'être devient nécessairement quelque chose d'ontique... »[1]

Le point névralgique paraît résider dans la témérité que représente la projection, effectuée dans la troisième section, de l'être selon l'horizon de son intelligibilité, autrement mis, le danger qui consiste à réifier l'être et faire comme s'il se laissait embrasser dans un projet de la subjectivité. C'est ici, ainsi que dans les nombreux passages connexes des cours et écrits de cette période, éminemment critique puisque qu'elle força Heidegger à renoncer à la publication de *Temps et être* et, partant, à l'accomplissement systématique de *Sein und Zeit*, qu'il convient de situer la découverte ou l'amorce d'une pensée expresse du tournant[2]. Elle était déjà suggérée par la pléthore d'interrogations critiques et autocritiques sur lesquelles s'était terminé le texte de *Sein und Zeit* et dont on ne citera ici que les deux dernières : « Y a-t-il un chemin qui conduit du *temps* originaire au sens de l'*être* ? Le temps se manifeste-t-il lui-même comme horizon de l'*être* ? »

Ces points d'interrogation, qui signalaient dramatiquement l'interruption du questionnement d'*Être et temps*, en mettant en cause rien de moins que son projet essentiel, résonneront à la fin du cours de 1927 alors qu'éclatera à ciel ouvert la « non-vérité » de l'approche schématico-horizontale de la question de l'être. En quoi consiste cette non-vérité ? Elle réside dans l'audace qu'il y a pour un *Dasein* projeté pour un temps dans l'être à cerner en un projet ultime de compréhension ou d'intelligibilité « quelque chose » (expression délicieusement inadéquate) de tel que l'être, par quoi il faut entendre la totalité de ce à quoi nous sommes exposés de par notre existence. L'être est ce dans quoi, voire par quoi (car nous n'y sommes pour rien), nous sommes projetés en ce monde, dont nous ne pourrons jamais prétendre posséder la clef. Cette pensée de la *Geworfenheit*, assurément présente dans *Être et temps*, qui était en cela en train de délaisser l'horizon d'intelligibilité de la subjectivité, vient finalement faire obstacle au projet d'une maîtrise rigoureusement conceptuelle ou, risquons le mot, strictement ration-

1. *Ibid.*, 459 ; tr. fr. 387 (modifiée).

2. Suivant aussi H.-G. Gadamer, *Heideggers Wege. Studien zum Spätwerk*, Tübingen, J.C.B. Mohr (Paul Siebeck), 1983, 109 : (à propos de GA 24, 459) « Hier klingt die ganze Problematik der Vergegenständlichung des Seins an, die Heidegger zur 'Kehre' geführt hat ».

nelle de l'être depuis l'horizon d'un *Dasein*, trop fini et trop situé historiquement pour détenir sur l'être une perspective qui l'habiliterait à en décliner *sub specie aeternitatis* les schèmes transcendantaux.

Une apostille de l'exemplaire personnel de Heidegger, en marge du titre *Temps et être*, section qui fut le premier théâtre du tournant, au § 8 de *Sein und Zeit*, révèle bien l'expérience radicale dont sourd la nouvelle pensée : « le dépassement de l'horizon comme tel » (la notion d'horizon était bien le terme clef, transcendantal et métaphysique, de la troisième section d'*Être et temps*, telle qu'on peut la reconstruire à l'aide du cours de 1927), « le retour (*Umkehr*) dans l'origine », « la pensée depuis cette origine ». Cette note ne peut, à notre connaissance, être datée avec certitude[1], mais elle correspond parfaitement au mouvement de pensée qui se fait jour dans la remise en question de *Sein und Zeit*, dont témoigne le travail à la chose de *Temps et être*.

La *Kehre* qu'il s'agit de penser, insistons-y, n'est pas d'abord une péripétie de la pensée de Heidegger, *son* incapacité à conduire à bon port l'entreprise de l'ontologie fondamentale. C'est que cette incapacité ne relève pas au premier chef d'un philosophe particulier, mais de l'« être » même. C'est, en effet, l'être lui-même qui se *refuse* à l'intelligibilité purement métaphysique. Ceci ne revient pas à prêter à un être hypostasié quelque propriété animiste ou anthropologique, bien au contraire. Dire de l'être qu'il se refuse ou qu'il se détourne de la pensée qui prétend l'enchâsser dans une totalité métaphysique, c'est simplement reconnaître que l'homme, en tant qu'être fini et voué à des interprétations historiques, ne peut jamais prétendre avoir mis le doigt sur le dénominateur commun du réel ou disposer d'une fondation ou d'une vérité ultime sur son être-au-monde. Le refus ou le détour qu'est la *Kehre* ne désigne rien d'autre que cette impossibilité ou cette finitude, laquelle est condition de la recherche de vérité et du dialogue. C'est de ce tournant que parlera la conférence de Brême, intitulée *Die Kehre*, en évoquant, de façon peut-être cryptique, un « se-refuser à la présence de l'être » que Heidegger opposera au « fonds disponible » auquel se réduit la totalité de l'étant pour la métaphysique[2], qui veut disposer de l'étant en en délimitant la totalité, le principe et la logique (triple visée que Heidegger résume sous le titre adéquat d'une contention onto-théologique de la métaphysique). Or, ce qu'« oublie » la métaphysique,

1. F.-W. von Hermann, *op. cit.*, 401, qui en propose une interprétation lumineuse, situe aussi le tournant qu'elle annonce autour de 1930.

2. M. Heidegger, *Die Technik und die Kehre*, *op. cit.*, 37 ; tr. fr. *Questions IV*, 142.

interjecte Heidegger, avec un brin d'ironie, car la métaphysique s'est de tout temps constituée en ontologie, c'est ce petit rien qu'est l'« être », entendons la temporalité inexorable de l'être, celle qui menace l'entreprise de domination qui se veut totale et permanente. Ce que la *Kehre* découvre, et nomme, c'est le refus essentiel qu'oppose l'être à toute entreprise unilatérale de domination.

Il n'est pas contre-indiqué d'entendre ce « refus » de l'être, en soi bienveillant car il vise une meilleure appréciation de soi du *Dasein*, comme une forme de radicalisation philosophique de la finitude. On a trop peu observé que la finitude occupait, nommément et thématiquement, une place assez secondaire dans l'architecture d'*Être et temps*, surtout si l'on tient compte du rôle prépondérant qui deviendra le sien dans un livre comme *Kant et le problème de la métaphysique* (où la finitude apparaîtra comme la clef de voûte de ce qui s'appellera une dernière fois ontologie fondamentale). Omniprésente dans l'ouvrage sur Kant, la finitude est encore toute à fait absente de l'Introduction à *Sein und Zeit*, où sont exposés, comme chacun sait, les concepts fondateurs du projet heideggérien en 1927. Si l'on veut bien lire attentivement les textes, on se rend compte que le terme de finitude apparaît bel et bien dans *Être et temps*, mais toujours dans un cadre bien délimité à chacune de ses quatre occurrences (SZ, 264, 329-331, 384-386, 424-426). À chaque fois, l'être fini ou la finitude désigne la modalité *authentique* d'un être-pour-la-mort qui s'assume lui-même. Le *Dasein* qui, au lieu de fuir sa mortalité, court au-devant de sa mort, quel que soit le sens exact ou concret d'une telle course, seul ce *Dasein* bien précis, authentique, existe de manière finie[1]. Soit, le *Dasein* « inauthentique » n'est pas moins fini, au sens courant du terme, que celui qui est authentique, mais au plan terminologique et thématique, seul le *Dasein* authentique, ouvert à sa mortalité, sera appelé *fini,* étant à même de comprendre sa temporalité de manière finie. On est loin de la finitude que le *Kantbuch identifiera* à la compréhension de l'être[2].

1. Cf. SZ, 329-330 : « In solchem Sein zu seinem Ende existiert das Dasein eigentlich ganz als das Seinde, das es « geworfen in den Tod » sein kann. Es hat nicht ein Ende, an dem es nur aufhört, sondern *existiert endlich.* Die eigentliche Zukunft, die primär *die* Zeitlichkeit zeitigt, die den Sinn der vorlaufenden Entschlossenheit ausmacht, enthüllt sich damit selbst als *endliche* » : 264 : « Frei für die eigensten vom *Ende* her bestimmten, das heisst als *endliche* verstandenen Möglichkeiten, bannt das Dasein die Gefahr, aus seinem endlichen Existenzverständnis her die es überholenden Existenzmöglichkeiten der Anderen zu verkennen... » (le souligné est de Heidegger).

2. M. Heidegger, *Kant und das Problem der Metaphysik*, *op. cit.*, 222-223 ; tr. fr. *Kant et le problème de la métaphysique*, *op. cit.*, 1953, 285.

Dans un cours de 1929-1930, qui suivra le livre sur Kant, cette finitude deviendra même l'un des trois concepts fondamentaux de la métaphysique[1].

En lisant la quatrième partie du *Kantbuch*, il faut croire que la finitude représente l'alpha et l'oméga de l'ontologie fondamentale. Or, l'Introduction de *Sein und Zeit* ne la nommait pas une seule fois. Pure coïncidence ? À moins de supposer que Heidegger n'ait pas été au courant des notions essentielles de son entreprise en 1927, une découverte fondamentale s'est présentée à sa pensée immédiatement après *Sein und Zeit*. Ce qui s'est manifesté, ce n'est rien de moins que le tournant, le détour ou le refus qu'inflige l'être à toute tentative qui aspire à en épuiser l'intelligibilité ou à la réifier, comme si l'être était d'emblée un « fonds » ou une « chose » dont nous puissions disposer et dont le principe, la totalité et la logique se laisseraient fixer une fois pour toutes. Cette finitude n'est cependant pas tombée du ciel après *Sein und Zeit*. Elle résulte manifestement de la radicalisation de l'idée de *Geworfenheit*, laquelle finit par miner de l'intérieur l'architecture d'*Être et temps* en rendant problématique sa projection de l'être selon l'horizon d'intelligibilité que serait le temps et dont le *Dasein* serait le maître d'œuvre. Radicaliser veut dire que ce qui était naguère périphérique, une propriété du *Dasein* parmi d'autres, se trouve dorénavant mis à la racine. Comment ne pas apercevoir que la finitude se trouve mise au fondement de l'ontologie fondamentale dans le livre sur Kant alors qu'elle n'était auparavant, en 1927, qu'une modalité existentiale de l'être-pour-la-mort du *Dasein* ? L'avenir montrera qu'il s'agissait d'un fondement explosif.

On n'exclura pas ici l'idée que cette pensée de la finitude ait pu incarner une motivation essentielle de la philosophie heideggérienne bien avant *Sein und Zeit*. On trouve en effet dans les toutes premières leçons de Heidegger, entre 1919 et 1926, bien que le *terme* de finitude y soit discret[2], une conscience aiguë de la facticité herméneutique de

1. M. Heidegger, *Die Grundbegriffe der Metaphysik. Welt – Endlichkeit – Einsamkeit*, *Gesamtausgabe*, Bd. 29-30, Francfort, V. Klostermann, 1983. Cette promotion de la finitude est bien sûr unique dans l'histoire de la métaphysique. On peut dire que c'est à partir de sa radicalisation que Heidegger entamera son dépassement de la métaphysique.

2. Notons seulement, pour ne citer que des parutions récentes, que la finitude n'apparaît nommément ni dans la conférence de 1924, *Der Begriff der Zeit* (Tübingen, Niemeyer, 1989 ; tr. fr. in *Martin Heidegger*, L'Herne, 1983), ni dans les *Phänomenologische Interpretationen zu Aristoteles. Anzeige der hermeneutischen Situation* de 1922 (éd. par H.-U. Lessing, in *Dilthey-Jahrbuch*, 6, 1989, 237-269 ; tr.fr. *Interprétations phénoménologiques d'Aristote*, Trans-Europ-

l'existence, donc déjà les germes d'une critique de l'intelligibilité métaphysique. Cette tendance antimétaphysique, ou herméneutique, n'a pas manqué d'inciter des auteurs comme Gadamer à parler d'une «*Kehre* avant le *Kehre*»[1]. Des formules comme le «*es gibt*» ou le «*es weltet*», par lesquelles s'annonce une pensée de la facticité brute de l'*Ereignis* qui nous projette dans l'être, se trouvent bel et bien avant *Sein und Zeit*. L'idée d'une *Kehre* avant 1927 a l'insigne mérite d'affoler la certitude qui ferait du tournant une chose de la dernière philosophie de Heidegger. La pensée du tournant, c'est-à-dire du refus de l'être et du nécessaire dépassement de la métaphysique qu'il induit, est, en effet, l'affaire de toute la philosophie de Heidegger, ce vers quoi tend tout son effort de pensée. C'est peut-être Heidegger lui-même qui a mis un certain temps à s'en apercevoir. Sans doute fallait-il qu'il s'abîme d'abord dans une perspective métaphysique ou transcendantale, dont participe encore *Sein und Zeit*, afin de mieux reculer devant la métaphysique pour prendre toute la mesure du tournant que sa philosophie cherchait depuis le début à porter à la parole. Loin de la scinder, la *Kehre* pourrait ainsi nous habiliter à reconquérir l'unité de la pensée heideggérienne. Ce pourrait être l'une des tâches des recherches heideggériennes à venir.

Il demeure que c'est Heidegger qui a associé le contentieux de la *Kehre* au passage de «Être et temps» à «Temps et être», situant ainsi la découverte essentielle après *Être et temps*, étant peut-être le premier à oublier ou à refouler ses intentions de jeunesse. Une interprétation philosophique, et non génétique, du tournant doit donc tenter de comprendre le tournant comme le surgissement d'une problématique apparue après et à cause de *Sein und Zeit*, mais qui lui permit de mieux articuler ses intuitions premières.

La première apparition à ce jour connue du terme *Kehre* dans le corpus heideggérien est, en effet, de peu postérieure à *Être et temps*. Le terme surgit dans un cours du semestre d'été 1928, à mi-chemin entre *Sein und Zeit* et le *Kantbuch*, les deux plus grands livres de Heidegger (en vérité les seuls à ne pas être des recueils ou des cours). L'idée de *Kehre* se trouve mise en relation avec une toute nouvelle problématique que Heidegger surnomme ici, et ici seulement, *métonto-*

Repress, Mauvezin, 1992), deux textes majeurs qui offrent les premières ébauches de *Être et temps*.

1. Cf. H.-G. Gadamer, «Der eine Weg Martin Heideggers», dans ses *Gesammelte Werke*, t. III, Tübingen, J.C.B. Mohr (Paul Siebeck), 1987, 423; «Anfang und Ende der Philosophie», in *Heideggers These vom Ende der Philosophie*, édité par M. F. Fresco, Bonn, Bouvier, 1989, 18.

logie. Cette «discipline» qui doit s'instituer *après* l'ontologie fondamentale, déjà interrompue, prendrait la forme d'une métaphysique de l'existence, à l'intérieur de laquelle pourrait se poser la question de l'éthique[1]. Heidegger «rappelle» alors que l'ontologie fondamentale devait comporter deux grandes parties; 1) l'Analytique du *Dasein* et 2) l'Analytique de la *temporalitas* de l'être. Cette dichotomie ne correspond pas vraiment à la double tâche et double division de *Sein und Zeit* en Analytique du *Dasein* (partie I) et en Destruction de l'histoire de l'ontologie (partie II). Ce que le tome 26 appelle Analytique du *Dasein* s'apparente plutôt aux deux premières sections, publiées, de *Sein und Zeit*, l'idée d'une analytique de la *temporalitas* de l'être recouvrant très exactement ce que promettait d'accomplir la troisième section, inédite, «Temps et être». La division tripartite de la première partie fait place à une division binaire, la première équivalant aux deux parties publiées, la seconde à «Temps et être», laquelle reste donc à l'ordre du jour en 1928 (tout se passe comme si la seconde partie de *Sein und Zeit*, la Destruction, ne l'était plus; singulièrement, c'est elle qui monopolisera tout le dernier Heidegger). Cette analytique temporale, nous apprend Heidegger, celle de *Temps et être*, est en même temps le tournant, *die Kehre*, par lequel l'ontologie retourne expressément dans l'ontique métaphysique où elle se trouvait déjà implicitement. L'ontologie se trouve ainsi contrainte à un revirement (*Umschlag*), latent en elle et qui doit se produire comme transbordement dans une «métontologie»[2]. Ensemble, ontologie fondamentale et métontologie doivent constituer le concept intégral de métaphysique, celui que marquait déjà, écrit Heidegger de façon inouïe, le double concept de philosophie en *protè philosophia* et *theologia*.

Où situer le tournant dans tout ceci? Difficile à dire, tant le texte de GA 26 demeure allusif, renvoyant, espérons-le, à une discussion antérieure non publiée de l'idée de métontologie[3]. Il apparaît fidèle à l'esprit de *Sein und Zeit* en assimilant l'idée de *Kehre* à l'Analytique temporale de l'être, que devait élaborer la troisième section, devenue ici la seconde partie de l'ontologie fondamentale. Cependant, on ne retrouve rien du schématisme horizonto-transcendantal qui caracté-

1. M. Heidegger, *Metaphysische Anfangsgründe der Logik im Ausgang von Leibniz*, GA, Bd. 26, 199 sq.

2. *Ibid*., 201.

3. Cf. R. Bernasconi, «The Double Concept of Philosophy and the Place of Ethics in *Being and Time*», in *Research in Phenomenology*, 18, 1988, 44 : «Heidegger's characterisation is so abrupt that one can only assume that he is drawing on an earlier discussion.»

risait *Temps et être* un an plus tôt, au semestre d'été 1927. À ce tournant, vers la *temporalitas* de l'être, est venue se greffer une nouvelle problématique, celle d'un tournant vers une métontologie, dont la réalisation aurait lieu *après* l'ontologie fondamentale, donc après ou à partir de l'analytique temporale de l'être. Nous n'en savons guère plus. Ce que l'on peut au moins retenir de ces trop brefs passages sur la métontologie, c'est que la *Kehre* qu'elle met en œuvre veut combler les *déficits* d'une ontologie fondamentale, restée trop formelle ou trop schématique. Le tournant vers une métontologie aurait ainsi pour fonction de reconquérir au sein de la philosophie tout ce que la problématique ontologique ou transcendantale, termes largement équivalents dans *Sein und Zeit*, devait laisser dehors. Il y a donc un soupçon d'autocritique dans cette idée, nouvelle car à peu près rien ne la laissait présager en 1927, d'une métontologie. Bientôt, c'est tout l'édifice du transcendantalisme que le tournant, la radicalisation de la finitude, viendra mettre en question, emportant dans sa destruction l'appendice peu ou prou factice de l'ontologie fondamentale que paraît avoir voulu être la métontologie en 1928.

Outre la dernière section de *Kant et le problème de la métaphysique*, où la finitude sera propulsée au centre de ce qui subsistera de l'ontologie fondamentale, que ne complète alors aucune métontologie, la radicalisation de la finitude s'imposera aussi dans des opuscules comme *Qu'est-ce que la métaphysique ?* et *De l'essence de la vérité*. Le geste philosophique par excellence sera identifié dans la leçon inaugurale de 1929[1] à l'angoisse qui nous plonge dans le néant, entendons la finitude, de notre être-au-monde, laquelle serait la révélation la plus inaugurale de l'« être ». Tout l'effort de la philosophie consistera – où sont les schèmes transcendantaux ?, que reste-t-il de la temporalité horizontale du *Dasein* ? mais plus rien ! – à libérer l'homme de l'empire de la réification ontique pour l'exposer à son insignifiance essentielle face à l'être. *De l'essence de la vérité* développera peu après l'idée d'une coappartenance originelle de la vérité et de la non-vérité ou de l'errance[2]. Cette coappartenance comporte *in nuce* un sens bien précis chez Heidegger, sens qu'on peut encore qualifier d'ontolo-

1. Sur les déplacements qu'accomplit cette conférence par rapport à l'ontologie existentiale du *Dasein*, cf. J.-L. Marion, « L'angoisse et l'ennui. Pour interpréter *Was ist Metaphysik ?* », in *Archives de philosophie*, 43, 1980, 121-146.

2. La pensée du tournant dans cet écrit a été bien développée par A. Rosales, « Zum Problem der Kehre im Denken Heideggers », in *Zeitschrift für philosophische Forschung*, 38, 1984, 241-262, et R. Hosokawa, « Heidegger und das Problem der Kehre », in *Studies in Philosophy* (Fukuoka, Japon), 4, 1989, 1-23.

gique : le découvrement de l'étant tel qu'il est peut certes être appelé vérité, mais ce découvrement se double d'une part d'occultation du fait qu'il reste centré sur l'étant à dévoiler, selon telle ou telle visée. Ce qui est « occulté » dans cette visée, qui reste la chose la plus naturelle du monde, c'est l'*être* de cet étant ou l'être tout court. La thèse assez simple de Heidegger se prête à une illustration phénoménologique : dès qu'un étant se trouve dévoilé dans une intention de vérité, qu'on appelle justement *prétention* de vérité, le découvrement en reste nécessairement à un plan ontique, celui de sa préoccupation immédiate, occultant l'être qui rend possible pareil dévoilement de l'étant. Dans la mesure où la métaphysique s'oriente vers le découvrement du seul étant selon un projet d'intelligibilité universelle, ou de rationalité, elle se « définit » (littéralement) par une errance constitutive, savoir l'oubli de l'être dans sa donation gratuite, antérieure au concept et en deçà de toute explication. La métaphysique, l'« in-sistance » dans l'étant, se caractérise donc par l'escamotage de l'être qui est, si on ne veut pas l'accuser de ne jamais avoir été une ontologie, oubli du *temps* de l'être ou de la finitude du *Dasein*. L'histoire de la métaphysique deviendra alors pour Heidegger le récit des guises où l'étant s'est imposé comme tel ou tel, mais où l'être s'est retenu, se retirant de l'affolement ontique. L'oubli de l'être dit ainsi la résistance de l'être aux schèmes totalisants et unificateurs que lui prescrivent les filets de l'intelligence métaphysique.

La méditation heideggérienne, qui pense le tournant depuis l'épreuve cruciale de l'oubli de l'être, selon l'indication de la lettre sur l'humanisme, apparaîtra certainement désemparante aux yeux de ceux qui attendent de la philosophie des directives concrètes ou une philosophie immédiatement pratique, confondant les tâches de la pensée avec celles d'un conseil d'administration ou d'un comité d'éthique. Elle n'en renferme pas moins une intuition de fond dont pourrait tirer parti l'entreprise philosophique au soir de la métaphysique. La prise de conscience de la finitude qu'elle articule, en montrant que la métaphysique procède d'un oubli du temps, doit pouvoir accompagner tout exercice de pensée et toute activité humaine. Cette finitude n'oppose pas une fin de non-recevoir à une théorie de la rationalité ou à une philosophie « pratique », ainsi qu'on veut le faire croire aujourd'hui, comme s'il y avait une conception de la raison qui fût communément admise, elle veut seulement que la rationalité ou la pratique soi-disant éclairée s'avise du caractère hypothétique et à la limite périphérique de ses projections sur l'être. Relativiser l'hégémonie métaphysique sur l'être au nom du refus de l'être pour l'existence humaine, qui n'en aura jamais fini avec l'être, c'est donner à entendre que d'autres perspectives sont toujours possibles, celles qui prévalent étant redevables, en partie, de l'injustice d'être celles qui se sont imposées. Le tournant, le refus de l'être, révèle ici son versant herméneutique.

Ce n'est donc pas un hasard si la *Lettre sur l'humanisme* attire l'attention sur la conférence sur l'essence de la vérité pour l'intelligence du tournant. L'idée d'un oubli, d'un détour, d'un refus de l'être ou d'une errance inhérente à l'expérience de vérité en était le nerf essentiel. Certes, on peut se montrer tatillon sur la terminologie en faisant valoir que ce texte, prononcé pour la première fois en 1930, ne parut qu'en 1943, non sans avoir été retouché. Sans doute faut-il prendre Heidegger au mot (et pourquoi aurait-il voulu nous induire en erreur sur ce point précis et secondaire ?) lorsqu'il écrit en 1946 que la conférence sur la vérité fut « *pensée* et prononcée en 1930 » ; les modifications apportées après 1930 ne seraient donc que mineures. Une transcription inédite, mais en circulation, de la conférence sur l'essence de la vérité tenue le 5 décembre 1930 à Marbourg confirme, même si le terme de *Kehre* n'y figure pas encore, pas plus que dans le texte de 1943, du reste, que l'idée d'une errance ou d'une non-vérité essentielle, liée à l'« in-sistance » dans l'étant ou l'oubli de l'être, était déjà acquise en 1930. Dès 1931, dans un cours intitulé « De l'essence de la vérité », cette errance sera située dans l'histoire de la métaphysique et appliquée au mythe de la caverne de Platon [1]. Il faut en conclure que l'idée d'une déviation historique, et platonicienne, du sens de l'*aletheia*, pièce maîtresse de ce qu'on a appelé la dernière philosophie de Heidegger, la pensée de l'histoire de l'être (ou le *seinsgeschichtliches Denken*), était apparue, en germe, au début des années trente.

Tout ceci confirme qu'il est téméraire de situer la pensée du tournant vers 1935-1936, comme cela reste courant dans les études heideggériennes, hypothèse qui se basait essentiellement sur l'absence de publications philosophiques de Heidegger entre 1929 (*Kant et le problème de la métaphysique* et *Qu'est-ce que la métaphysique ?*) et 1935 (*Introduction à la métaphysique* et la conférence sur l'œuvre d'art), mais qui ne peut plus tenir maintenant que certains cours de cette période ont été publiés. On ne niera pas qu'un nouveau départ se soit produit chez Heidegger au milieu des années trente, mais, en vérité, il n'aura été qu'une *reprise* de la philosophie de la *Kehre*, amorcée après *Être et temps*, puis laissée en plan durant l'épisode

1. Cf. M. Heidegger, *Vom Wesen der Wahrheit. Zu Platons Höhlengleichnis und Theätet*, GA, Bd. 34, Francfort, V. Klostermann, 1988.

relativement court du rectorat politique. Sans vouloir en atténuer la gravité, qui reste à penser dans sa dimension tragique, nous estimons, en l'état actuel de la documentation, qui reste très insatisfaisante, que l'engagement du philosophe n'aura été qu'un intermède[1], tissé de méprises sur ce qu'était la réalité du national-socialisme. Cet épisode coïncida manifestement avec une certaine interruption des publications *philosophiques* de Heidegger[2]. Lorsqu'on évaluera les gestes posés et les positions affichées par Heidegger lorsqu'il fut recteur, on voudra bien admettre que son aventure politique correspondit, selon ses termes mêmes, « à un *renoncement au travail de la pensée* en faveur d'une action en tant qu'administrateur »[3]. Il y eut une grande part d'illusion ou de *Realitätsferne* dans l'intervention politique de Heidegger qui lui fit prendre l'accession d'un gouvernement de coalition dirigé par Hitler pour une révolution nationale et socialiste, dans le sillage de laquelle il espéra conduire une réforme de l'université allemande, comme si la national-socialisme et la science ne s'excluaient pas réciproquement.

Même s'il conserva pour quelque temps ses convictions national-socialistes, il se rendit compte assez tôt de son erreur – qui fut énorme, bien que partagée par la plupart des intellectuels non communistes de l'époque –, renonçant dès 1934 ou 1935 à œuvrer au sein d'un mouvement dont les intentions devenaient évidentes de jour en jour. Heidegger s'est alors à nouveau consacré à des questions philosophiques, poursuivant systématiquement sa pensée de la *Kehre*, laissée

1. Nous reprenons l'expression de I. M. Fehér, « Heideggers politisches Intermezzo : Rektor der Universität Freiburg », in *Annales Universitatis Scientiarum Budapestinensis de Rolando Eötvös Nominate*, XIX, 1985, 123-148.

2. Cf. C. F. Gethmann, « Heideggers Konzeption des Handelns in Sein und Zeit », *in* A. Gethmann-Siefert et O. Pöggeler (éd.), *Heidegger und die praktische Philosophie*, Francfort, Suhrkamp, 1988, 174 : « Soweit bisher bekannt, gibt es zwischen diesen Aufsätzen [de 1929/30] und den ersten Fassungen des Kunstwerkaufsatzes (1935) keine philosophischen (sondern nur « politische ») Schriften Heideggers ». Suivant P. Aubenque (« Encore Heidegger et le nazisme », in *Le Débat*, 48, 1988, 120), nous ne tenons pas la *Rektoratsrede* pour un texte spécifiquement philosophique.

3. M. Heidegger, *Das Rektorat 1933/34. Tatsachen und Gedanken*, paru en même temps que la réédition du discours de rectorat : *Die Selbstbehauptung der deutschen Universität*, Francfort, V. Klostermann, 1983, 39 (« es soll in keiner Weise geleugnet werden, dass ich damals an solche Möglichkeiten glaubte und dafür Verzicht tat auf den eigensten Beruf des Denkens zugunsten eines amtlichen Wirkens ») : tr. fr. : « Le rectorat 1933/34. Faits et réflexions », in *Le Débat*, 27, 1983, 86.

en chantier au début des années trente[1]. Les conférences sur l'origine de l'œuvre d'art seront en 1935 et 1936 le premier témoignage visible de ce retour manifeste à la philosophie et aux questions de la fin des années vingt et du début des années trente. Ce qui ne fait aucun doute, c'est que dès 1935 Heidegger cesse d'associer sa philosophie et ses concepts au mouvement nazi, comme il l'avait indubitablement fait, par aveuglement, dans ses proclamations rectorales. De 1936 à 1938, il rédige un volumineux manuscrit, que d'aucuns vont jusqu'à considérer comme son second chef-d'œuvre après *Être et temps,* les *Beiträge zur Philosophie*, publiés en 1989, où cette dissociation apparaît avec toute l'univocité désirable. Un commentateur d'ordinaire très sévère à l'endroit de la «philosophie politique» de Heidegger, Alexander Schwan[2], a récemment montré que ces *Beiträge* constituaient une répudiation radicale et systématique de l'idéologie nazie, Heidegger voyant maintenant dans le totalitarisme et le gigantisme du national-socialisme l'indice le plus manifeste de l'oubli de l'être[3].

Ces *Beiträge* renferment pour notre propos plus immédiat de très précieuses indications sur la *Kehre*, laquelle n'y est *jamais* associée à la représentation d'un virage de la philosophie de Heidegger ou de sa «seconde» pensée, dont ces *Contributions* sont pourtant l'un des témoignages les plus massifs. Ce qu'il faut dire, c'est que la *Kehre* est devenue la chose de sa philosophie et que sa prise en compte donna lieu à un nouveau départ, chargé de mener à terme le dépassement de l'intelligibilité métaphysique entamé après *Être et temps*, mais à la faveur d'une radicalisation philosophique de ses idées de *Geworfenheit* et de finitude. L'expérience de fond des *Beiträge* est clairement celle du refus de l'être, de sa *Verweigerung* essentielle, l'être, en son indisponibilité, se montrant réfractaire à l'intelligibilité métaphysique, taillée sur la domination de l'étant et de lui seul. Leur «contribution» à la «philosophie» est de penser de quelle manière le «refus» (*Verweigerung*) peut appartenir à l'essence de l'être[4]. Ce savoir de l'être – cette

1. Cf. H.-G. Gadamer, *Heideggers Wege*, 15 : «Tatsächlich sind es immer neue Wege und immer neue Denkversuche, die sein späteres Werk darstellt. Er begann diese Wege Jahre vor seinem politischen Engagement und setzte sie nach der kurzen Episode seines politischen Irrtums ohne sichtbaren Bruch in der Richtung fort, die er vorher schon eingeschlagen hatte.»

2. «Verliebt in Untergang und Abgrund», in *Rheinischer Merkur*, 17, 28 avril 1989, 15. Cf. aussi F.-W. von Hermann, «Technik, Politik und Kunst in den *Beiträgen zur Philosophie*», dans le collectif *Wege und Irrwege des neueren Umgangs mit Heideggers Werk*, Duncker & Humblot, Berlin, 1991, 29-42.

3. *Beiträge zur Philosophie*, 30, 98 s., 122 et *passim.*

4. *Ibid.*, 175.

« essentielle néantité de l'être » que Heidegger appelle aussi sa *Kehre*[1] – n'est pas un nihilisme, il veut, au contraire, indiquer l'authentique dépassement du nihilisme[2]. À quel titre ? C'est que le nihilisme reste l'horizon indépassable et paralysant de la pensée tant et aussi longtemps qu'est entretenue l'idée d'un absolu rationnel ou d'une parousie métaphysique, au vu desquels le refus de l'être ne peut être qu'une expérience négative ou un vulgaire nihilisme. Selon Heidegger, ce néant de l'être ou de la finitude, sa *Kehre*, n'est justement pas quelque chose de négatif, mais une chance inouïe pour le *Dasein* de l'homme. Dès qu'est abandonnée l'attente d'une transparence métaphysique, l'homme se trouve convoqué à penser sa finitude comme le site et la possibilité indépassable de sa liberté. L'homme pourra alors, dit Heidegger, séjourner dans l'*Ereignis*. Qu'est-ce que l'*Ereignis* ? On ne s'ingéniera pas à le dire ici, tout éclaircissement de l'*Ereignis*, du mystère du « *es gibt* », avertit Heidegger, passant nécessairement à côté de son essence. C'est déjà Heidegger lui-même qui lutte, tout au long des *Beiträge*, avec la difficulté, sinon l'impossibilité de dire l'*Ereignis*, ou la finitude, sans retomber dans la métaphysique, difficulté qui n'est pas sans rappeler l'échec à dire le tournant en « Temps et être » dont parlait la lettre sur l'humanisme et dont témoignait déjà le cours de 1927. Mais la renonciation (*Verzicht* ou *Verhaltenheit*, retenue) à l'idée de compréhensibilité métaphysique en est certainement l'une des composantes fondamentales. Il est vrai que le règne de l'intelligibilité est celui de la métaphysique qui, dans son projet d'expliquer l'étant en vue de le mettre à la disposition du sujet, « oublie » l'être en son inexplicabilité originelle, entendons sa gratuité. Heidegger va jusqu'à écrire que « la compréhensibilité équivaut déjà à une destruction de la pensée »[3]. À n'en pas douter, cette philosophie (titre auquel Heidegger n'a pas encore renoncé) résulte d'une radicalisation de la finitude ou de la *Geworfenheit* du *Dasein*, lequel n'essaie plus de se comprendre comme le maître et le possesseur de l'étant, mais qui s'éprouve comme projeté par l'être. Cet « être », le fond irrécupérable de son existence, échappe comme tel à l'explication. L'être signalera donc la *Versagung jeder Erklärbarkeit*[4], la faillite de l'explicabilité.

Ce refus de l'être, qu'on pourrait confondre au premier coup d'œil avec de la mystique à bon marché, veut avant tout démobiliser la métaphysique, inculquer à la pensée un sens des limites assignées à ses

1. *Ibid.*, 102 : « Aus der wesenhagten Nichtigkeit des Seins (Kehre)... »
2. *Ibid.*, 175 : « Die eigentliche Überwindung des Nihilismus. »
3. *Ibid.*, 435.
4. *Ibid.*, 477.

entreprises de pensée. La « retenue » de l'être serait comme le rappel de ce qui échappe à l'effort démesuré de rationalisation qui enfle la métaphysique et sa dernière modalité, la techno-science[1] contemporaine. Les *Beiträge* essaient de développer, en contrepoint à la métaphysique, une pensée de l'absence de l'être dans ce qu'elle pourrait avoir de libérateur. Si le nihilisme peut être surmonté, parie Heidegger, c'est peut-être grâce à cette expérience du refus cosmique de l'être. Le plus grave, c'est que le silence de l'être, son évacuation, ne soit pas même éprouvé pour lui-même. Rien n'est plus urgent, conclut Heidegger, que de transporter l'homme dans l'urgence de l'absence d'urgence, c'est-à-dire de le sensibiliser à la question de l'être et de son essentiel oubli.

On le voit, cette pensée de l'être selon sa négativité ou son « oubli » appelle une réponse du *Dasein*. Elle l'invite à un habiter qui soit à la mesure du voilement de l'être, nous traduisons, à une compréhension de son être-au-monde qui s'accompagne d'une conscience expresse de la finitude. Dans les *Beiträge*, le terme de *Kehre* nommera justement la relation qui s'institue entre l'irruption de l'être comme refus et la réponse, ou le type de fondation, que cet être peut susciter sur le sol du *Dasein*. À la question : « Qu'est-ce que la *Kehre* dans l'*Ereignis* ? », les *Beiträge* répondent : « Seule l'irruption de l'être comme avènement du là amène le *Dasein* vers lui-même, lui permettant ainsi d'accomplir (en la sauvegardant) la vérité patiemment fondée dans l'étant, lequel élit domicile dans le voilement éclairé du là. »[2]. Ce dernier passage, sibyllin bien sûr, mais qu'illuminent les textes innombrables où l'être s'offre comme le refus qui donne, comme ce qui résiste à toutes les projections finies, paraît inciter à penser le site nouveau du *Dasein*, que la *Kehre* veut explorer, dans le sens d'un accomplissement radical de la finitude – comme « voilement éclairé du là ». La philosophie ou pensée de la *Kehre* culminerait ainsi dans une pensée de l'irruption de l'être sur la terrain (le « là ») du *Dasein* de façon à lui rappeler sa finitude.

Cette *Kehre*, de l'« être », a-t-elle encore quelque chose à voir avec la problématique un peu technique de la *temporalitas* de l'être que devait dérouler la troisième section d'*Être et temps* ? À première vue, pas tellement. Avec un peu d'attention cependant, on découvre que les

1. Terme que nous empruntons à G. Hottois, *Le signe et la technique. La philosophie à l'épreuve de la technique*, Paris, Aubier, 1984.

2. *Beiträge*, 407 : « Was ist diese ursprüngliche Kehre im Ereignis ? Nur der Anfall des Seyns als Ereignung des Da bringt das Da-*sein* zu ihm selbst und so zum Vollzug (Bergung) der inständlich gegründeten Wahrheit in das Seiende, das in der gelichteten Verbergung des Da seine Stätte findet. »

Beiträge n'ont que très bien retenu et cultivé la leçon qui découle de l'entreprise et de l'échec de *Temps et être*. Les *Beiträge* évoqueront justement, à quelques reprises, le danger qu'encourait la troisième section de *Sein und Zeit*, celui d'une réification de l'être ou sa projection suivant l'horizon préalable d'une intelligibilité sans reste.

On a vu que c'était l'argument qu'invoquait le cours de 1927 pour pointer du doigt la non-vérité cardinale de l'ontologie fondamentale. Le même leitmotiv resurgira dans les *Beiträge*. Penser le temps comme horizon transcendantal de l'être, rappelle Heidegger, c'était en apparence le réduire à quelque chose d'ontique ou de supervisable. «Par ce procédé l'être même prenait l'apparence d'un objet, par quoi était atteint le contraire le plus décisif de ce que le coup d'envoi de la question de l'être s'était déjà proposé. Or *Être et temps* est en effet conçu de telle façon qu'il cherche à montrer que le temps constitue l'horizon de projection pour l'être»[1]. Ramener l'être à un phénomène qui n'apparaîtrait qu'au sein d'un horizon temporel appartenant au *Dasein*, faire comme si l'être n'était que son projet ou son objet, c'est se priver de la chance que représentait le déclenchement d'un questionner en direction de l'être[2], découvrant en lui l'instance qui déboute l'appétit métaphysique. Cette crise, poursuit le texte de *Sein und Zeit*, conduisit, à un moment précis, à l'interruption du projet d'*Etre et temps*, soudainement confronté à la résistance d'un être rebelle à sa réification, dès lors à la non-publication de *Temps et être* : «Afin de surmonter, au moment décisif, la crise de la question de l'être, laquelle devait être nécessairement lancée de cette manière, afin surtout d'*éviter une réification de l'être (vor allem eine Vergegenständlichung des Seyns zu vermeiden)*, il fallut alors, d'une part, *retenir* l'interprétation *temporale* de l'être et, d'autre part, tenter de rendre la vérité de l'être «visible» pour elle-même, indépendamment de cette perspective (...). La crise ne se laissant pas maîtriser par une simple poursuite du questionnement sur la voie déjà engagée, il fallut tenter le saut multiple dans l'essence de l'être même, ce qui nécessita en même temps une pénétration plus originelle dans l'histoire.»[3]

La nouvelle pensée de la *Kehre*, celle qui s'ouvre au refus de l'être – c'est-à-dire à sa *Kehre*, à l'avertissement que l'être, en se retirant, nous prodigue, plus simplement, le rappel de notre finitude – procède

1. *Ibid.*, 451 (dans le no. 262 intitulé *Le «projet» de l'être et l'être comme projet*).
2. Cf. aussi *ibid.*, 250.
3. *Ibid.*, 451.

de l'échec de *Temps et être*. Les *Beiträge* viennent corroborer l'argumentation élaborée dès le cours du semestre d'été 1927 en redisant que le vice essentiel du *projet* d'*Être et temps*, indépendamment de la réalisation qu'on en trouve dans les sections publiées de l'œuvre, gît dans le danger d'une réification de l'être selon un horizon d'intelligibilité encore métaphysique, lequel va à l'encontre de l'impulsion originaire qui avait présidé au lancement d'un questionnement inédit vers l'être.

C'est alors que Heidegger «retint» (*zurückhalten*, disent les *Beiträge*, expression que reprendra rigoureusement la *Lettre sur l'humanisme*) la troisième partie de *Sein und Zeit*, celle dont le cours de 1927 offrait la dernière version en même temps que la critique la plus percutante : réifier l'être en l'inscrivant dans l'horizon transcendantal d'une temporalité édictée par un *Dasein* élevé à la dignité de sujet, c'est manquer la vérité de l'être ou ce que l'être a à nous dire en nous signifiant son irréductible indisponibilité. Le tournant n'est pas une modification de la perspective d'*Être et temps* qui n'intéresserait que la personne ou la philosophie de Martin Heidegger. Elle désigne d'abord l'être lui-même, la *Kehre* dans l'*Ereignis*, selon les *Beiträge*, la *Kehre* dans l'être, dira la conférence de Brême en 1949. C'est de cette découverte du refus, du tournant de l'être lui-même que résulte ce qu'on appelle la «seconde» philosophie de Heidegger, sa mutation en pensée de l'histoire de l'être[1]. La pensée de la *Kehre* étant amorcée dès

1. Même thèse chez F.-W. von Hermann, «Technik. Politik und Kunst in den *Beiträgen zur Philosophie*» : «Der phänomenologische Einblick in die Kehre im Ereignis, in den kehrigen Bezug in der Wesung der Wahrheit des Seyns, führte zur Kehre, zur Wendung von der transzendental-horizontalen zur seynsgeschichtlichen Ansetzung der Seinsfrage»; cf. aussi, du même auteur, «Das Ende der Metaphysik und der andere Anfang des Denkens. Zu Heideggers *Kehre*» (conférence tenue à Messkirch en septembre 1988) : «Die Kehre vom fundamentalontologischen zum seynsgeschichtlichen Kenken gründet ihrerseits in jener Kehre, die selbst zur Wesung des Seyns, zum Ereignis gehört, so dass Heidegger von der *Kehre im Ereignis* spricht (*Beiträge*, 255). Der Einblick in die Wesung, d.h. in die Geschichtlichkeit des Seyns, in das Ereignis und somit in die zum Ereignis gehörende Kehre macht die Kehre vom fundamentalontologischen zum seynsgeschichtlichen Denken notwendig.» (tr. fr., mod., «La fin de la métaphysique et l'autre commencement de la pensée. À propos du tournant», in *Cahiers philosophiques*, 41, 1989, 49-50 : «Le 'tournant' qui vire de la pensée de l'ontologie fondamentale à la pensée qui est celle de l'histoire de l'être a, pour sa part, son fondement en cet autre 'tournant' qui lui-même appartient à l'essence de l'être, à l'*Ereignis*, de telle sorte que Heidegger peut parler dans les *Contributions à la philosophie* du «tournant dans l'*Ereignis*». Le regard porté dans l'essence, c'est-à-dire dans l'historicité de l'être, jusqu'en l'*Ereignis* et, par là même, jusque dans le

la fin des années vingt, on cessera, si l'on veut bien respecter les textes et l'itinéraire d'un penseur, d'y voir une «conséquence» de l'engagement politique de 1933[1], comme si Heidegger avait inventé en vitesse une philosophie passiviste pour régler ses comptes avec le national-socialisme et se disculper de toute responsabilité. Non, Heidegger poursuit, pour le radicaliser, dans les *Beiträge*, et ailleurs, le chemin de pensée qu'il avait ouvert à la philosophie en 1927.

*
* *

C'est certainement la métaphysique d'Aristote qui a voué la philosophie à la question de l'être. Toutes les autres sciences s'occupant d'un objet particulier, d'un domaine de l'étant, traduira Heidegger, ce qui reste à la philosophie, c'est l'être, l'universel (*katholou*), l'*a priori* ou le *proteron*, bref, ce qui sert de fondement ou de principe à tout étant. Au terme de la longue odyssée de la métaphysique, au cours de laquelle cet être ne s'est jamais laissé saisir, Heidegger en vient à penser l'être comme *Kehre*, c'est-à-dire comme retrait ou non-présence de ce que la philosophie, depuis son institution première, recherche ou revendique. L'objet de la philosophie, s'il est pensé comme être totalisant, universel et absolu, ne peut qu'échapper à la prise d'une pensée finie, laquelle n'est pas en mesure de jeter un pont entre ses concepts, ou fictions, et l'être auquel elle aspire. De fait, la philosophie n'a jamais réussi à cerner cela – qu'on l'appelle être, raison, *a priori* ou vérité – qui la tenait en haleine depuis le début. La pensée de la *Kehre* équivaut-elle à une démission de la philosophie ? Non, mais peut-être à une démission de cette démission, ce qui veut dire à la nécessité d'une autocritique constante des ambitions classiques de la philosophie, ou de la métaphysique. Loin d'être antiphilosophique – car l'autocritique de la philosophie a toujours su accompagner ses moments les plus fondateurs, qu'il suffise de renvoyer à la critique de la métaphysique accomplie par Aristote (contre ou avec Platon), Kant ou Wittgenstein –, cette découverte, celle de la finitude de toute pensée philosophique, pourrait encourager la philosophie à revenir sur l'oubli qui la constitue, celui de l'incommensurabilité de la finitude et de l'*a priori* qu'elle persiste à requérir. Autrement dit, l'universel, l'*a priori*, le rationnel, l'être, en

'tournant' qui appartient à l'*Ereignis* rend dès lors nécessaire le tournant de l'ontologie fondamentale vers la pensée de l'histoire de l'être »).

1. Comme le fait, par exemple, J. Habermas, *Der philosophische Diskurs der Moderne, op. cit.*, 185 ; tr. fr. : *Le discours philosophique de la modernité, op. cit*, 185.

son indisponibilité, pourrait ressortir à la finitude elle-même, appelée à devenir l'*a priori* dont la pensée donne sens à l'entreprise philosophique. Ce qu'une telle philosophie de la finitude pourrait être, nul ne le peut prévoir, mais c'est en son nom que se déploie secrètement, depuis Hegel, l'exercice philosophique. Pour sûr, cette conscience de la finitude ne fut jamais, par un certain versant, absente de la métaphysique. Platon fut le premier à dire qu'aucun Dieu ne faisait de la philosophie. Mais pourquoi la philosophie, jusqu'à ce jour, n'a-t-elle toujours pu se constituer qu'en métaphysique, qu'en au-delà de la finitude ? C'est ce retrait de la métaphysique ou de l'*a priori* que la philosophie du tournant donne à penser.

IV
LA PHÉNOMÉNOLOGIE SANS HERMÉNEUTIQUE

Autour de *Réduction et donation* de Jean-Luc Marion

La phénoménologie se comprend de manière bien différente selon les traditions où elle est pratiquée. Risquons quelques généralisations. *1)* En Amérique, la phénoménologie n'est souvent qu'une autre façon de désigner la philosophie continentale, entendons, négativement, celle qui n'est pas analytique. Il est possible que cette appellation de « phénoménologie », comme celle de philosophie continentale, provienne de ses détracteurs, des philosophes analytiques. Que font donc ceux qui pensent que la philosophie ne se ramène pas à l'analyse logique des concepts et des arguments ? Réponse, ironique bien sûr : de la « phénoménologie », c'est-à-dire qu'ils lisent du Husserl et croient intuitionner des essences. En Amérique, ceux qui ont voulu penser en faisant autre chose que de la philosophie analytique, jugée trop positiviste, trop peu historique, ou trop fade parce que restant bien en-deçà de l'exigence spéculative de totalité élevée par le questionnement philosophique depuis Platon, se sont sentis exclus des grands débats. Minoritaires, ils ont donc créé des centres de recherche et de publication comme la *Society for Phenomenology and Existential Philosophy*. Tout ce qui n'est pas d'obédience analytique, tout ce qui tient compte de l'enracinement historique de la philosophie, peut y trouver audience, en commençant, puisqu'il est banni en milieu analytique, par Hegel. En un sens très large, inusité pour d'autres pays, traiter de Hegel, Nietzsche, Derrida ou Foucault, c'est, aux USA, faire de la phénoménologie.

2) En Allemagne, au contraire, la phénoménologie s'entend en un sens beaucoup plus restreint. À proprement parler, la phénoménologie, ce n'est que l'affaire de Husserl, savoir l'ambition, sous le couvert d'un « retour aux choses elles-mêmes », de fonder la philosophie sur l'intentionnalité de la conscience et son travail de constitution transcendantale. Les disciples immédiats de Husserl font assurément partie du mouvement phénoménologique, mais les plus importants, les plus déviants, en sont volontiers exceptés. C'est assez généralement le cas de Heidegger. L'incompatibilité foncière des entreprises de Husserl et de Heidegger est toujours apparue évidente à l'esprit des observateurs allemands : il n'est que de penser à leurs conceptions assez antinomiques des notions de phénomène (le phénomène par excellence étant pour Heidegger ce qui ne se montre pas !), de philosophie (Husserl visant une fondation ultime, que Heidegger subvertit aussi) ou de subjectivité (limitée à la conscience théorique par l'auteur des *Recherches logiques*, puis élargie à la sphère de la préoccupation pratique chez Heidegger), pour ne rien dire du poids disproportionné qu'ils reconnaissent à l'histoire. Lucides, Husserl et Heidegger étaient les premiers à être conscients de l'énorme fossé qui les séparait. Selon Husserl, Heidegger réduisait tout à l'anthropologie et manquait tout à fait le sens de l'*epochè* phénoménologique. Heidegger, avec tout le sarcasme dont il était capable envers ses maîtres (le catholicisme et Rickert, qui avait pourtant dirigé ses deux thèses, furent ses autres cibles), a lui-même assez insisté sur ses différences d'avec Husserl. – Comment expliquer alors la référence expresse à la phénoménologie et à l'autorité de Husserl dans *Sein und Zeit*? Le plus souvent, leurs élèves n'y ont vu qu'un signe de déférence ou de circonstance. Ceux qui avaient suivi ses cours dans les années vingt ont même jugé que Heidegger avait un peu trahi ses intuitions existentiales, sinon théologiques, en se ralliant, provisoirement et de manière conjoncturelle, à la conception transcendantale de la philosophie renouvelée par la phénoménologie husserlienne. Le témoignage connu de disciples comme Karl Löwith et Hans-Georg Gadamer est à cet égard très éloquent[1].

1. Cf. H.-G. Gadamer, *Heideggers Wege*, *op. cit.*, repris avec de nouveaux textes in *Gesammelte Werke*, t. 3, Tübingen, J. C. B. Mohr (Paul Siebeck), 1987 ; K. Löwith, *Sämtliche Schriften*, t. 8 : *Heidegger – Denker in dürftiger Zeit*, Stuttgart, J. B. Metzler, 1984. Le jugement de Löwith pouvait s'appuyer sur une lettre de 1921 où Heidegger se définissait encore comme un « théologien chrétien » pour mettre en question l'orientation trop théorique de la philosophie, et de Husserl sans aucun doute (lettre maintenant publiée in *Zur philosophischen Aktualität Heideggers*, éd. par D. Pappenfuss et O. Pöggeler, t. 2, Francfort, Klostermann, 1990, 27-39). – Eugen Fink a quant à lui tenté de réconcilier les positions de ses deux maîtres (cf. à ce propos le récit détaillé de R. C. Bruzina, « Gengensätzlicher Einfluß – Integrierter Einfluß : Die Stellung Heideggers in der Entwicklung der Phänomenologie », in *Zur philosophischen Aktualität Heideggers*, t. 2, *op. cit.*, 142-160), mais le besoin d'une réconciliation trahit la prépondérance de la rupture. Se fondant aussi sur le travail d'Eugen Fink à l'élaboration de la sixième méditation

Entre Husserl et Heidegger, il y a un abîme, creusé par l'herméneutique et le défi de la conscience historique, que ne saurait combler le terme commun de phénoménologie. – Les références plus tardives à la phénoménologie dans les années soixante se prêtent aussi à une lecture circonstancielle, voire polémique : tournant en dérision les « constructions » et le jargon de la production philosophique de son temps, Heidegger aura voulu rappeler la teneur encore « phénoménologique » de son propre travail. Au reste, ces allusions n'apparaissent guère que dans des textes d'hommage à l'éditeur commun, Niemeyer, et dans des protocoles de séminaires (un peu forcés – à ou par Heidegger) où l'on ne sait pas toujours avec certitude qui parle, ni qui écrit.

3) Il en va tout autrement en France, où la phénoménologie bénéficie encore d'une actualité réelle et d'une prétention systématique certaine. Il ne suffit pas de constater que le mouvement phénoménologique y a été productivement poursuivi, au-delà de Husserl et de Heidegger, par des auteurs comme Sartre, Merleau-Ponty, Ricœur, voire Levinas et Derrida. Il est plus important de voir que la phénoménologie représente pour certains Français la seule tentative vraiment rigoureuse (la philosophie analytique n'est jamais vraiment considérée dans ce contexte) visant à relancer la philosophie suite à la fin de la métaphysique. Pour un vaste pan de la pensée française contemporaine, qui regroupe des auteurs comme M. Henry, J.-L. Marion et J.-F. Courtine[1], ce qui vient après la métaphysique (« accomplie », dit-on, avec Hegel ou Nietzsche, le premier l'ayant « réalisée », le second « inversée »), c'est la phénoménologie. Des trois modes de la phénoménologie que nous avons discernés, en simplifiant brutalement (mais la phénoménologie, comme science des banalités, suivant l'expression de Husserl, permet, voire exige l'acte simplificateur pour le bénéfice d'un débroussaillement des choses elles-mêmes), l'optique française est *a priori* la plus intéressante. L'acception anglo-américaine souffre d'indétermination et l'intelligence allemande d'égypticisme en paraissant souvent assujettir la phénoménologie à la fixité d'un monument historique dont les présupposés essentiels auraient été dépassés, par Heidegger entre autres.

cartésienne, Guy van Kerckhoven, « Die Konstruktion der Phänomene des absoluten Bewußtseins. Martin Heideggers Auseinandersetzung mit dem Denken Edmund Husserls », dans le même recueil, documente utilement la destruction par Heidegger de l'« optique » husserlienne.

1. Cf. M. Henry, *Phénoménologie matérielle*, Paris, PUF, 1990; J.-F. Courtine, *Heidegger et la phénoménologie*, Paris, Vrin, 1990; *id.*, *Suarez et le système de la métaphysique*, Paris, PUF, 1990.

D'où l'urgence d'un débat avec la persistance de la phénoménologie en France. La plus récente tentative d'orientation, et de prolongement, dans le champ de la phénoménologie est l'œuvre de Jean-Luc Marion, *Réduction et donation* (Paris, PUF, 1989). Le terme de réduction veut ici résumer l'acte fondamental et fondateur de la phénoménologie, la réduction de ce qui est, ou de ce qui doit intéresser la philosophie, au phénomène et de la phénoménalité à la conscience transcendantale. Afin de marquer la possibilité nouvelle qu'ouvrirait Husserl à la philosophie, après la métaphysique, Marion s'autorise du terme de « percée », *Durchbruch*, qu'avait utilisé Husserl en 1913 pour qualifier l'effort des *Recherches logiques*. Le terme rétrospectif de *Durchbruch* connotait bien sûr une certaine réserve chez Husserl, puisqu'il indiquait que les *Recherches* n'avaient pas encore tout à fait atteint le niveau plus décisif des *Ideen*, suite au fameux tournant transcendantal. Or en quoi consiste exactement cette percée au-delà de la métaphysique dont Husserl n'aurait peut-être pas lui-même mesuré toute la portée ?[1] On ne lui en tiendra pas rigueur, ses intérêts étant nettement plus systématiques qu'historiques, mais Marion n'explique peut-être pas toujours cette percée d'une manière qui permettrait d'en appréhender l'originalité spécifique ou la teneur « post-métaphysique ». Il évoque tantôt l'élargissement de l'intuition au-delà de la sphère sensible (contre Kant), tantôt la réouverture de la question ontologique (encore une fois en transgression des interdits kantiens), mais le motif qui revient le plus souvent est carrément celui de réduction, c'est-à-dire, dans le cadre précis de Husserl, où Marion situera la « première » réduction dans le déroulement de la phénoménologie, la réduction du phénomène à la subjectivité transcendantale. On pourrait sans doute se demander si l'innovation de Husserl réside bel et bien dans *cette* réduction, car on en trouve assurément des préfigurations chez Descartes ou Kant[2]. Quant à l'interdit jeté sur l'ontologie par ces deux penseurs, force est de reconnaître qu'il est bien relatif : Marion a lui-même assez montré dans ses remarquables travaux sur Descartes qu'il y avait bel et bien une ontologie grise, puis une métaphysique

1. De fait, et assez curieusement, la plupart des phénoménologues ont soutenu que leur maître Husserl n'avait pas complètement saisi l'originalité de sa propre révolution phénoménologique. Cf. ce qu'écrit J.-L. Marion, *op.cit.*, 247 : « Car souvent, ce que Husserl ouvre de possibilité, il ne le voit pas, alors que ce qu'il croit voir le mieux, parfois, ferme la possibilité. C'est pour cela même qu'il nous reste un sol nourricier. » Peut-être bien, mais qu'y a-t-il de pervers à prendre Husserl tel qu'il s'est lui-même compris ?

2. Cf. D. Janicaud, *Le tournant théologique de la phénoménologie française*, Paris, Éditions de l'éclat, 1991, 45ss.

multicolore, dans les *Méditations*; et si Kant « remplace » l'ontologie par une « analytique de l'entendement pur », c'est bien évidemment pour en assumer l'héritage, comme Heidegger et d'autres l'ont établi.

L'essentiel n'est pas là. Il importe par-dessus tout de débattre de la continuité de l'idée de phénoménologie entre Husserl et Heidegger. Dans ses lettres à Ingarden, Husserl avait précisément accusé Heidegger, après l'avoir enfin lu, de ne pas respecter l'injonction de la réduction. En vue de rétablir la filiation phénoménologique, compromise aussi bien aux yeux de Husserl, de Heidegger que de leurs élèves, Marion s'appliquera à démontrer que Heidegger maintient, mais pour la radicaliser, la démarche de la réduction[1]. Même si l'expression elle-même n'y apparaît pas vraiment, *Sein und Zeit* mettrait en œuvre une « deuxième » réduction en vue d'accomplir le projet de la phénoménologie. La critique heideggérienne de Husserl est maintenant bien connue : Husserl aurait doublement manqué la question de l'être, c'est-à-dire aussi bien celle de l'être du « sujet » que celle de l'être en général. La réduction transcendantale de Husserl n'aurait donc pas été elle-même assez phénoménologique en se laissant donner au préalable et sans justification phénoménologique aussi bien le mode d'être du sujet, envisagé à la façon d'une chose subsistante, que l'idée de la philosophie comme d'une science apodictique.

Le pas, phénoménologique, qui conduirait de Husserl à Heidegger se jouerait tout entier en cette réduction « ontologique », devant reconduire l'étant à son être (ou son « mode d'être »). Seulement, si cette réduction redoublée doit tenir, il faut bien que l'être soit ou puisse devenir phénomène. Or, suivant Heidegger, l'être est justement ce qui ne se manifeste pas de prime abord. Beau paradoxe ! Réduit à sa plus simple expression, c'est ce paradoxe qui induira Marion à prendre Heidegger en défaut d'un point de vue strictement phénoménologique : si l'être n'accède pas au statut de phénomène, il faut procéder à une réduction plus radicale encore, une troisième, que Marion s'efforcera de déployer à la fin de son volume. Mais restons-en encore à Heidegger.

1. Un cours de 1919-1920 sur « Les problèmes fondamentaux de la phénoménologie » qui vient de paraître (GA, t. 58, 1993) montre cependant que Heidegger ne tenait peut-être pas lui-même à l'idée de réduction. On lit par exemple à la page 151 : « La *réduction phénoménologique* : après son accomplissement, pour autant du reste qu'on la tienne pour vraiment nécessaire (ce qui n'est le cas que si l'on a adopté au préalable le point de vue transcendantal), se pose le véritable problème : *et puis après ?* Je me suis délivré de mes chaînes, mais que doit-il se produire maintenant ? En elle-même, la réduction n'est tout de même pas productive. Réponse : *il faut s'ouvrir les yeux !* ».

Pourquoi l'être ne devient-il jamais phénomène? Marion ne connaît qu'une explication. Si l'être n'est jamais «perceptible», c'est «parce que la présence à découvert dans la permanence évidente n'accueille et ne convient qu'à l'étant» (96). Pour Marion, tout se décidera donc autour de la différence ontologique, que *Sein und Zeit* voulait penser, mais sans y parvenir totalement *parce que* la question de l'être y était encore adressée à un étant particulier, le *Dasein*. L'entreprise de poser la question de l'être à partir du *Dasein* ne serait qu'un obstacle, encore ontique, au véritable déploiement de la différence ontologique. Le vice princier de *Sein und Zeit* se cacherait donc dans la façon même dont la question de l'être y aurait été «posée» (*gestellt*, verbe banal en allemand, mais que Marion rend systématiquement par «construite», pour marquer ce qui lui apparaît être une distorsion du problème essentiel, celui de l'être qu'il faudrait enfin affranchir de la vaine «construction» d'une question posée au seul *Dasein*). Dans la perspective du second Heidegger, cette critique se comprend sans peine. Les mises en scène de la *Kehre* ont tout fait pour soustraire la question de l'être à la prise souveraine du *Dasein*, car cette façon de poser le problème risquait d'être mal comprise, selon la «Lettre sur l'humanisme», comme une nouvelle consolidation de la subjectivité.

Mais a-t-on vraiment épuisé *Sein und Zeit* en reconduisant ainsi sa question essentielle à celle de la seule différence ontologique, «officiellement» apparue après 1927 (entre guillemets puisque Marion tentera de montrer qu'elle travaillait déjà l'ensemble de l'ouvrage, où elle aurait même fait acte de présence, mais sous le visage de la différence husserlienne – en vérité, cartésienne – de la réalité et de la conscience)? Si l'être ne devient pas «phénomène» dans *Être et temps*, nous pensons que ce n'est pas seulement parce que la présence ne peut tolérer que l'étant. C'est d'abord parce que la question de l'être se pose sur un mode particulier au *Dasein*, comme la question de son être même. Le *Dasein* est pour Heidegger l'étant d'emblée confronté au problème de son être, celui qui a le souci de son être. Si l'être n'apparaît pas, c'est précisément parce que le *Dasein* préfère ignorer qu'il s'agit de sa question primordiale. Il choisit, inauthentiquement, de ne pas s'affronter à la question, pourtant ouverte, de son être et de sa libre détermination. Pourquoi ce recul devant soi? Parce que le *Dasein* cherche à esquiver sa propre temporalité, angoissante puisque finie. *D'où* l'obstination du *Dasein* à comprendre son être, puis l'«être» tout court selon une temporalité de la permanence constante, ce qui équivaut à biffer la finitude radicale de l'expérience de l'être qui nous est impartie et que la métaphysique aurait recouverte. Tout le projet philosophique de Heidegger, bien intitulé « Être *et temps* », doit s'éclairer à partir d'ici. Il commande aussi bien sa destruction de l'histoire de la métaphysique (poursuivie bien après 1927) que sa reprise subversive de la phénoménologie. Si le phénomène par excellence, l'être du *Dasein*, puis l'être en général, en est un qui reste dans l'ombre, c'est parce que le *Dasein* veut échapper à la question essentielle de son être fini, assisté sur cette voie par tout l'appareil de l'ontologie. « Répéter » la question de l'être, c'est, pour un augustinien comme Heidegger, la tirer de l'oubli (littéralement : *wieder-holen*) où la déchéance à soi du *Dasein* la maintient. L'esquive vaudra tout aussi bien pour l'oubli historique de l'être dans la « seconde » philosophie. Pour Heidegger, ce n'est pas l'oubli de l'être qui est le plus grave, il est au contraire la chose la plus naturelle du monde, mais l'oubli de l'oubli, la *Not* de la *Notlosigkeit*.

Cette amorce du problème, autour de la liberté du *Dasein*, du temps et de l'histoire (autant d'instances qu'avait « oubliées » la phénoménologie, sinon la philosophie traditionnelle), n'est pas abordée par Marion[1], lacune qui se fait sentir à plusieurs niveaux. *1)* Il y a d'abord oubli de l'herméneutique ou du tournant proprement herméneutique que Heidegger assigne à la phénoménologie en l'inscrivant dans l'autointerprétation du *Dasein*. Marion cite souvent la définition de Heidegger suivant laquelle la philosophie doit être une ontologie phénoménologique universelle, mais il n'évoque au grand jamais la suite immédiate et organique du texte où Heidegger souligne que cette ontologie phénoménologique « doit partir de l'herméneutique du *Dasein* ». Cette préoccupation herméneutique fut si manifeste aux yeux des lecteurs allemands que c'est plutôt la reprise combien hybride du terme de « phénoménologie » qui leur apparut problématique. *2)* Lorsque Marion traite du passage incontournable où le *Dasein* se découvre comme l'étant pour lequel il y va en son être de cet être même, il a tendance à suivre la réinterprétation tardive de Heidegger, voulant faire croire qu'il s'agirait non pas de l'être du *Dasein*, mais de l'être tout court. En page 110, en effet, Marion ne peut invoquer à ce sujet

1. Dans un texte plus récent, qui revient sur la problématique de *Réduction et donation*, « Le sujet en dernier appel », in *Revue de Métaphysique et de Morale*, 96, 1991, 84, Marion croit devoir affirmer que jamais l'analytique existentiale, à sa connaissance, « n'esquisse même le but, pourtant explicitement fixé par l'Introduction, de lier l'être du *Dasein* à l'être en général et de réduire finalement l'analytique existentiale à l'ontologie fondamentale. » Or c'est la problématique de la temporalité, et elle seule, qui permettait de jeter un pont entre les deux rives. Si l'on veut s'opposer à Heidegger, c'est ce lien (de la rature de la temporalité finie du *Dasein* à l'être en général sur le mode de la permanence) qu'il faudrait contester.

que des textes plus tardifs et des notes marginales : « ...et la note manuscrite ajoute fort bien : '*das Seyn überhaupt*' ». Le contresens, bien que déjà heideggérien, est d'autant plus manifeste que Marion admettra plus loin (144) que non, il est bel et bien question de l'être du *Dasein*. On n'a pas affaire ici à une querelle académique de citations, mais à une décision radicale sur ce que signifie la question de l'« être » pour le *Dasein*. D'où un troisième point : *3)* Le péril le plus grand consiste peut-être à s'en tenir à une trop stricte littéralité du texte heideggérien. Malgré tout le respect que l'on doit à la lettre, il faut aussi en saisir la volonté de sens. Lorsque Marion parle de phénoménologie, d'ontologie, de l'être et du rien, on a parfois le sentiment qu'il vise quelque chose d'immédiatement présent et de perceptible, comme s'il fallait entendre ces titres sous leur acception classique. Où est-il ce « phénomène d'être » ? se demande toujours Marion, avec une certaine impatience. L'agacement a beau être souvent justifié – et qui ne l'aura ressenti en lisant Heidegger ? –, mais ne court-on pas le risque de réduire la phénoménalité à la *Gegenständlichkeit*, à l'objectité husserlienne, que récusent pourtant aussi bien Heidegger que Marion ? Il ne faut pas être plus positiviste que Carnap. Si l'être ne devient pas « phénomène », c'est, d'une part, parce que le *Dasein* cherche à éviter, à s'éviter, la question, d'autre part, parce que la question du sens de l'être, à partir du temps justement, n'a pas encore été adéquatement posée. Loin d'être abandonnée après *Sein und Zeit*, cette question du sens ou, plus tard, de la vérité de l'être restera cardinale pour tout le débat ultérieur avec l'histoire de l'ontologie : si la métaphysique en reste à l'étant, si elle l'ordonne à la logique de l'idée ou de quelque *cogito*, c'est toujours en fonction d'une lecture souterrainement temporelle de l'être. À ce titre, la « construction » de la question de l'être est toujours restée posée chez Heidegger et pour les mêmes motifs, pour combattre le manquement à soi du *Dasein*, l'oubli du temps. Il ne faudrait pas faire comme si la question de l'être chez Heidegger pouvait se comprendre indépendamment de ses lectures de Luther et d'Augustin, dont il n'a de fait jamais « littéralement » parlé dans ses publications.

Ces critiques, bienveillantes puisque l'herméneutique devrait permettre un de ces jours de mieux entendre la radicalité phénoménologique de Heidegger, nous amènent à évoquer (et rien de plus) la « troisième » réduction que Marion, audacieusement, surajoutera à la réduction redoublée de Heidegger. Estimant avoir établi que l'être ne devenait jamais phénomène, après avoir relevé avec le plus grand soin les hésitations combien révélatrices des diverses éditions de la conférence *Qu'est-ce que la métaphysique ?*, Marion apercevra l'aboutissement, aporétique, du chemin de Heidegger dans la notion, mystérieuse pour bien du monde, d'un *Anspruch des Seins*, d'une revendication ou d'un appel de l'être. Ce n'est pas tant l'anthropomorphisme de la formule qui préoccupe ici Marion que la thèse selon laquelle cette revendication doive nécessairement provenir de l'être (dans l'ennui, par exemple, l'être peut bien cesser de nous apostropher). Qui nous dit que c'est l'être et seulement lui qui revendique le *Dasein* ? L'être tombera aussitôt sous le couperet d'une nouvelle réduction, positiviste en son exercice (l'être ne se montre pas !), mais anti-positiviste en son propre aboutissement (puisqu'elle voudra elle-même faire place une revendication inassignable). Ne reste plus que l'appel, la revendication, confinant le périphérique *Dasein* au rôle d'un « interloqué », d'un répondeur, surpris par un appel, quel qu'il soit, celui de Dieu, de l'autre, de l'être, etc. Marion vise à dessein la plus grande universalité possible en vue d'une nouvelle fondation de la phénoménologie. Sa vacuité doit faire toute sa vertu suivant « une manière de phénoménologie négative » [1], calquée sur le modèle de la théologie négative.

Il est encore trop tôt pour décider des possibilités phénoménologiques de cette notion d'appel, tant elle reste encore vacante. Trois remarques provisoires devront ici suffire. *a)* L'idée d'un abandon de l'être au profit de la simple donation n'est-elle pas déjà heideggérienne ? Le dernier Heidegger semble avoir parfaitement reconnu que l'être, à titre de problème métaphysique, pouvait bel et bien cesser de nous revendiquer, à la faveur de l'*Ereignis* justement. Il y a déjà chez Heidegger une relativisation historique de l'être, mais le *Dasein*, le mortel (!) convoqué à l'écoute de l'*Ereignis*, reste toujours « là ». Le débat du *Dasein* avec soi demeure partout le leitmotiv augustinien de Heidegger. *b)* Est-il sûr qu'il faille « réduire » la pensée philosophique à l'exercice de la réduction ? Penser, est-ce invariablement réduire le réel ? La réduction à outrance a peut-être pour conséquence de restreindre l'éventail de tout ce qui nous est « donné ». Le principe suprême de Jean-Luc Marion, « autant de réduction, autant de donation », pourrait ainsi abriter une contradiction plus tenace : plus l'on réduit, moins l'on donne ! Ne faut-il pas choisir entre la réduction et la donation ? *c)* Comment, enfin, parler d'un appel, d'une revendication sans préciser de quoi, de qui ou de quelle interpellation il s'agit ? Pour Husserl, la conscience vide n'existe pas, elle est toujours transitive, in-

1. Selon l'expression de Marion dans ses « Réponses à quelques questions », in *Revue de Métaphysique et de Morale*, 96, 1991, 68.

tentionnelle, conscience de quelque chose. Il en va de même de l'appel. Il est toujours appel de quelqu'un au nom de quelqu'un ou de quelque chose. Qui ou quoi appelle ? Personne n'est en mesure de répondre à tous les appels. De l'être à l'appel, la réduction est-elle bonne ? Soyons à notre tour phénoménologiquement positiviste : a-t-on accès ici à quelque chose de plus phénoménal que l'être ? Alors de quel phénomène, de quelle chose parle-t-on au juste ? S'il s'agit de l'appel d'autrui, comme on pourrait le penser dans la mouvance de Levinas, il faut se commettre sur le terrain de l'éthique, l'autre de l'ontologie, voire de la phénoménologie. Si on a affaire à l'appel de Dieu ou de la révélation, c'est en théologie qu'il convient de s'investir, etc. Mais s'il ne s'agit que de la réponse à une question qui nécessairement nous précède, parce que toujours déjà elle nous porte, c'est en herméneutique qu'il faut entrer.

Nous y viendrons après avoir emprunté le détour obligé de l'antithèse de la phénoménologie, la critique des idéologies.

B.

Habermas

V
DE HEIDEGGER À HABERMAS

Dans les pays latins, Heidegger est depuis longtemps considéré comme l'un des classiques de la réflexion philosophique, « l'un des quelques grands penseurs de l'histoire, de ceux que l'on compte sur les doigts d'une ou tout au plus des deux mains »[1]. Il en va un peu autrement dans les pays germaniques, où très tôt la forteresse heideggérienne fut prise d'assaut par deux courants de pensée qui n'ont sans doute pas de racines très profondes en philosophie française : la théorie critique de l'École de Francfort et le positivisme analytique (appellation peu usitée, mais commode ici, car elle regroupe, non sans violence, l'épistémologie des sciences exactes de même que la philosophie du langage, laquelle a su se libérer, sous l'impulsion du second Wittgenstein, des limites du positivisme logique, que le premier Wittgenstein avait contribué à affermir). Adorno pour les uns, Carnap pour les autres, ont rendu caduc, voire risible et compromettant, le simple fait de s'intéresser aux spéculations de Heidegger. Depuis les années soixante, une nouvelle étoile, éclipsant la constellation heideggérienne, s'est levée au firmament de la philosophie allemande : la théorie critique de Jürgen Habermas (un quatrième « H » venu se joindre aux trois H, Hegel, Husserl et Heidegger[2]). En 1968, il était encore facile de parler d'une mode, impression corroborée par le militantisme de surface de quelques-uns des écrits de Habermas. Au fil des années cependant, Habermas a livré d'imposantes esquisses théoriques qui ont affecté l'autocompréhension de plusieurs axes de la philosophie, en particulier la théorie de la connaissance, l'épistémologie, le méthodologie, la philosophie sociale et l'éthique, redéfinissant au passage les notions traditionnelles de vérité et de rationalité, dont les

1. P. Aubenque, « Martin Heidegger (1889-1976). In memoriam », *op. cit.*, 260.

2. À propos des trois H, cf. V. Descombes, *Le même et l'autre*, Paris, Minuit, 1979, 13.

maîtres du soupçon, Nietzsche, Freud et, en un sens, Heidegger, paraissaient avoir sapé les fondements.

La présente étude se propose de comprendre comment a pu s'effectuer en philosophie allemande la transition de Heidegger à Habermas. Notre intention n'est ni purement historique, ni journalistique (le *curiosum* du passage d'une mode à une autre), mais thématique : il s'agira de tirer au clair pourquoi la méditation philosophique a pu et dû passer d'un réquisitoire de la métaphysique, partant, du rationalisme occidental, chez Heidegger à une plaidoirie de la rationalité critique avec Habermas. Cette perspective systématique se double d'une visée critique : l'étude traitera de penseurs allemands, mais elle s'adresse à la philosophie française contemporaine, encore largement subjuguée par la radicalité de la critique heideggérienne de la métaphysique, à telle enseigne qu'elle s'emploie volontiers, en s'inspirant de préférence de Nietzsche et de Derrida, à dénoncer chez Heidegger lui-même des restes de métaphysique. La raison, l'être, la vérité semblent se réduire à autant de mythes que la philosophie – si elle doit conserver une fonction – doit déconstruire. Tout autre construction, taxée d'avance de métaphysique, paraît suspecte. Si Habermas peut être mis à contribution dans ce contexte, c'est parce qu'il appelle l'attention sur les impasses d'une telle mise en cause de la rationalité au nom d'une critique qui a perdu de vue son fondement normatif.

Question de méthode : comment décrire, ou reconstruire, l'itinéraire intellectuel de Heidegger à Habermas ? La complexité et l'hétérogénéité de leurs efforts philosophiques, pour ne rien dire de leur allergie réciproque, rendent la tâche presque insurmontable. La meilleure façon consisterait peut-être à faire appel, troisième homme oblige, aux intermédiaires les plus vraisemblables : Marcuse (élève de Heidegger, dont le néo-marxisme exerça, comme on sait, une profonde influence sur Habermas[1]) et Gadamer (disciple de Heidegger qui sensibilisa Habermas à la dimension herméneutique du monde vécu[2] –

1. Cf. le débat de Habermas avec Marcuse dans l'essai « Technik und Wissenschaft als Ideologie », in *Technik und Wissenschaft als Ideologie*, Francfort, Suhrkamp, 1968 ; tr. fr. *La science et la technique comme idéologie*, Paris, Gallimard, 1973. Cf. aussi J. Habermas, *Philosophisch-politische Profile*, Francfort, Suhrkamp, erw. Aufl. 1981, 253-335.

2. Habermas, avant toute polémique, reconnaît sa dette envers l'herméneutique de Gadamer, in *Zur Logik der Sozialwissenschaften*, Francfort, Suhrkamp, 1970, 251-285 ; « Der Universalitätsanspruch der Hermeneutik », in *Hermeneutik und Ideologiekritik*, Francfort, Suhrkamp, 1970, 127-128 (tr.fr. *La logique des sciences sociales*, Paris, PUF, 1987) ; plus récemment, in *Moralbewusstsein und kommuni-*

ce qui conduisit finalement Habermas à saluer en Gadamer une « urbanisation de la province heideggérienne »[1]). Nous renoncerons ici à répertorier tout ce trafic d'influences, qui a déjà fait l'objet d'innombrables études (portant, pour la plupart, soit sur la filiation Marcuse-Habermas, soit sur le débat Gadamer-Habermas), choisissant plutôt de confronter pour elles-mêmes les pensées philosophiques de Heidegger et Habermas. Loin d'en épuiser les possibilités, les réflexions qui suivent ne veulent qu'inaugurer un débat, ou, plus exactement, prolonger un débat déjà en cours, mais qui s'ignore le plus souvent. Conformément à la maxime de Hegel selon laquelle la philosophie est son temps saisi par la pensée, nous tâcherons de relier les continents heideggerien et habermassien en mettant en dialogue quelques aspects décisifs de leur diagnostic de notre temps et de la rationalité qui le porte.

I. *Le diagnostic de notre époque chez Heidegger : l'oubli de l'être*

> Wer wir sind, wissen wir nicht, solange wir unsere Zeit nicht wissen[2].

Être et temps s'ouvre sur le constat de l'oubli de l'être, jugement dont la gravité sera confirmée, accentuée aussi, dans les écrits ultérieurs qui répéteront avec insistance que l'oubli de l'être marque l'expérience fondamentale à partir de laquelle est pensé tout *Sein und Zeit*[3]. Mais que signifie cet oubli qui commande l'effort philosophique de Heidegger ? Il est malaisé de répondre à cette question compte tenu de l'usage plurivoque et emphatique, si ce n'est prophétique, du terme « être » chez Heidegger. Dans l'œuvre maîtresse de Heidegger, « être » désigne tantôt l'être de l'homme, tantôt l'être en général, deux acceptions qui ne seront pas toujours rigoureusement dissociées. À ces deux emplois correspondent *grosso modo* deux tentatives de penser l'oubli de l'être, qui monopoliseront respectivement la première et la seconde philosophie de Heidegger, même si elles restent, comme nous le verrons, co-présentes tout au long de son œuvre.

Heidegger définit le *Dasein* comme l'être pour lequel il y va en son être de cet être même, donc de son être à lui. Autrement dit, le *Dasein* a

katives Handeln, Francfort, Suhrkamp, 1984, 29-38 (tr.fr. : *Morale et communication. Conscience morale et activité communicationnelle*, Paris, Cerf, 1986).

1. Cf. H.-G. Gadamer, J. Habermas, *Das Erbe Hegels, op. cit.*
2. M. Heidegger, GA, Band 39, 56.
3. Cf. M. Heidegger, *Wegmarken*, 325 ; tr. fr. *Questions III*, 97.

le souci de son être, si bien que le souci sera reconnu au § 41 de *Sein und Zeit*, comme l'être même, c'est-à-dire, ici, la structure essentielle, du *Dasein*. Convié au souci de soi, le *Dasein* peut assumer son être de manière authentique ou inauthentique. L'homme se tient sous la férule de l'inauthenticité lorsqu'il s'abandonne aux lieux communs du « on », laissant à l'idéologie courante le soin de porter la responsabilité de ses choix existentiels. Le *Dasein* authentique, de son côté sera (ou serait) celui qui a le courage de se prendre lui-même en charge, conscient de la décision inaliénable qui lui incombe quant à l'orientation de son existence (décision inaliénable, car le *Dasein* qui se tapit sous le « on », au lieu d'aller à l'encontre de cette décision, est un être aliéné, *perverti* aussi puisque l'ouverture à soi *qu'est* le *« Dasein »*, disons : l'être-qui devrait-pourtant-être-là, se trouve alors refermée). Le *Dasein* résolu à s'assumer soi-même est ni plus ni moins que le *Dasein* de la lucidité, celui qui prend acte de sa finitude essentielle et de la nécessité dans laquelle il se trouve de déterminer son existence en fonction de son être-pour-la-mort indépassable. Plus souvent qu'autrement, l'homme fuit devant cette possibilité d'autonomie, préférant se livrer, par commodité et par besoin de sécurité, à l'échappatoire du « on » qui recouvre la finitude de son ouverture à l'être.

Le règne du « on » est celui du temps in-fini, qui ne connaît plus la radicalité de la finitude. Le temps, entendu métaphysiquement, ne représente plus pour le *Dasein* l'occasion d'un éveil à une détermination authentique de son existence, mais la série infinie des maintenant, l'éternel retour du présent. En régime métaphysique, le *Dasein* comprendra *son* être et l'être *en général* dans l'horizon de la présence, de la permanence dans la présence (*beständiges Anwesen*). Au plan ontologique, le paradigme par excellence de l'être sera l'être éternel et immuable, le royaume des idées, de l'universel, bref, de l'a-temporel. Suivant la logique d'*Être et temps*, la métaphysique qui comprend l'être depuis l'a-temporel et la permanence de la présence incarne une forme inauthentique, déchue, de la temporalité du *Dasein*. La métaphysique « oublie » que la temporalité prend racine dans la finitude du *Dasein*, dans le futur de l'être-pour-la-mort (le souci ayant partie liée avec l'être-pour-le-futur selon le § 65 de *Sein und Zeit*) et non dans la *présence* qui voile l'avenir du *Dasein* et les conséquences qui pourraient en découler quant aux possibilités authentiques de l'existence. Il n'y a guère que l'angoisse qui puisse tirer le *Dasein* de son sommeil « on-tique » et le mettre en présence de son être-au-monde possible. C'est, si l'on veut, la voie de l'émancipation du *Dasein*, l'appel à l'authenticité qui lui permettra de se défaire des chaînes d'un être-au-monde aliéné.

L'oubli de l'être, d'après l'ontologie de 1927, laisse apparaître ses deux volets, que l'on peut certes dissocier, mais qui sont en vérité intimement liés. 1) Il y a d'abord oubli de l'être en général, oubli surtout de la détermination foncièrement temporelle de l'être : la présence permanente comme trait fondamental de l'illusion métaphysique, absolutisme de l'être donc qui exclut toute lecture de l'être depuis le terrain de la facticité du *Dasein*[1]. Il n'en demeure pas moins, telle paraît être la thèse de Heidegger, que l'absolutisme métaphysique est né d'une modalité inauthentique de la temporalité du *Dasein*. 2) L'oubli de l'être au sens large se fonderait ainsi sur un oubli de l'être du *Dasein*, de sa temporalité finie, oubli qui se dépose dans la compréhension de l'homme comme d'un *animal rationale*, la raison assurant la participation de l'humain au monde de l'ὄντως ὄν L'ontologie du *Dasein* aura pour but de lever cet oubli de l'être du *Dasein* à travers une élaboration des catégories propres à l'être fini que Heidegger baptisera « existentiaux ». L'ontologie existentiale tâchera d'une manière purement formelle de mettre en lumière les paramètres d'une existence authentique possible. Heidegger ne précisera cependant pas comment cette authenticité doit ou peut être réalisée concrètement, silence qui en a conduit plus d'un à dénoncer le décisionnisme de l'« éthique » heideggérienne. Plus positivement, il importe de voir que Heidegger laisse à chacun le soin de décider des modalités de l'existence authentique conformément à ses possibilités et à sa situation (sinon la décision cesserait d'être inaliénable), investissant donc tous ses espoirs dans la maturité du *Dasein* qui doit bien pouvoir se passer d'un guide de casuistique.

Cet appel à l'existence authentique, dont on minimise trop souvent la réalité dans les études heideggériennes, comporte *nolens volens* des connotations volontaristes qui se feront de plus en plus discrètes dans la seconde philosophie de Heidegger. L'éclipse de l'authenticité ira de pair avec une radicalisation de la finitude dans la pensée heideggérienne. Il ressort des textes rédigés peu après la parution de *Sein und Zeit* que Heidegger s'est vu confronté de façon toujours plus insistante au phénomène de la finitude. Nous nous contenterons ici d'en relever quelques exemples. À la fin de son livre sur Kant, Heidegger déclare que la finitude représente la pierre angulaire de l'ontologie fonda-

1. Cf. la véhémente critique de l'absolutisme chez le jeune Heidegger dans un cours de 1921-1922 : GA, Band 61, 162-167.

mentale, alors qu'elle était encore absente de l'Introduction à *Être et temps*, où avaient pourtant été posés les jalons de l'ontologie fondamentale. Les textes sur l'essence de la vérité, qui datent de la même époque, approfondiront de plus en plus le phénomène de la non-vérité, de l'errance, de la *lèthè* qui deviendra aussi fondamentale que l'*alètheia*. C'est d'ailleurs cette prise en compte de l'errance qui conduira à une radicalisation de l'historicité, désormais pensée à partir du destin de l'être. Dans ce contexte, qui rendra problématique l'entreprise fondationnelle de *Sein und Zeit*, l'être sera de moins en moins compris comme projet du *Dasein*, pour devenir affaire de destin, relevant de l'histoire souterraine de l'être (*Seinsgeschichte*). Il n'appartient plus au *Dasein* de corriger l'oubli de l'être (de son être à lui et de l'être compris par la métaphysique), mais de méditer l'oubli de l'être comme envoi destinal de l'être lui-même.

L'oubli de l'être continue néanmoins à être perçu comme forme d'aliénation du *Dasein*. Bien que Heidegger emploie parfois le terme d'*Entfremdung*[1], il a le plus souvent recours à celui de *Not*, de « détresse », laquelle réside principalement dans la perte du sens de l'être. Cette détresse caractérise notre époque pour laquelle l'être n'est plus qu'un *flatus vocis*, l'abstraction la plus vide et la plus indifférente du monde. Époque qui est celle du nihilisme, celle où il n'en est rien de l'être, où l'être a cessé d'être le plus haut souci. Ce qui importe, ce n'est plus l'être, mais la position de l'homme dans le cosmos, la puissance de l'homme sur l'étant dans sa totalité.

En réalité, l'oubli de l'être et le nihilisme seraient déjà des caractéristiques de la métaphysique qui se serait décidée lorsque Platon a voulu trouver dans l'idée le principe de la vérité de l'étant. Mais si l'on peut parler d'une aggravation de l'oubli de l'être dans le sillon des Temps modernes, c'est parce que l'homme y a été promu au rang de « sujet »[2], depuis Descartes. Chez Platon, au début de la « subjectité », c'est-à-dire de l'interprétation de l'être relativement à un *hupokeimenon*, le rôle de sujet était encore occupé par l'idée, et chez les médiévaux, par Dieu. Sous cette forme plus « modérée » de l'oubli de l'être, l'homme avait encore le sentiment d'être rattaché à quelque chose de plus haut que lui. Il pressentait encore que l'éclosion de l'étant – l'ouverture qu'est l'être – ne relevait pas de lui, même si c'était lui

1. Cf. *Wegmarken*, 336 ; tr. fr. *Questions III*, 116 ; dans la GA, cf. aussi Band 39, 135 ; Band 34, 225 ; Band 55, 99.

2. Cf. M. Heidegger, *Holzwege, op. cit.*, 81-85 ; tr. fr. *Chemins qui ne mènent nulle part, op. cit.*, 79-84 ; *Nietzsche, op. cit.*, Band II, 141-149 ; tr. fr. *Nietzsche, op. cit.*, t. II, 114-121.

qui (sup-)posait une réalité in-finie. Avec la modernité, plus d'équivoque possible, l'apparaître de l'étant ne sera vu que sous l'angle de son apparaître pour l'homme, devenu le point de mire de l'étant. L'homme moderne deviendra l'autorité qui décidera de l'être de l'étant, si bien que le monde pourra se réduire à la vision du monde du sujet (le monde comme représentation et volonté). Ces deux processus, le devenir-sujet de l'homme et le devenir-image du monde, incarnent les fondements ontologiques des Temps modernes [1]. Cette infrastructure ontologique fonde selon Heidegger tous les autres traits de la modernité, parmi lesquels il nommera, au début de « L'époque des conceptions du monde », la science mathématique, la technique, l'entrée de l'art dans l'univers de l'esthétique, l'apparition de la culture et, enfin, le dépouillement des dieux (*Entgötterung*) [2]. Toutes ces manifestations de surface, dont personne ne conteste la réalité, reposent sur l'autonomie du sujet humain, donc sur l'élévation de l'homme à la dignité de sujet qui situe tout étant dans le champ d'une vision et d'une visée.

Pour notre propos, il importe surtout d'apercevoir l'intersection de l'oubli de l'être et de la dédivinisation dans les Temps modernes. La dédivinisation ne signifie pas que les hommes aient cessé de croire en Dieu. Le contraire est plutôt vrai : c'est parce qu'ils vivent sous l'absence des dieux, dans une *götterlose Zeit* [3], que les hommes peuvent, avec toujours plus d'ardeur et d'imagination, s'abandonner à Dieu ou à ses substituts, car seule une telle croyance est susceptible d'assurer la tranquillité de leur âme. Dans un monde sans Dieu, les dieux de l'homme seront d'autant plus présents dans le simple but d'assouvir la soif de sécurité des individus. Il va de soi que ces dieux ne sont le plus souvent que des idoles purement fonctionnelles ou techniques qui répondent aux exigences de la subjectivité.

Heidegger est d'avis que c'est précisément la fonctionnalisation du rapport à tout étant, y compris au divin, qui est responsable de la fuite des dieux. Là où tout est explicable et maîtrisable (sauf la volonté de maîtrise elle-même), où l'ouverture à l'étant se trouve mise en scène par l'homme, l'être sombre dans l'oubli, se retirant lui-même dans l'absence, retrait qui indique par le fait même la limite du pouvoir humain (mais ce clin d'œil salvateur de l'être, son « mystère », ne sera plus aperçu). L'expérience du divin, pense Heidegger, n'est possible

1. Cf. *Holzwege*, 85 : « Die für das Wesen der Neuzeit entscheidende Verschränkung der beiden Vorgänge, daß die Welt zum Bild und der Mensch zum Subjectum wird... » (tr. fr. *Chemins qui ne mènent nulle part*, 83)

2. *Holzwege*, 69-70 ; tr. fr. *Chemins...*, 69-70.

3. Cf. M. Heidegger, GA, Band 39, 80.

que sur le terrain de l'être, de l'indisponible, que l'homme a délaissé pour s'engouffrer dans la domination effrénée de l'étant. L'homme qui a perdu le sens de ce qui le dépasse se coupe de toute rencontre possible du divin. L'oubli de l'être représente ainsi l'a-théisme le plus radical[1]. Puisqu'elle se définit par l'oubli de l'être, on peut dire que, pour Heidegger, la métaphysique est un athéisme ! Heidegger a beau nous mettre en garde contre la confusion de l'être avec Dieu, son propre discours tend de plus en plus à les rapprocher lorsqu'il s'agit de comprendre la modernité[2].

L'a-théisme de la modernité, tel que l'entend Heidegger, est bien sûr solidaire de l'essor de la rationalité. La *ratio* moderne a depuis longtemps cessé d'être pure contemplation (*noein,* le *Vernehmen* dans la *Vernunft*) de l'être, ce qu'elle a pu être pour certains Grecs, croit Heidegger, pour ne signifier que le pouvoir de la représentation et de calcul du sujet. La modernité institue le tribunal de la raison qui verra à soumettre tout « objet » et toute « valeur » à la législation inconditionnée de la volonté de puissance. Le triomphe de la raison calculatrice et objectivante se manifeste surtout à travers l'uniformisation totale de l'étant[3] dans le phénomène bien connu de la « rationalisation » des ressources, qui, pour les industries (car désormais tout est industrie) et les dictionnaires, est synonyme de « modernisation ». Dans la trame des Temps modernes, l'étant se résume à une *Machenschaft* (disons « machination ») de la raison[4]. Heidegger joue à plein sur l'analogie de la puissance (*Macht*), du faire (*Machen*) et de l'« intrigue » (*Machenschaft*) visant à stabiliser le pouvoir (*Macht*) du sujet[5]. La raison, que l'idéalisme allemand a fort conséquemment identifiée à la volonté, doit d'abord (*a priori*) « constituer » l'étant comme « ob-jet » (pour un sujet), afin de lui imposer son diktat. La rationalité trouvera sa forme la plus pure dans la mathématisation du réel, qui précipite son uniformisation, facilitant ainsi sa soumission à l'impérialisme de la volonté. À l'affût d'une pensée autre, méditante et non calculante,

1. Cf. GA, Band 54, 166 et *Holzwege*, 240-242 ; tr. fr. *Chemins...*, 213-216.

2. Les cours des années 30 et 40 le confirment. Un exemple parmi plusieurs : après avoir affirmé (*Band 54*, 150) que l'être est l'*Ungeheuer* par excellence, l'Énorme au sens du « non courant » — *nicht geheuer* —, il donne à entendre (155) que le dieu est cet *ungeheuer*. Quelques pages plus loin, l'homme, qui vient d'être interpellé comme le diseur de l'être, sera aussi appelé le *Gott-sager* (166).

3. Cf. la dixième heure du cours *Der Satz vom Grund*, Pfullingen, Neske, 1957, 129-142 ; tr. fr. *Le principe de raison*, Paris, Gallimard-Tel, 1983, 172-187.

4. Cf. GA, Band 45, 148.

5. Cf. par ex. *Nietzsche*, Band II, 26-27 ; tr. fr. *Nietzsche*, t. II, 24-25.

Heidegger finira, comme on sait, par voir dans la raison « l'ennemie la plus acharnée de la pensée »[1].

L'intention de Heidegger est de nous « guérir » de la rationalité, sans pour autant proclamer les vertus de l'irrationalisme, qui présuppose toujours le règne de son contraire. Mais quitter le rationalisme pour aller où ? La réponse de Heidegger se maintiendra résolument dans l'incertitude, laquelle entend correspondre à l'indécision de l'être lui-même à l'ère atomique. Notre époque est essentiellement indécise puisqu'elle peut conduire soit à une potentialisation encore plus déchaînée de la rationalisation allant jusqu'à l'autodestruction, soit vers l'émergence d'un nouveau commencement[2]. Refusant de jouer les prophètes, la pensée de Heidegger se contente de mettre en évidence l'ambiguïté cruciale de l'oubli de l'être. Certes, l'oubli peut mener à une impasse, mais s'il est enfin ressenti comme détresse, comme retrait de l'être lui-même, signalant enfin son indisponibilité, il pourrait devenir le premier messager de l'*Ereignis* salvateur, qui se tient en réserve sous la menace du *Gestell*. Dans cette période de « suspense », l'attitude fondamentale de Heidegger reste attentiste (la *Gelassenheit* en étant le plus éloquent témoignage). Ce qui est certain, c'est que la panacée ne saurait dépendre du vouloir de l'homme ou d'une renaissance de l'humanisme, puisqu'une telle insistance sur le pouvoir de l'homme ne ferait que perpétuer la dynastie de la raison dominatrice qui conditionne la métaphysique et sa radicalisation technique. Soucieux de marquer les bornes du rationalisme, Heidegger ne craindra pas d'évoquer dans des situations de crise, personnelle ou historique, des solutions d'ordre mythique : l'attente des demi-dieux[3], l'espoir d'une parousie soudaine (« seul un dieu peut encore nous sauver »), la vocation historique du peuple allemand[4], etc. Ce recours, ou retour, au

1. *Holzwege*, 247 ; tr. fr. *Chemins...*, 219.

2. Sur l'indécision épochale de l'oubli de l'être à l'époque du *Gestell*, cf. *Nietzsche*, Band II, 368-370, 471 ; tr. fr. *Nietzsche*, t. II, 295-297, 380 ; *Holzwege*, 103 ; tr. fr. *Chemins ...*, 99-100 ; *Identität und Differenz*, *op. cit.*, 29 ; tr. fr. in *Questions I*, *op. cit.*, 274-275 ; *Zur Sache des Denkens*, *op. cit.*, 56-57 ; tr. fr. in *Questions IV*, *op. cit.*, 91-92.

3. Cf. toute la seconde partie de *GA* : Band 39 ; Band 52, 196 ; Band 53, 153s.

4. Dans les cours des années 30 et 40 Heidegger oppose souvent « la mision gréco-germanique » (Band 39, 151) à toute la constellation latino-romaine, chrétienne, humaniste, moderne, européenne, nihiliste (cf. Band 54, 66), proclamant sans vergogne que l'être et la patrie ne font qu'un (Band 39 : « Das Vaterland ist das Seyn selbst ») ! J.-F. Lyotard (*La condition postmoderne*, Paris, Minuit, 1979, 62) a tenté de montrer que Heidegger succombait peut-être à la séduction d'une légitimation du savoir et du politique par le biais d'un méta-récit ontologique, repro-

mythe traduit au mieux l'embarras d'une pensée qui a pris acte de la clôture de la métaphysique pour la réflexion contemporaine [1].

L'erreur la plus grave de Heidegger consiste peut-être à mettre, sans autre forme de procès, la métaphysique et la raison dans le même sac. La raison qui deviendra prédominante au fil de la métaphysique est avant tout la raison calculatrice, instrument de la volonté de puissance. Mais cette raison épuise-t-elle l'essence de la rationalité [2]? Ce n'est pas sûr. Le discours de Heidegger en fait lui-même la preuve étant donné que son réquisitoire de la rationalité en appelle, implicitement, à une rationalité d'un autre ordre, et ce à deux niveaux. 1) Tout d'abord, si la dévastation technique découlant de l'oubli de l'être doit être condamnée, c'est bien sûr au nom d'un ordre de choses qui pourrait être autre, qu'on présume meilleur et qui pour cette raison peut être qualifié de «rationnel». En d'autres termes, la critique de la rationalité postmétaphysique, doit se conduire à partir de quelque chose comme une rationalité postmétaphysique, rationnelle justement parce que postmétaphysique [3]. Cette rationalité du souhaitable relève depuis toujours de la «rationalité éthique», qui n'est ni celle du calcul, ni celle de la science. 2) Ensuite, dès qu'il prend la plume pour pointer du doigt la frénésie de la rationalité technique, Heidegger fait appel à la raison de ses lecteurs. Il fait confiance à la maturité et à la lucidité possible d'au moins quelques-uns de ses contemporains, capables, sur la foi de ses arguments, d'appréhender la menace qui guette l'humanité (ou l'«être»). D'une façon ou d'une autre, Heidegger argumente dans ses écrits, même si c'est pour lutter contre les excroissances de l'argumentation logique. Cette prise en compte tacite des ressources de l'argument repose cette fois sur ce que l'on pourrait appeler la «rationalité argumentative» la plus élémentaire.

La rationalité éthique et la rationalité argumentative peuvent-elles à leur tour être réinterprétées comme des avatars de la rationalité techniciste? Sans nier que cela soit très souvent faisable, force est de

duisant ainsi la volonté de puissance scientifique, politique et universitaire de l'idéalisme allemand.

1. D'autres y voient un ressort plus positif. Cf. en particulier J.-F. Mattéi, «Le chiasme heideggérien», in D. Janicaud, J.-F. Mattéi, *La métaphysique à la limite*, Paris, PUF, 1983, 49-162.

2. Cf. F. Volpi, *Heidegger e aristotele*, Padova, Daphne Editrice, 1984, 211-218, qui démontre qu'avant d'être oubli de l'être, la métaphysique occidentale repose peut-être sur un oubli du *logos*.

3. Sur le projet d'une pensée postmétaphysique, commun à nos deux auteurs, cf. l'ouvrage récent de J. Habermas, *Nachmetaphysisches Denken*, Frankfurt am Main, Suhrkamp, 1988.

reconnaître qu'une telle fusion des rationalités calculatrice et éthico-argumentative priverait la critique de la *ratio* métaphysique de toute espèce de fondement éthique et argumentatif. Aucune dénonciation du rationalisme ne saurait rejeter du revers de la main la question qui s'enquiert de la motivation (des «raisons») et des assises argumentatives d'une telle critique. Peut-on critiquer la raison sans raison(s)? Les hommes ne sont pas à ce point déraisonnables.

Bref, et c'est l'un des programmes de la réflexion herméneutique qui s'annonce ici, on peut contribuer à la cause du dépassement de la métaphysique et de sa rationalité technique en mettant en lumière les fondements bien rationnels d'un tel renversement. Si le tableau de la modernité esquissé par Heidegger peut être retenu dans ses grandes lignes, il a besoin d'être nuancé, mis à jour et situé dans la perspective d'une rationalité intégrale s'il ne veut pas saborder ses propres conditions de possibilité. C'est ici que la pensée de Habermas peut nous ouvrir quelques avenues de réflexion.

II. *Habermas : la modernité en (r)appel*

Le diagnostic apocalyptique de la rationalisation moderne est tout ce qu'il y a de plus familier à la pensée de Habermas. Il ne l'a cependant pas trouvé dans le débat de Heidegger avec la métaphysique, mais dans sa propre basse-cour, pour ainsi dire, sous la forme de la dialectique de l'*Aufklärung* mise à découvert par Horkheimer et Adorno. La critique consciemment négativiste de l'École de Francfort s'élève contre l'hégémonie de la rationalité instrumentale, de la «réification», dans un monde administré de part en part, où l'individualité se trouve ravalée à sa valeur d'échange. Cette diatribe de la rationalité, qui rejoint quant à l'essentiel celle de Heidegger, est l'héritière directe de la dénonciation de la réification capitaliste chez le penseur hongrois Georg Lukács, lequel s'inspire à son tour des sociologies du capitalisme de Simmel et Weber. Poursuivant le débat qui s'étend de Weber à Marcuse, en passant par Lukács, Horkheimer et Adorno, Habermas choisira dans quelques-uns de ses derniers écrits de reprendre le dialogue avec Weber, sans doute parce qu'il fut l'un des premiers à thématiser conceptuellement et historiquement la collusion de la modernité et de la rationalisation.

Aux yeux de Weber, la modernité se caractérise par le triomphe de la rationalité fins-moyens (*Zweckrationalität*), qui définit l'efficacité optimale des moyens en vue d'atteindre une fin donnée. L'efficacité, et non plus des normes religieuses ou métaphysiques, comme pour les époques prémodernes, devient le facteur déterminant de l'action. C'est que les valeurs transcendantes ont été détrônées, l'essor de la rationalité instrumentale étant solidaire du désenchantement (*Entzauberung*) des visions du monde, de ce que Heidegger, et bien d'autres, avait appelé la dédivinisation (*Entgötterung*). L'aurore de la modernité précipite le crépuscule du divin, la «mort de Dieu». Weber a bien vu que la rationalisation débouchait tout droit sur le polythéisme des valeurs, puisque l'efficacité des moyens laisse entière la question des fins ultimes et des normes susceptibles d'orienter l'action. La question des normes, soustraite à la rationalisation fins-moyens, paraît dépendre de la décision de chaque individu. Chacun, écrit Weber, doit trouver pour lui-même le démon qui tiendra les fils de son existence[1]. Dans un cosmos où les dieux, entendons les idéologies au sens large, se livrent une lutte sans merci, seul un prophète ou un sauveur[2] pourraient nous enseigner comment orienter notre existence, solution irrationnelle, inspirée de modèles archaïques, et qui correspond, par certains côtés, à l'indécision du salut envisagé par Heidegger. À l'intérieur d'un monde dédivinisé et déprophétisé, parce que rationalisé, les choix éthiques paraissent bannis du domaine du rationalisable. Les valeurs doivent-elles alors relever de l'arbitraire ou d'une rationalité strictement instrumentale ?

Convaincu que la rationalisation des normes et de l'action ressortit à une rationalité qui n'est pas de nature instrumentale ou stratégique, Habermas s'efforcera de contrer la réduction instrumentaliste de la raison qui conduisit Heidegger et Adorno à une mise en cause de la modernité. La modernité doit-elle se saborder, comme le souhaiterait une certaine apologétique, parce que sa réduction fonctionnaliste de la rationalité aboutit à un cul-de-sac ? Misant plutôt sur la capacité d'autocritique de la raison, Habermas pense qu'il est plus urgent d'élaborer une conception englobante et plus différenciée de la rationalité si l'on veut faire obstacle à une rechute dans le mythe, dont le XXe siècle offre assez d'exemples. Ce dialogue de Habermas avec Weber[3] peut se lire comme une réponse indirecte à la lecture heideggérienne du nihilisme

1. M. Weber, *Gesammelte Aufsätze zur Wissenschaftslebre*, Tübingen, J.C. B. Mohr, 5. Aufl. 1982, 613.

2. *Ibid.*, 609.

3. Cf. J. Habermas, «Aspects of the Rationality of Action», in *Rationality To-day*, éd. par Th. Geraets, Ottawa, Éditions de l'Université d'Ottawa, 1979, 185-204 ; une version élargie de ce texte a paru in J. Habermas, *Vorstudien und Ergänzungen zur Theorie des kommunikativen Handelns*, Francfort, Surhkamp, 1984, 441-472.

métaphysique, rendant ainsi compte de l'un des tournants décisifs de la philosophie contemporaine.

Afin de prendre la confrontation à sa racine, il y a d'abord lieu de faire ressortir l'interprétation positive du phénomène de la démythisation des conceptions du monde chez Habermas. Selon lui, la conception mythique du monde se caractérise par son absence de réflexivité : le mythe s'identifie avec l'ordre du monde qu'il explique sans s'apercevoir qu'il n'est qu'une *lecture* du réel, sujette à l'erreur et à la critique. L'interprétation mythique n'est pas consciente de soi *comme* d'une *interprétation* du monde. Habermas parlera ici d'une « réification de la conception du monde » [1] pour indiquer qu'en régime mythique l'interprétation de l'univers se confond avec le réel lui-même. Dans une perspective moderne, désenchantée, les interprétations du monde apparaissent enfin en tant que *façons* de voir, dont les fondements doivent pouvoir être débattus. Notre conception du monde peut être dite « décentrée », puisqu'elle ne se considère plus comme le foyer du monde, la « chose même », mais se réfléchit *comme* interprétation du monde qui n'est identique avec lui. Le passage d'une conception du monde réifiée, dogmatique, à une vision décentrée, ou faillibiliste, est l'un des aspects essentiels de la modernité telle que l'entend Habermas.

Une conception réfléchie du monde entraîne, en principe, un pluralisme d'interprétations possibles du monde. Weber avait aperçu dans cette pluralisation le germe d'un polythéisme des valeurs susceptible d'effriter la cohésion sociale en privant les hommes d'une conception du monde stable et unitaire. Là où Weber pensait devoir déplorer une perte de sens, Habermas s'emploiera à découvrir un filon de rationalité non exploité chez Weber. Le message du mythe, même s'il n'est pas reconnu comme tel, est accepté naïvement et aveuglément par les membres d'une communauté. Mais lorsque cette conception réifiée s'avise de sa relativité, la vérité ne peut plus découler d'une soumission aveugle, mais d'une entente consciente, articulée dans le langage. L'entente langagière, communicationnelle, est ainsi appelée à supplanter l'autorité qu'assumait jadis le mythe. Les principes de la connaissance et de l'interaction sociale ne seront plus prescrits d'en haut; ils peuvent et, en principe, doivent faire l'objet d'une discussion éclairée. Cette entente démocratique est un gage d'émancipation ou de

1. J. Habermas, *Theorie des kommunikativen Handelns*, Francfort, Suhrkamp, 1981, I, 82.

majorité (*Mündigkeit*) qui libère un potentiel de rationalité, c'est-à-dire de liberté et d'autonomie.

Tout en comportant des connotations normatives, la conception habermassienne de la rationalité communicationnelle se veut essentiellement opérationnelle, représentant, si l'on veut, l'unité des rationalités éthique et argumentative distinguées plus haut. La rationalité communicationnelle anticipe certes un idéal de société sans contrainte (son versant éthico-utopique), mais elle revendique avant tout une portée pratique *hic et nunc* en tant que critère non instrumental de la rationalisation sociale : l'usage du savoir sera dit rationnel lorsqu'il se prêtera à une délibération intersubjective dépourvue de tout autre critère que celui du meilleur argument. La rationalité de la communication n'a donc pas de normes concrètes ou de vision du monde à dicter aux membres de la société, elle leur propose tout simplement une procédure pour évaluer le bien-fondé des conceptions qui ont cours dans le monde vécu [1]. À la suite du crépuscule des dieux, la seule autorité apte à trancher un litige dans un monde structuré symboliquement ne pourra être que le tribunal de la rationalité communicationnelle.

Bien entendu, cette rationalité conserve toujours quelque chose d'idéel, même si elle se trouve restreinte à son aspect procédural, car la communication purement rationnelle, sans contrainte et sans impératifs stratégiques, n'est pas un phénomène que l'on rencontre bien souvent dans la vie quotidienne [2]. S'agit-il alors d'une nouvelle chimère métaphysique, d'une rechute derrière la critique heideggérienne de la métaphysique ? Habermas pense que non, étant d'avis que cette rationalité est déjà impliquée dans toute expression langagière : *Vernunft sitzt in der Sprache* [3], littéralement : « la raison est assise dans le langage ». Tout acte de langage viserait idéalement l'entente, la compréhension mutuelle, pense Habermas, entente qui présuppose toujours la maturité des interlocuteurs. Cette maturité communicationnelle d'individus capables de suivre des arguments constituera le garant (ou l'hypothèse) de la rationalité communicationnelle.

1. Cf. J. Habermas, « Uber Moralität und Sittlichkeit — Was macht eine Lebensform rational ? », in *Rationalität*, éd. par H. Schnädelbach, Francfort, Suhrkamp, 1984, 218

2. Elle est, en fait, invérifiable. Kant en savait quelque chose : alors même qu'il énonce le critère de la rationalité de l'action à l'aide de son impératif catégorique, il ne manque pas de souligner qu'« il est absolument impossible d'établir par expérience avec une entière certitude un seul cas où la maxime d'une action d'ailleurs conforme au devoir ait uniquement reposé sur des principes moraux » (*Fondements de la métaphysique des mœurs*, Paris, Delagrave, 1973, 112).

3. J. Habermas, *Philosophisch-politische Profile*, 288.

Dans les années soixante, Habermas faisait grand cas de cette idée de maturité, allant même jusqu'à soutenir dans sa leçon inaugurale de 1965 que « l'intérêt à la majorité n'est pas une vague idée, il peut être intuitionné *a priori* »[1]. Entre-temps Habermas a pris un peu de distance[2] en regard de ce texte, très souvent cité, qui paraît fonder l'idéal d'émancipation sur une certitude théorique quasi cartésienne[3]. Aujourd'hui Habermas canalise plutôt ses efforts dans le sens d'une reconstruction des présupposés rationnels de la communication (entreprise *transcendantale*, parce que définie comme recherche sur les présuppositions du savoir et de l'action, et *pragmatique*, puisqu'elle thématise l'usage communicationnel que les hommes font du langage, programme qui circonscrira également la tâche de la « pragmatique transcendantale » de Karl-Otto Apel). Dès qu'une énonciation est proférée, elle élève une prétention de validité qui peut, en principe, être fondée dans un forum communicationnel. Si le langage renonce à cette prétention, il perd, estime Habermas, toute pertinence communicationnelle, se réduisant à une simple déclaration dénuée de fondement. Même si, de fait, les hommes s'enquièrent très rarement des fondements des affirmations qu'ils échangent dans la vie courante[4], ils savent que la question du pourquoi peut être soulevée à tout moment lorsqu'un désaccord surgit ou lorsqu'une assertion apparaît problématique. C'est alors – on ne sait trop comment – que peut s'enclencher le discours théorique, l'instance de la rationalité communicationnelle, afin de lever l'interruption de l'entente langagière, d'ordinaire – et heureusement – considérée comme allant de soi. La prétention de rationalité ancrée dans le langage semble donc remplacer dans l'univers habermassien la

1. *Technik und Wissenschaft als Ideologie*, 163 ; tr. fr. *La science et la technique comme idéologie*, 156 ; ce texte fut approfondi en 1971 dans *Theorie und Praxis*, Francfort, Suhrkamp, 1971, 23-24, où Habermas écrivait que « l'idée de maturité est la seule idée, au sens de la tradition philosophique, dont nous ayons la possession » (« deren wir ... mächtig sind »).

2. Cf. *Vorstudien...*, 497 : « Es scheint mir nicht ganz fair zu sein, mich auf einen etwas stark geratenen Satz der in Thesenform vorgetragenen Frankfurter Antrittsvorlesung aus dem Jahre 1965 festzunageln, obgleich ich seitdem die dort nur programmatisch eingeführte Idee in mehreren Abhandlungen auszuführen versucht habe. »

3. Cf. *Vorstudien...*, 498.

4. Plusieurs critiques ont reproché à Habermas d'imposer le modèle de la discussion scientifique, tiré de sa propre expérience, aux agents sociaux qui, eux, n'ont à peu près jamais l'occasion de participer à des colloques, purgés d'éléments pararationnels, sur les questions qui les préoccupent, ou dont ils ne peuvent (ni ne savent) parler.

prétention de maturité qui peut être saisie *a priori*, dont la tangente idéaliste saute aux yeux.

Bien que dépourvue de réalité concrète, parce que formelle, la rationalité communicationnelle peut servir d'aiguillon critique à plusieurs niveaux. Nous terminerons cet essai en signalant deux de ses possibilités critiques, qui indiquent en même temps de nouvelles amorces du dialogue entre Heidegger et Habermas.

Le concept de rationalité communicationnelle prétend fonctionner comme le fer de lance de la critique des idéologies en vue d'éclairer le soubassement normatif de la théorie critique de la société. Si certaines pathologies de la rationalisation moderne doivent être rectifiées, ce sera au nom d'une rationalité éthique inscrite dans le *telos* du langage humain. L'absence ou l'évacuation systématiques de discussion rationnelle dans certaines sphères de la société pourra désormais être démasquée comme une perversion idéologique du langage au service des intérêts de l'ordre établi et d'un groupe donné. L'idéologie est justement idéologie en ce qu'elle entrave le libre déploiement d'une rationalité communicationnelle, qu'elle remplace – car le besoin de compréhension symbolique n'est jamais éteint – par un type de communication systématiquement distordue (le discours du «on» selon Heidegger). La critique de l'idéologie se pratique toujours en vue d'une rationalité plus démocratique, représentée par le libre exercice de la communication, même si sa réalisation ne sera jamais intégrale. Cette virtualité de la rationalité communcationnelle fait écho à la critique de l'idéologie chez Heidegger fondée sur l'appel à une existence toujours moins inauthentique. Habermas et Heidegger reconnaissent que l'authenticité – tous deux s'en tiennent à une indication formelle, à l'*a priori* de la libération – fait figure d'exception dans un monde où domine pour l'un l'idéologie, pour l'autre la déchéance. Cette dégénérescence n'en doit pas moins être définie en regard d'une norme d'authenticité et d'émancipation qui doit conserver le caractère d'une tâche à accomplir. L'idée de maturité (développée surtout chez Habermas) repose sur l'ouverture à soi du *Dasein* (thématisée par Heidegger), conscient de son pouvoir-être, de son existence authentique possible (l'animal qu'on présume privé d'une telle ouverture à soi est incapable de s'émanciper de sa condition). Contre l'oppression de l'opinion publique, Heidegger et Habermas montreront, chacun à leur manière, que les hommes peuvent prendre en mains leur propre destin en protestant contre la subreption de l'existence et de la communication que pratiquerait l'idéologie dominante. Toutefois, Habermas ne suivra pas Heidegger dans sa remise en question de la raison à la faveur d'une

« authenticité désappropriante »[1], car selon lui cette authenticité se base sur un concept plus large de rationalité, qui reste dans l'ombre chez Heidegger. C'est que Heidegger ne connaissait guère que le visage dominateur, appropriateur et calculateur de la rationalité moderne, lequel n'est en somme qu'une déformation réductionniste de la rationalité intégrale, ainsi qu'on peut l'apprendre à l'école herméneutique de Habermas.

La seconde portée critique de la notion de rationalité communicationnelle, que nous aimerions évoquer ici, réside dans le déplacement que Habermas fait subir à la critique de la raison instrumentale, clef de voûte de l'École de Francfort. Depuis le tribunal de la rationalité communicationnelle, il devient possible de reconnaître les droits légitimes de la rationalité technique, qui perd ainsi son caractère intrinsèquement diabolique. La technique représente l'une des formes légitimes de la rationalité qui ne devient menaçante que dans sa prétention à l'exclusivité. La rationalité technique apparaît tout à fait justifiée lorsqu'elle s'occupe des besoins matériels de la reproduction du monde vécu. Pour l'organisation matérielle de la société, il serait à coup sûr illusoire et irresponsable de renoncer aux acquis de la rationalité technique. Ce qu'il faut admettre cependant, c'est que cette rationalité n'est pas en mesure de régler tous les problèmes de la société, en particulier ceux qui touchent à l'orientation symbolique de l'action, donc à l'éthique. À ce niveau il est impérieux de reconnaître l'impuissance de la rationalité technique, dictée de l'extérieur, et de sa prétention à résoudre les problèmes spirituels à l'aide de solutions essentiellement technocratiques (d'ordre économique ou administratif, par exemple), qui ne font qu'accroître l'aliénation du monde vécu (*Lebenswelt*) en regard du système d'organisation fonctionnaliste de la société. La critique de la raison instrumentale, dépouillée de ses atours effroyables, peut faire place à une « critique de la raison fonctionnaliste » (titre du deuxième

1. À ce propos, G. Vattimo, « La crise de l'humanisme », *op. cit.*, 28, a entièrement raison d'écrire que « l'acharnement avec lequel Heidegger travaille, dans ses écrits tardifs, autour de la notion d'*Ereignis* et des concepts connexes de *Vereignen, Ent-eignen, Ueber-eignen* peut s'expliquer, plus encore que comme une attention au caractère éventuel, non simplement-présent, de l'être, comme un effort pour dégager son concept d'*Eigentlichkeit*, d'authenticité (concept de jeunesse), de toute valence réappropriante (et donc, comme telle, encore métaphysique et humaniste) ». Le caractère événementiel de l'*Ereignis*, sur lequel Vattimo paraissait insister davantage dans son livre *Le avventure della Differanza*, Milano, Garzanti Editore, 1980, 192 (tr. fr. du passage pertinent in *Exercices de la patience*, 1982, 137-138), va de pair avec la désappropriation (*Ent-eignen, Verwindung*) métaphysique.

tome de la *Théorie de l'agir communicationnel*) qui défend, d'une part, la suprématie de la raison communicationnelle sur la raison technique (laquelle doit toujours pouvoir être justifiable dans un espace communicationnel), et qui affirme, d'autre part, les droits inaliénables de la communication dans l'univers symbolique et éthique, repoussant l'ingérence de la rationalisation instrumentale dans les affaires qui relèvent ontologiquement de l'entente intersubjective. L'étalon de la rationalité communicationnelle parvient donc à nuancer la critique de la raison instrumentale de deux manières, sans sacrifier son intention critique : *a*) par le biais, tout d'abord, d'une différenciation de la notion de rationalité qui nous empêche de jeter le bébé (la promesse de la raison) avec l'eau du bain (les séquelles de la rationalisation) ; *b*) en définissant à la fois la sphère de légitimité, plus aisément concédée dans le monde anglo-saxon, et les abus, montés en épingle en philosophie continentale [1], de la rationalité technique grâce à une critique de la raison fonctionnaliste. Le terme de « critique » conserve ici sa double signification kantienne d'une détermination des droits et des limites de la raison.

Sur ce point, Habermas rejoint encore une fois un motif trop peu remarqué de la critique de la technique chez Heidegger. La critique de la raison fonctionnaliste n'est elle pas une application possible du oui et du non que l'on doit opposer à la provocation du monde technique selon Heidegger [2] ? Si Heidegger croit devoir donner congé à la raison, il n'en refuse pas pour autant l'héritage de la technique, comme on le pense souvent. Le plus simplement du monde : il faut dire oui à la technique lorsqu'elle contribue à l'émancipation de l'humain, mais non quand elle conduit à l'aliénation. Un peu comme chez Habermas, c'est avant tout l'exclusivité de la raison instrumentale que Heidegger entend contester. « Nous pouvons dire non », écrit Heidegger, « à l'utilisation des objets techniques, dans la mesure où nous les empêchons de nous revendiquer de manière exclusive » [3]. « La raison et son ordre de représentation ne sont qu'*une* sorte de pensée, au reste aucunement

1. Cf. J. Habermas, *Moralbewusstsein und kommunikatives Handeln*, 20 ; tr. fr. *Morale et communication*, 34 : « Les philosophes du continent sont notoirement enclins à dramatiser les dangers de l'objectivisme alors que le monde anglo-saxon entretient une relation tout à fait paisible avec la raison instrumentale » (*Die Philosophen des Kontinents neigen bekanntlich zur Dramatisierung der Gefahren des Objektivismus, während die angelsächsiche Welt zur instrumentellen Vernunft eine gelassenere Beziehung unterhält*).

2. Cf. M. Heidegger, *Gelassenheit*, *op. cit.*, 1959, 23 ; tr. fr. in *Questions III*, 177.

3. *Gelassenheit*, 23 ; tr. fr. *Questions III*, 177 (tr. modifiée).

déterminée par soi-même, mais par ce qui nous a obligé à penser sur le mode de la *ratio*. Que la domination de la raison s'établisse comme rationalisation de tous les ordres, comme norme, comme nivellement dans le sillage du nihilisme européen, voilà qui donne autant à penser que les tentatives de fuite dans l'irrationnel qui lui correspondent »[1]. La rationalité – et ce dernier texte montre clairement que Heidegger ne pense qu'à la raison instrumentale – n'incarne que l'une des multiples façons de répondre à l'appel de la pensée. L'intention profonde de Heidegger est de relativiser, non de récuser, l'hégémonie épochale de la raison, identifiée chez lui à la rationalisation technique, en rappelant que la prédominance cognitive et normative du rationnel calculateur est le produit d'une généalogie bien déterminée, celle de la métaphysique de la volonté de puissance. Or il y a plusieurs autres manières de faire l'expérience de l'être, dont Heidegger a voulu repérer les traces dans l'activité artistique et dans la pensée présocratique (on peut en imaginer d'autres). Sa propre méditation vise d'ailleurs à faire paraître la multiplicité des modes sous lesquels l'être se porte à la parole, pluralisme que l'on peut opposer à la visée unitaire « hénologique », de la métaphysique, sans cesse à la recherche d'un principe unique du réel[2]. Le site de cette autre pensée, qu'il prépare et qu'il pratique, Heidegger n'ose plus l'appeler « rationnel », même s'il se veut plus « raisonnable ». L'apport de Habermas consiste ici à identifier les présupposés communicationnels et, partant, rationnels d'une telle pensée non métaphysique. De son côté, Heidegger pourrait mettre Habermas en garde contre une absolutisation de la rationalité communicationnelle, qui n'est elle-même qu'une forme d'ouverture à l'être. Sans perdre le sens de ses acquis, la modernité pourrait ressembler au mythe en se recroquevillant sur soi-même. La rationalité n'est pas trop mal caractérisée par les vertus de tolérance et d'ouverture, car il y a sans doute plusieurs formes de raison, mais aussi du pluriel dans la raison.

1. *Wegmarken*, 382 ; tr. fr. *Questions I*, 203 (tr. modifiée).

2. R. Schürmann, *Le principe d'anarchie*, Paris, Seuil, 1982, et « Que faire à la fin de la métaphysique ? », *op. cit.*, 354-368, s'efforce de développer les conséquences éthiques et pluralistes de l'an-archie métaphysique que rendrait possible la réflexion heideggérienne.

VI

LA RATIONALITÉ DE L'AGIR COMMUNICATIONNEL

Dans son imposante *Théorie de l'agir communicationnel*, publiée en 1981, J. Habermas reprend à nouveaux frais la problématique de la rationalité moderne soulevée par Max Weber. Essentiellement, la modernité se caractérise selon Weber par une rationalisation des conceptions du monde. Cette rationalisation peut être définie, négativement, comme un effort de désenchantement ou de désensorcellement (*Entzauberung*). En termes classiques, la modernité réside dans le passage, interminable, du mythe au logos. Le monde n'est plus interprété en termes de forces magiques ou surnaturelles, mais à l'aide d'explications rationnelles dont la prétention de validité se veut universelle, tout en restant consciente, à l'encontre du mythe, de son statut hypothétique. Ce processus complexe de rationalisation s'étend de la démythisation religieuse à l'essor des sciences et de la technique en passant par le développement du droit positif, de la morale et de l'art autonomes. Weber avait repéré dans ces processus l'émancipation d'une rationalité fins-moyens, que Horkheimer qualifia plus tard d'instrumentale. La rationalité instrumentale est celle qui évalue les moyens ou les règles techniques les plus appropriés pour réaliser une fin déterminée. Réduite à sa plus simple expression, la rationalité-ustensile prend la forme du calcul (qui fait écho à la signification mathématique du *logos* et de la *ratio*). La modernité radicalise ce mouvement de rationalisation dans la mesure où, dans toutes les sphères d'activité humaine, l'action naguère gouvernée par des schèmes mythiques fait place à l'hégémonie d'une rationalité calculatrice, objective et neutre. Cette « neutralité » habilite la raison à s'adapter à n'importe quelle fin, pourvu que les moyens nécessaires à sa réalisation se prêtent à une estimation axée sur l'efficacité. Les fins elles-mêmes échappent à la discussion rationnelle. Aucune instance ne vient coordonner les fins que se fixent les agents, les groupes ou les systèmes sociaux. On sait que Weber avait adopté une attitude assez sceptique face au désenchantement moderne : si la rationalité a permis à l'homme d'assurer un contrôle efficace sur la nature, elle l'a plongé au milieu d'un vacuum de sens. La rationalité n'a pas réussi à combler le vide laissé par l'évacuation du mythe et du sacré. Le monde rationalisé, dépourvu de sens, conduit selon Weber au polythéisme des valeurs, au nihilisme si bien décrit par Nietzsche [1]. L'exacerbation de la rationalité instrumentale débouche, paraît-il, sur un nouvel irrationalisme. L'absence de sens, l'« *ab-sens* », lot d'un monde destitué du divin, a fini par susciter une critique radicale de la raison. Ce réquisitoire de la raison constitue un lieu commun de la philosophie depuis Nietzsche et rassemble des pensées aussi opposées que celles de Heidegger et de l'École de Francfort.

À plusieurs niveaux, aussi bien en politique, dans les sciences humaines que sur le terrain des conceptions du monde, les séquelles de la rationalisation donnent ainsi lieu à une remise en question de la modernité, à la renaissance de pratiques mythiques et à un culte avoué de l'irrationnel. L'intérêt, et le courage, de la théorie de l'agir communicationnel de Habermas est de s'appuyer sur la diagnostic de Weber afin d'élaborer une conception de la modernité qui conserve une notion normative et positive de rationalité. En somme, si l'on ne veut pas jeter le bébé avec l'eau du bain, il est urgent d'expliquer de façon plus nuancée, c'est-à-dire autrement que par un abandon total de la raison, les « pathologies » de la modernité.

Il convient de partir du même point que Weber en thématisant le phénomène du désenchantement (*Entzauberung*) du monde. Entre autres caractéristiques, la pensée mythique se signale, comme on l'a vu plus haut [2], par son absence de réflexivité [3]. L'interprétation mythique du monde n'est pas consciente de soi *comme d'une interprétation*. Elle s'identifie elle-même avec l'ordre du monde, sans s'apercevoir qu'elle n'est qu'une lecture du réel. Habermas forgeait à ce propos l'heureuse formule d'une « réification de la conception du monde ». À l'image de la révolution copernicienne, notre conception du monde peut être dite « décentrée » ; elle ne se considère plus comme le foyer du monde, mais se réfléchit comme interprétation du monde, sans en être le reflet photographique.

1. J. Habermas, *Theorie des kommunikativen Handelns* (TKH), I, 336.
2. Cf. *supra*, 105.
3. TKH I, 85.

Une conception réfléchie du monde présuppose, un pluralisme d'interprétations, dans lequel il y a lieu de voir une autre marque distinctive de notre modernité. Weber sentait poindre sous ce pluralisme, qu'il savait irrémédiable, un polythéisme des valeurs qui risquerait de priver les individus de l'orientation indispensable à la conduite de leur existence. Là où Weber croyait devoir déplorer une perte de sens (*Sinnverlust*), Habermas s'emploiera à découvrir une source de rationalité non exploitée chez Weber. Selon Habermas, l'entente langagière, communicationnelle, viendrait en quelque sorte remplacer l'autorité jadis assurée par le mythe [1]. Les principes de la connaissance et de l'interaction ne seront plus imposés verticalement ; ils peuvent dorénavant relever d'une entente fondée sur des arguments. C'est sur cette entente horizontale que Habermas s'efforce de fonder une théorie de la rationalité construite autour du concept de l'agir communicationnel.

Avant d'aborder cette notion centrale, tâchons de cerner l'idée de rationalité communicationnelle. La raison incarne l'un des thèmes classiques de la philosophie, sinon son concept le plus important, car c'est lui qui donne sens à son entreprise. La raison désigna tantôt l'ordre du cosmos (le *logos* et le *nous* chez les Grecs), tantôt la faculté humaine de penser ou de raisonner. Suivant les termes de Horkheimer, on peut parler dans le premier cas d'une raison *objective* dans le second d'une raison *subjective* [2]. Chez Habermas, la raison se déleste de toute connotation substantielle. Elle n'apparaît plus comme une « substance », objective ou subjective, mais comme un prédicat : pour cette pensée instruite à l'école de la philosophie analytique, il paraît plus sage

1. Notre exposé doit négliger d'autres facettes de l'interprétation habermassienne du désenchantement moderne, en particulier le phénomène de la différenciation des sphères de validité. Le mythe confond d'après Habermas les sphères de validité cognitive, de justesse normative et de véracité. Ces niveau seront distingués dans la modernité (connaissance, droit et morale, art), permettant une objectivation des domaines de l'entente langagière, condition *sine qua non* d'une consensus éclairé.

2. Cf. l'essai « Moyens et fins » in M. Horkheimer, *Éclipse de la raison*, Payot, Paris, 1974, 13-65. Sur les origines cartésiennes de cette rationalité subjective, cf. C. Taylor, *Sources of the Self. The Making of the Modern Identity*, Harvard University Press, 1989, 156.

de traiter de « ce qui est rationnel » que de la raison en soi. Voilà pourquoi Habermas préfère parler de rationalité plutôt que de raison. La raison étant mise en position de prédicat, nous devons nous mettre en quête du « sujet » de la rationalité. Quel sera le porteur du rationnel ? Habermas retient deux candidats [1] : des personnes et des expressions symboliques. La rationalité, souligne Habermas, « n'a pas trait à la possession d'un savoir, mais à la façon dont les sujets, doués de parole et d'action acquièrent et emploient un savoir [2] ». C'est dans la manière dont les personnes (premier candidat) font usage d'un savoir et dont des expressions symboliques (second candidat) sont utilisées que réside la rationalité. La rationalité, telle que l'entend Habermas, est donc affaire de « procédure » [3]. En quoi consiste cette procédure dans le cas d'expressions symboliques proférées par des personnes ? La rationalité des propositions, répond Habermas, s'exprime dans leur capacité d'être fondées et critiquées [4]. Inversement, toute proposition qui refuse d'étaler ses fondements ou qui s'immunise contre la critique s'exclut de l'univers du rationnel. La rationalité dans l'usage des propositions peut se manifester sous deux formes : 1) Celle d'une rationalité cognitive-instrumentale, qui s'affirme dans les critères pragmatiques du succès et de la maîtrise technique d'une situation (on reconnaît ici l'héritage de la rationalité fins-moyens) ; 2) Celle, plus ample, d'une rationalité communicationnelle, assise sur l'expérience centrale de la force de conviction dérivant d'un consensus obtenu sans contrainte externe dans un discours argumentatif [5]. Bref, l'usage d'un savoir pourra être dit rationnel lorsqu'il se sera prêté à une délibération intersubjective dépourvue de tout autre critère que celui du meilleur argument. Il faut noter que cet examen rationnel, prétendument purgé de rhétorique, ne se limite pas à des prétentions de validité cognitives, il doit aussi pouvoir s'étendre à des propositions à

1. TKH I, 25.

2. TKH I, 25, 28. Cf. aussi *Vorstudien*, 494 : « *Mir will nicht sinnvoll erscheinen, überhaupt von einer Rationalität des Wissens zu reden ; das Prädikat « vernünftig » oder « rational » sollten wir besser für den Erwerb und die* Verwendung *von Wissen in sprachlichen Äusserungen und in Handlungen reservieren.* »

3. Cf. *Vorstudien*, 605.

4. TKH I, 36.

5. TKH I, 28, et *Vorstudien*, 605.

caractère normatif ou expressif. Un processus d'entente intersubjective peut arriver, croit Habermas, à établir la justesse des normes morales de même que la véracité des jugements de valeur, des sentiments et, à la limite, des goûts. Une norme ou un sentiment qui voudraient se soustraire à une évaluation intersubjective devraient être déclarés irrationnels. Cela ne veut pas dire que toute norme ou tout sentiment doivent de fait être soumis à un test communicationnel pour être jugés rationnels (la rationalité deviendrait alors une opération aussi fastidieuse qu'irréalisable), mais simplement qu'un tel examen doit toujours en principe être possible. Lorsqu'un désaccord se fait jour à propos d'une connaissance, d'une norme ou d'un jugement expressif, la seule instance apte à trancher le litige ne peut être que le tribunal objectif d'une évaluation intersubjective qui ne doit reposer que sur la force du meilleur argument.

Ce tribunal de rationalité nous fait entrer dans l'enceinte de l'agir communicationnel. Le lecteur peut légitimement s'attendre à ce qu'une somme de 1175 pages intitulée *Théorie de l'agir communicationnel* explicite en long et en large le sens de l'expression « agir communicationnel ». Il n'en est rien. On a regretté l'absence d'une présentation synthétique de cette notion dans un livre qui semble consacrer beaucoup plus d'attention au commentaire critique d'autres philosophes ou sociologues qu'à ses propres instruments théoriques [1]. Dans tout l'ouvrage, on ne trouve qu'une définition [2] des actions communicationnelles (*kommunikative Handlungen*), passage très dense que nous reproduisons en traduction :

> En revanche, je parle d'actions communicationnelles lorsque les plans d'action des agents impliqués ne sont pas coordonnés par des calculs de succès égocentriques, mais par des actes d'entente

1. Cf. T. Rockmore, Recension de THK, in *Archives de philosophie*, 46, 1983, 669-670 : « L'exposé du concept d'agir communicatif est déficient à plusieurs titres. H. laisse plutôt le soin au lecteur de rassembler les déclarations ayant trait à ce concept afin de constituer un tout théorique qui n'est nulle part décrit. En plus, fidèle à une mauvaise habitude qui veut qu'il commente d'autres théories en même temps qu'il formule la sienne, tout au cours de cette immense étude, et notamment pour préciser son concept de base, H. n'arrive qu'en de très rares occasions à séparer la description de son apport théorique principal de l'interprétation détaillée d'autres positions. »

2. TKH I, 385. On tiendra aussi compte des définitions un peu plus explicites de l'agir communicationnel proposées quelques mois plus tard dans les *Vorstudien*, 499, 548 et l'essai « Explications du concept d'activité communicationnelle », à la fin de la *Logique des sciences sociales*, 413-446.

> (*Verständigung*). Dans l'agir communicationnel, les participants ne s'orientent pas d'abord vers leur propre succès ; ils poursuivent leurs buts individuels sous la condition qu'ils puissent s'entendre réciproquement au sujet de leurs plans d'action en se basant sur des définitions de situations communes. Partant, la négociation des définitions de situation est une composante essentielle des efforts d'interprétation requis pour l'agir communicationnel.

Étudions d'abord la signification propre des termes « agir » et « communication » afin de saisir leur intimité dans la notion de l'agir communicationnel. L'agir se définit exclusivement par la « maîtrise de situations » (*Bewältigung von Situationen*[1]), présupposant l'interaction d'au moins deux agents. La pluralité d'agents et la présence d'une situation qui exige d'être surmontée vouent déjà l'action sociale à la communication. La référence de l'agir à la communication est également implicite dans les définitions de l'agir chez Weber[2] et Parsons[3], citées par Habermas : pour ces derniers, l'agir ne représente pas un mouvement corporel quelconque, mais un « comportement sensé », un comportement qui va au-delà de lui-même dans la mesure où une signification symbolique lui est associée. L'agir possède un telos, un sens qui peut être compris par l'agent et ses partenaires sociaux. Affirmer de l'agir qu'il fait sens, c'est donner à entendre que l'agir social exhibe une rationalité intrinsèque que l'agent doit pouvoir justifier. Cet aspect cognitif (d'où le « cognitivisme » de Habermas) de l'agir fait encore une fois signe vers le deuxième membre de la locution, la communication. L'agir humain est par essence « communicatif », en puissance à tout le moins. Mais que faut-il entendre par « communication » ? Ce terme n'a pas en premier lieu le sens d'une « conversation » ou encore d'une « transmission d'information » (comme dans les media de communication ou les communications présentées lors des congrès). La communication, telle que la conçoit Habermas, envisage plutôt le langage dans ce que l'on pourrait appeler son aspect « pragmatique » : la communication, c'est le langage qui accomplit, qui fait ou qui produit quelque chose. La communication désigne l'« agir » spécifique au langage comme tel. Quelle est cette production propre au langage ? Habermas n'hésite pas à répondre : l'entente. La téléologie qui régit le langage se résume à l'entente : « Je suis, comme Wittgenstein, d'avis que « langage » et « entente » sont des

1. TKH II, 193 ; *Vorstudien*, 589.
2. TKH I, 377.
3. TKH II, 352.

concepts co-originaires (*gleichursprüngliche*) qui s'éclaircissent réciproquement[1] ».

En vérité, cette conception vient plus directement de l'herméneutique gadamérienne que de Wittgenstein. C'est en tout cas ce que Habermas avait admirablement bien montré dans son étude de 1967 sur « La logique des sciences sociales ». Dans cette étude, Habermas recherchait une fondation langagière des sciences sociales sur la voie de ce qu'il appellait déjà, dans la préface de la réédition de 1970, une théorie de l'agir communicationnel[2]. Seule une telle fondation linguistique ou herméneutique permet aux yeux de Habermas d'opposer une résistance efficace au positivisme et à l'objectivisme en sciences sociales. Issu de l'École de Francfort, Habermas s'inscrit en faux contre le positivisme d'une sociologie, prétendument dépourvue de jugements de valeurs, qui veut comprendre l'agir social selon le modèle d'une interaction causale et atomique entre individus isolés. Habermas fait valoir qu'une telle approche fait complètement abstraction du cadre de la compréhension langagière des acteurs sociaux qui forme l'horizon du monde vécu social. Selon Habermas, l'agir social s'ordonne d'abord selon des schèmes symboliques et les normes d'interaction qu'ils secrètent. C'est donc d'une réflexion sur la sphère de l'interaction communicationnelle, pierre angulaire de toute vie en société, que Habermas attend une fondation normative des sciences sociales.

Habermas a bel et bien trouvé ses *premiers* appuis dans la théorie linguistique de Wittgenstein, notamment dans sa notion de « jeux de langage », lesquels incarneraient en même temps des « formes de vie ». L'intérêt de cette notion du dernier Wittgenstein est de montrer que la maîtrise d'un langage et l'agir social constituent une totalité indissociable. Le langage n'est pas un mode de communication accidentel ou extérieur à l'agir social, il en est le fondement. Mais Habermas ne suivra pas Wittgenstein jusqu'au bout. Habermas refuse en effet la thèse wittgensteinienne au sujet de la « clôture », ou de la fermeture sur soi, des formes de vie ainsi encadrées par le langage, fermeture qui laisse croire que l'agent social reste inexorablement captif de l'univers linguistique qui détermine sa condition. C'est précisément pour surmonter cette limite ou cette soi-disant clôture que Habermas fera appel à la

1. *Vorstudien*, 497.

2. Cf. *Zur Logik der Sozialwissenschaften*, Vorwort, 7 ; tr. fr., 2 : « Ma tentative pour comprendre la psychanalyse comme une analyse du langage (*Connaissance et intérêt*, et « La prétention à l'universalité de l'herméneutique ») est une étape sur le chemin menant à une théorie de l'activité communicationnelle. »

contribution de l'herméneutique philosophique. Habermas reconnaît avoir appris de Gadamer que le langage est tout à fait en mesure de se surpasser lui-même, démontrant par là une capacité d'autoréflexion et, partant, de rationalité[1]. L'herméneutique enseignait de fait que les cercles linguistiques ne sont pas du tout fermés sur eux-mêmes de façon monadique. Ils sont plutôt ouverts, « poreux », écrit superbement Habermas, aussi bien vers l'extérieur que l'intérieur[2]. Porosité vers l'extérieur bien sûr, car le langage est en principe ouvert à tout ce qui se laisse dire et comprendre. Ses horizons s'élargissent sans cesse. Ce qui se laisse dire doit, par exemple, pouvoir être traduit en d'autres langues. Mais il y aussi une porosité tournée vers l'intérieur puisque les locuteurs sont en état de prendre une certaine distance en regard de leurs propres expressions, de les interpréter, de les faire accéder à la réflexion, les modifier, en relever les limites, etc. Le langage est investi d'une ouverture essentielle parce qu'il vise d'abord l'entente, la *Verständigung* avec autrui. Les termes que nous employons peuvent faire l'objet d'une révision ou d'un approfondissement si cela est requis par le contexte, normatif, de l'entente. Cette capacité d'(auto)réflexion et d'ouverture (aussi bien vers l'intérieur que vers l'extérieur) d'un discours orienté vers l'entente est une intuition proprement herméneutique que Habermas a mise au fondement de sa théorie pragmatique de la société dans sa *Logique des sciences sociales* de 1967. C'est ainsi que Habermas a pu endosser « la critique grandiose que Gadamer fait de la conception objectiviste que les sciences humaines ont d'elles-mêmes »[3], même s'il a eu à lui reprocher de confondre l'*idéal normatif* de l'entente langagière avec l'entente, ou le consensus, qui existe réellement dans le monde historique de nos traditions. Il se pourrait en effet que ces « ententes factuelles » soient le fait d'une manipulation idéologique qui obéit à des intérêts purement stratégiques. Il est clair que les consensus existants, et qui ont effectivement été constitués par nos traditions historiques, ne sont pas tous intégralement rationnels. Mais on peut justement invoquer la « porosité » des ententes langagières pour faire valoir que les agents sociaux sont eux-mêmes en mesure de remettre en question, de l'intérieur en quelque sorte, les fondements réels de ces consensus et de démasquer les incidences de distorsion idéologique. On sauvegarde ainsi l'historicité et la densité toujours concrète et appliquée de l'interaction langagière, que Habermas perd peut-être un peu de vue en faisant de l'entente langa-

1. *Zur Logik der Sozialwissenschaften*, 253 ; tr. fr., 185.
2. *Ibid.*, 258 ; tr.fr., 190.
3. *Ibid.*, 265 ; tr.fr., 196.

gière un idéal normatif et strictement contrafactuel. Mais ce conflit célèbre entre l'herméneutique et la critique des idéologies, sur la teneur historique ou idéale de l'entente langagière, nous paraît infiniment moins important que leur intuition commune qui reconnaît dans l'entente et sa « porosité » le nerf secret du langage humain.

Il est vrai que le langage peut être mobilisé à des fins de manipulation ou de tromperie. On peut prétendre viser l'entente, mais poursuivre des buts différents ou opposés. De plus, l'agir n'est pas nécessairement communicationnel : je peux agir en fonction de mes propres intérêts, sans me soucier le moins du monde de toute velléité d'entente communicationnelle. C'est pourquoi Habermas oppose idéalement l'agir purement « communicationnel » à l'agir « stratégique », celui qui s'oriente vers un objectif qui ne relève pas de l'entente intersubjective. Partout, l'agir communicationnel se définit *en opposition* à l'agir stratégique. Compris dans un sens très large, l'agir stratégique est celui que nous poursuivons pour nos propres fins. Un brin de réalisme et une expérience minimale de la condition humaine pourraient nous inciter à penser que toute action, tout agir en vue d'une fin, comporte une large part de stratégie. Même les principes les plus vertueux – nous avons tous lu la *Généalogie de la morale* – camouflent mal leurs motivations utilitaires. La communication, dont l'agir communicationnel paraît tirer sa subsistance, n'est pas non plus exempte de stratégie : que l'on songe au dialogue d'un patron avec ses employés, d'un professionnel avec ses collègues, des parents avec leurs enfants, au bavardage, etc. L'institutionnalisation de la communication démocratique dans nos sociétés, le parlementarisme, semble souvent n'être rien d'autre qu'un forum de stratégie (partisane, électorale, personnelle). Bref, on peut se demander si l'agir communicationnel existe vraiment.

Les précisions de la notion d'agir communicationnel fournies par Habermas ne paraissent pas toujours de nature à nous en convaincre. Dans la définition citée plus haut, il est question d'une entente qui ne s'oriente pas d'abord vers le succès des participants, mais vers la « coordination » des plans d'action, basée sur des définitions de situation « négociées » par les membres de l'agir communicationnel. Le vocabulaire régulièrement employé par Habermas[1] semble démontrer que la stratégie ne parvient pas à s'éclipser tout à fait dans l'agir communicationnel. Tout d'abord, l'idée d'une *coordination* des plans d'action paraît répondre à des impératifs stratégiques, fort

1. Cf. par exemple *Vorstudien*, 499, 548 et 589.

légitimes du reste. Ensuite, la *négociation* des définitions de situation se conçoit difficilement sans compromis et, partant, sans stratégie. Ces « définitions de situation », dont Habermas soutient qu'elles « forment l'arrière-plan (*Hintergrund*) des expressions communicationnelles[1] », sont aussi loin d'être légion dans la vie de tous les jours. Nous communiquons et agissons tous dans différents contextes sans avoir pris soin de « définir » ces situations[2]. Habermas semble, on le lui reproche souvent[3], gonfler les besoins théoriques ou cognitifs de la pratique. S'il en est ainsi, les accusations d'utopisme dirigées depuis deux décennies contre les constructions philosophiques de Habermas semblent amplement justifiées.

Sed contra, Habermas rétorque : « Rien ne me rend plus nerveux que l'imputation, reprise sous plusieurs versions et dans les contextes les plus incongrus, selon laquelle la théorie de l'agir communicationnel (...) développe, ou à tout le moins suggère, une utopie sociale rationaliste[4] ». Ce passage, à prendre *cum grano salis* puisqu'il n'effacera jamais les tonalités hautement utopiques du corpus habermassien, nous permet néanmoins de clarifier, voire de rectifier le statut de l'agir communicationnel. Si nous comprenons bien la pensée de Habermas, le concept d'agir communicationnel indique moins une réalité qu'une virtualité. Le peu de réalité de ce « modèle »[5] n'est pas une raison pour refuser d'en dégager les possibilités conceptuelles, s'il est vrai que, pour nous, êtres sensibles, la raison restera toujours une tâche à accomplir (voilà pourquoi Habermas aime parler d'un *potentiel* de rationalité). Deux conséquences découlent de cette intuition. 1) le concept d'agir communicationnel permet de sauvegarder, en lui donnant une appellation positive, bien qu'idéale, un potentiel de rationalité dont la modernité porte la promesse ; 2) cette notion prépare aussi le terrain à une réévaluation de la théorie critique de la rationalité

1. TKH II, 185.

2. In TKH II, 185 ss. Habermas allège quelque peu sa notion de « définition » en reconnaissant que le plus souvent de telles définitions ne sont pas explicites dans le monde vécu (*Lebenswelt*).

3. H. Schnädelbach (« Transformation der Kritischen Theorie », in *Philosophische Rundschau*, 29, 1982, 167) propose d'abandonner le cognitivisme dans la théorie de la rationalité ; R. Rorty (« Habermas, Lyotard et la postmodernité », in *Critique*, no. 442, 1984, 181-197) pense qu'il est plus urgent de chercher l'harmonie sociale par la discussion de problèmes concrets que de fonder la société à l'aide de métarécits théoriques.

4. *Vorstudien*, 499-500.

5. Cf. *Vorstudien*, 587, 595.

moderne propre à l'École de Francfort, dont Habermas est en quelque sorte l'héritier.

Pour Adorno et Horkheimer, la rationalité moderne ne se présente guère que sous sa déformation instrumentale. Ravalant toute chose à sa valeur d'échange, en vertu du «principe d'identité» ou d'interchangeabilité des individus, la rationalisation capitaliste écrase sous son rouleau tout ce qui résiste à l'uniformisation. Face à un phénomène, dont le stalinisme et le nazisme incarnaient à leurs yeux l'apothéose, Adorno et Horkheimer, à partir des années 40, se sont ainsi repliés sur une critique résolument pessimiste de la raison occidentale. Renonçant aux exigences de légitimation qu'elle croit être celles de la rationalisation qu'elle dénonce, la théorie critique s'est consciencieusement abstenue de définir ses propres critères et d'esquisser une possibilité pratique de salut[1]. Aussi la pensée critique, dernier bastion avec l'art d'avant-garde d'un monde encore humain, se contentera-t-elle de brosser un tableau sombre de la réification occidentale, c'est-à-dire de l'instrumentalisation de tout ce qui est, à commencer par l'homme. La devise de la théorie critique semble se trouver dans l'exergue à la deuxième partie des *Minima Moralia* d'Adorno : *where everything is bad, it must be good to know the worst.* Ce type de pensée s'expose bien sûr à des critiques de droite comme de gauche : les libéraux chercheront en vain chez Adorno une évaluation positive des valeurs démocratiques de nos sociétés (qu'on trouvera, par contre, chez le dernier Horkheimer), tandis que les marxistes déploreront l'absence de considérations politiques concrètes et le refus de la solution «socialiste». Lukács s'est fait le porte-parole de ce deuxième type de critique en surnommant la théorie critique le «Grand Hôtel Abîme[2]».

Afin d'éviter de se laisser prendre au jeu discursif de la rationalité moderne, la théorie critique a expressément renoncé à définir les critères de sa propre critique de la société et à indiquer quelque porte de sortie à la dialectique de l'*Aufklärung*. C'est à cet endroit précis que Habermas prendra la relève de l'École de Francfort : il tâchera de fonder les critères normatifs de la critique sur la notion d'un agir

1. Pourquoi ? C'est que «la tendance moderne à traduire toute idée en action, ou en abstention active de toute action, constitue l'un des symptômes de la présente crise culturelle» (M. Horkheimer, *op.cit.*, 10).

2. Cf. M. Jay, *The Dialectical Imagination. A History of the Frankfurter School and the Institute of Social Research* 1923-1950, Little, Brown and Company, Boston/Toronto, 1973, 296.

communicationnel[1]. Habermas n'ignore pas qu'il déroge ainsi au tabou messianique que s'était imposé l'École de Francfort, l'interdiction, héritée de la religion juive, de se faire une image de Dieu ou du salut. Néanmoins, Habermas croira déchiffrer chez Adorno des indices du concept de rationalité communicationnelle qu'il espère développer.

Dans un essai de 1969[2], Habermas citait un texte de la *Dialectique négative* où Adorno, comme cela lui arrive parfois, traçait les contours d'un monde de liberté authentique, celui d'une condition (*Zustand*) qui réconcilierait toutes les contradictions : « la disposition (*Zustand*) réconciliante n'annexerait pas ce qui est étranger avec un impérialisme philosophique, mais trouverait son bonheur à ce que, dans la proximité qu'on lui confère, il demeure le lointain et le différent, par-delà l'hétérogène et le propre[3] ». Le commentaire que livre Habermas de ce passage est révélateur de la nouvelle orientation qu'il se propose d'assigner à la théorie critique : « Qui médite cette phrase se rend compte que l'état ainsi décrit nous est, quoique jamais réel, le plus proche et le mieux connu. Il a la structure de la vie commune dans le cadre d'une communication sans contrainte. Et nous anticipons nécessairement quelque chose de ce genre, formellement, à chaque fois que nous voulons énoncer un jugement vrai. L'idée de vérité, qui s'est trouvée impliquée dès qu'a été formulé le premier jugement, ne peut être en effet constituée que d'après le modèle idéalisé de l'accord obtenu dans le cadre d'une communication exempte de domination. » L'idéal de réconciliation furtivement circonscrit par Adorno se trouve projeté dans l'irréel, efficace parce que contrafactuel, d'une communication sans contrainte. Mais cette interprétation fait peut-être violence au texte d'Adorno. En effet, le passage cité ne traite pas du tout de la communication, mais bien de la « réification ». La critique de la réification, pièce maîtresse du marxisme occidental depuis Lukács, s'accompagne, pense Adorno en 1966, d'une hostilité, tout à fait idéaliste, à l'égard de la « chose », symbole de l'hétérogène, du non-transparent, de l'autre de la conscience, donc du faux. Un monde « réconcilié », tel que l'imagine Adorno, saurait retrouver le sens de la chose, en apprenant à habiter plus sereinement dans le monde des choses, dans le plus grand respect de leur étrangeté, qu'il ne s'agirait

1. Cf. TKH I, 7 : la théorie de l'agir communicationnel se veut « l'amorce d'une théorie sociale qui s'efforce de rendre compte de ses étalons critiques ».

2. *Profile*, *op. cit.*, 175 ; tr. fr. : *Profils philosophiques et politiques*, Paris, Gallimard, 1974. 252.

3. Th. W. Adorno, *Negative Dialektik*, Suhrkamp, Francfort, 1966, 192 ; tr. fr. *Dialectique négative*, Payot, Paris, 1978, 152.

plus de dominer. La réconciliation évoquée par Adorno en est d'abord une de la subjectivité avec les choses ; elle ne vise pas spécifiquement la communication avec autrui. Comme le montre on ne peut plus clairement le contexte, l'idéal d'une réconciliation avec la chose, *extérieure à l'esprit*, veut surtout relativiser l'importance de la notion magique de réification pour une théorie critique de la rationalisation moderne.

Il faut aussi reconnaître que l'idée de communication, pressentie par Habermas sous les propos de la *Dialectique négative*, n'est pas une valeur absolue pour Adorno. H. Mörchen voit avec raison dans l'allergie au besoin généralisé de communication l'une des motivations essentielles de la pensée d'Adorno[1]. Contentons-nous d'une seule déclaration de la *Dialectique négative* : « Le critère du vrai n'est pas son immédiate communicabilité à tout un chacun. Ce à quoi il faut résister c'est à la contrainte presque universelle qui fait confondre la communication de ce qui est connu avec celui-ci et le cas échéant, la place plus haut que lui, alors qu'actuellement, chaque pas vers la communication brade et falsifie la vérité[2]. »

Le concept d'agir communicationnel représente donc la contribution originale et hérétique, avant tout parce qu'elle rompt le tabou messianique, de Habermas à l'École de Francfort. Le texte d'Adorno sur la disposition réconciliante, qui a servi de sage-femme à la notion d'agir communicationnel, eut un effet persistant sur la pensée de Habermas, car il a été repris onze ans plus tard dans la *Théorie de l'agir communicationnel*, où il reçoit la même interprétation intersubjective. Dans ce texte, écrit maintenant Habermas (ne tenant toujours pas compte du contexte), « Adorno décrit la réconciliation en termes d'une *intersubjectivité non mutiliée*, qui s'engendre d'elle-même et se maintient dans la réciprocité d'une *entente* reposant sur la libre reconnaissance[3] ».

Si la théorie critique n'a quand même pas réussi à développer de façon satisfaisante le concept d'une raison communicationnelle, cela tiendrait, croit Habermas, à l'emprise que continuait d'avoir la ratio-

1. H. Mörchen, *Adorno und Heidegger. Untersuchung einer philosophischen Kommunikationsverweigerung*, Klett-Cotta, Stuttgart, 1981, 230.

2. *Negative Dialektik*, 51-2 ; *Dialectique négative*, 40. L'adverbe « actuellement » pourrait prêter une certaine justesse à l'interprétation de Habermas. Néanmoins, Adorno, qui n'a cesse de démasquer « la duperie trimbalée aujourd'hui avec le terme de communication » (cité in H. Mörchen, *op. cit.*, 231 n.), aurait sans doute vu dans l'idéal habermassien d'une communication sans entrave une nouvelle fiction idéaliste, qui vole beaucoup trop haut au-dessus de la vie mutilée.

3. TKH I, 523.

nalité instrumentale sur la pensée d'Adorno et d'Horkheimer. La conceptualité de la raison instrumentale resterait prisonnière de la philosophie de la conscience, caractéristique de la pensée monologique des Temps modernes. Cette philosophie de la conscience repose sur la dichotomie sujet-objet et conçoit toute interaction rationnelle à la manière de l'action qu'exerce l'homme sur la nature : la conscience isolée chosifie un monde sur lequel elle étend sa domination. Ce paradigme tisse la toile de fond de la critique de la raison instrumentale, mais il s'avère impuissant lorsque vient le temps de définir les étalons d'une critique de la déformation instrumentale de la société. Le modèle de la «philosophie de la conscience» décrit la mutilation de la vie par la rationalisation, sans pouvoir dire ce qui est effectivement tronqué dans la réification qui découle de la société d'échange : «La conceptualité de la raison instrumentale est faite pour rendre possible le contrôle du sujet sur la nature, *mais pas pour dire à une nature objectivée le tort qui lui est fait*»[1]. La théorie de l'agir communicationnel viendra porter assistance à la théorie critique sur ce point : seul un concept de rationalité communicationnelle permet de rendre compte de la dévastation instrumentale, parce que ce qui se trouve subverti dans la société d'échange, c'est précisément la sphère d'interaction communicationnelle d'un monde vécu. C'est ce monde, fondé sur l'entente langagière, qui subit l'invasion d'une rationalité purement calculatrice. La résistance, de plus en plus précaire, opposée à la colonisation instrumentale, tient à la rationalité communicationnelle dont se nourrit le monde vécu. Il y a là un bassin de rationalité précieux, mais qui reste dans l'ombre si l'on identifie sans autre forme de procès rationalité et raison instrumentale.

Afin de faire fructifier ce potentiel, Habermas estime qu'un changement de paradigme s'impose : il faut passer d'une réflexion monadologique à un plan intersubjectif, de la philosophie de la conscience à l'analyse du langage dans son efficace pragmatique[2]. Habermas s'inspirera ici de G. H. Mead. Ce changement de paradigme n'est pas dénué de vraisemblance intuitive si l'on tient à mettre la philosophie à la remorque des sciences sociales. Malheureusement Habermas n'offre aucun argument pour montrer que la philosophie de la conscience doit être rejetée si l'on se place à un niveau intersubjectif[3]. Habermas

1. TKH I, 522.
2. TKH I, 530.
3. Cf. T. Rockmore, *op.cit.*, 671 : Habermas «affirme mais ne démontre pas que la philosophie allemande du dix-neuvième siècle, ce qu'il comprend réductivement à travers un seul de ses aspects, à savoir la théorie de conscience, mène dans

semble posséder une conception purement mentaliste et totalement inappropriée, de la philosophie de la conscience des Temps modernes, qui ne fait pas justice à son potentiel critique. C'est ce que nous nous proposons d'indiquer en rappelant, brièvement, quelques aspects communicationnels des philosophies du sujet de Kant et de Hegel.

Bien qu'il s'articule dans un vocabulaire qui est celui de la conscience, l'impératif catégorique de Kant s'accommode parfaitement d'une interprétation intersubjective. La raison pratique ne peut être que communicationnelle, si tant est qu'elle élève une prétention de validité universelle. Il appartient à un individu d'orienter son action en fonction de la communauté universelle des êtres raisonnables. On répliquera qu'il n'est plus praticable de considérer l'individu comme point de départ de l'action sociale. En plus de choquer le sens commun, le refus de partir de l'individu *laisse tomber* l'un des acquis de l'*Aufklärung*, dont la théorie de l'agir communicationnel dit prendre la succession : la devise «*sapere aude*, aie le courage de te servir de ta propre raison» qui résume la réponse de Kant à la question «Qu'est-ce que les Lumières ?». La dissolution de l'individu dans une interaction anonyme ne fait justice ni à la compréhension de soi du sujet, ni à l'exigence d'autonomie de l'*Aufklärung*. En outre, Kant avait eu le flair d'illustrer son impératif catégorique à l'aide de quatre exemples, ce que Habermas néglige de faire avec sa notion d'agir communicationnel, dont on ignore et la portée et l'effectivité. Habermas est parfois plus kantien que Kant dans le sens où son formalisme va si loin qu'il n'énonce jamais les moyens de réalisation ou d'actualisation de la rationalité communicationnelle, non stratégique. On pourrait aussi démontrer que la philosophie théorique de Kant fait sauter les schèmes de la pensée mentaliste : les catégories de l'entendement se prêtent aussi à une lecture intersubjective ou linguistique. Les catégories, comme l'écrit souvent Kant, n'incarnent pas tant des *entia rationis* que des règles ou des lois qui ne servent «qu'à épeler les phénomènes pour pouvoir les lire comme expérience[1]». Dans ses cours de métaphysique, Kant compare son entreprise à celle d'une «grammaire

un cul-de-sac théorique». Cf. aussi notre critique in «Hat Habermas die Subjektphilosophie verabschiedet ?», in *Allgemeine Zeitschrift für Philosophie*, 12, 1987, 25-37 et «Habermas und das Problem der Individualität», in *Philosophische Rundschau*, 36, 1989, 187-205.

1. E. Kant, *Prolégomènes à toute métaphysique future*, Paris, Vrin, 1967, 86.

transcendantale[1] ». Nous sommes loins d'une philosophie mentaliste confinée à une rigide dichotomie sujet-objet.

Chez Hegel, on trouve une quantité d'éléments qui pointent dans la même direction. Rien de moins hegélien qu'une conception de la conscience conçue comme sphère mentale opposée à un monde d'objets fixes. Pour Hegel, la conscience est essentiellement « l'acte d'outre-passer le limité[2] », perpétuel dépassement de la limite, dans lequel on peut voir, après avoir lu Habermas, une ouverture vers l'autre et la communication. Dans la mesure où le dialogue nous enjoint de dépasser les limitations de la subjectivité isolée, il incarne au plus haut point un processus de *conscience*. La dialectique du maître et de l'esclave peut se lire comme une genèse *sociale* de la conscience de soi par l'intermédiaire de la reconnaissance communicationnelle[3] (qui ne sera atteinte qu'à la fin de la *Phénoménologie*). C'est par la reconnaissance d'autrui que la certitude de soi de la conscience peut s'éveiller à sa vérité. Pourquoi ne trouver que chez Mead une conception de l'agir social structuré symboliquement, alors que cette notion se trouvait déjà au centre de la philosophie sociale de Hegel, comme l'avait montré Habermas lui-même dans son essai magistral de 1967, « Travail et interaction – Remarques sur la philosophie de l'esprit de Hegel à Iéna » ? Cette conception sert d'ailleurs de pierre angulaire à la critique hegélienne de la morale kantienne. La notion de *Sittlichkeit*, qui se trouvait pourtant déjà au cœur de l'éthique de Kant[4], veut attirer l'attention sur la rationalité intégrale qui est *déjà* en acte au niveau du monde éthique déjà existant. L'idée de *Sittlichkeit* peut en retour nourrir un certain scepticisme envers le statut peu ou prou contra-factuel de la notion d'agir communicationnel qui ne définit pas ses propres conditions de possibilité.

1. Cf. à ce sujet J. Simon, *Sprachphilosophie*, Karl Alber, Freiburg/München, 1981, 42.

2. G.W.F. Hegel, *Phénoménologie de l'esprit*, Paris, Aubier-Montaigne, 1939, t. I, 71.

3. Cf. l'interprétation de R.C. Solomon, *In the Spirit of Hegel*, Oxford University Press, New York/Oxford, 1983, 438 ss. (qui effectue un rapprochement avec Mead).

4. Comment oublier que l'éthique de Kant est une « Métaphysique des *Sitten* », donc de la *Sittlichkeit* ? L'éthique, en tant qu'auto-réflexion de la praxis, n'a d'autre but que de tirer au clair les principes rationnels (d'où le titre de *Metaphysik*) qui sont à l'œuvre au sein du monde vécu (des *Sitten*). Sur le sens souvent méconnu de l'éthique kantienne cf. l'excellente monographie de O. Höffe, *Immanuel Kant*, C. H. Beck, München, 1983, 170 ; *Introduction à la philosophie pratique de Kant. La morale, le droit et la religion*, Albeuve, éd. Castella, 1985.

Habermas, en kantien post-hegélien, connaît bien cette critique d'inspiration hegélienne. Lors du débat évoqué plus haut autour de l'herméneutique et de la critique des idéologies, lequel ne semble pas clos [1], Gadamer avait invoqué la *phronesis* aristotélicienne pour retourner contre le rationalisme de Habermas les attaques qu'avait déjà portées Hegel contre la morale de Kant qui refusait, selon lui (mais c'est très contestable), de reconnaître la rationalité d'une vie éthique déjà incarnée. Depuis quelques années, Habermas aperçoit dans cette critique, la plus fréquemment avancée contre la conception habermassienne de l'*Aufklärung*, l'émergence d'un néo-conservatisme [2]. Habermas dénonce dans ce mouvement, qu'il fait remonter à Gehlen, Heidegger, C. Schmitt, J. Ritter et même M. Foucault [3] une théorie de l'après-*Aufklärung* prête à remettre en cause les acquis de la modernité. L'accusation de néo-conservatisme, justifiée assez souvent, introduit une dimension politique dans un débat qui aurait peut-être avantage à rester philosophique. Il est, en effet, légitime de se demander si ce type d'accusation est de nature à favoriser l'idéal de communication caressé par Habermas. Est-on immanquablement néo-conservateur si l'on déplore certains effets secondaires de la rationalisation, au nom d'une rationalité autre, et si l'on s'interroge sur l'utopie d'une société entièrement réconciliée [4] ? À ce compte-là, il faudrait ranger Adorno et surtout Horkheimer dans le clan des néo-conservateurs. Le sens du réalisable doit faire partie de la raison. Le panrationaliste qu'est censé avoir été Hegel en savait quelque chose : chaque figure de la *Phénoménologie* démontre qu'une prétention de validité universelle à elle seule («pour soi») ne saurait suffire. Toute prétention, du fait qu'elle n'est d'abord que prétention, doit faire ses classes sur le terrain d'une pratique concrète. L'opposition hegélienne de la vertu et du

1. Habermas reprend brièvement in TKH I, 192-6 ses arguments d'hier pour et contre l'approche herméneutique. La persistance du débat entre Gadamer et Habermas se reflète dans leurs interprétations récentes de l'éthique kantienne. Tandis que Habermas se réclame du projet d'une fondation universaliste des normes de l'agir chez Kant (cf. son livre *Moralbewusstsein und kommunikatives Handeln*, *op. cit.*, 53 à 206; tr. fr. *Morale et communication*, *op. cit.*), Gadamer voit dans l'impératif catégorique une clarification conceptuelle des principes moraux qui guident déjà le monde vécu et qui n'ont pas besoin d'une fondation explicite (cf. son article «Gibt es auf Erden ein Mass ?», *op. cit.*, 16-17).

2. TKH I, 501 ; II, 164-5 et J. Habermas, «La modernité : un projet inachevé», in *Critique*, no. 413, 1981, 950.

3. TKH II, 164-5 et 222.

4. Même si Habermas se défend contre cette insinuation (cf. plus haut p. 102 note 4), son idéal critique reste toujours sous la domination de la philosophie de l'identité (cf. G. Kortian, *Métacritique*, Minuit, Paris, 1979, 123).

cours du monde n'a rien perdu de son tranchant. Il consiste à rappeler que la raison a intérêt à se montrer raisonnable. Taxer tous ceux qui le réaffirment de néo-conservatisme équivaut à revendiquer un monopole de la vertu, situation ironique pour une philosophie qui mise tant sur une communication sans contrainte et l'élaboration d'une conception complexe[1] de la rationalité. L'essence communicationnelle de la raison devrait pourtant conduire la rationalité à prendre acte de ses possibilités réelles et des contraintes qu'elle ne saurait ni abolir ni contourner. Autrement dit, une certaine critique de la modernité peut être menée au nom de la raison. Si l'on ferme les yeux devant cette auto-critique de la raison, on court le risque de faire de la modernité une idole soustraite à la critique, statut que ne peut revendiquer aucune instance sous l'égide de l'agir communicationnel. La théorie de l'agir communicationnel représente une avancée décisive dans l'histoire de la théorie critique, mais elle pourrait facilement se passer des épouvantails de la philosophie de la conscience et du néo-conservatisme, repoussoirs qui ne font pas droit au moment de vérité herméneutique mis en avant par des interlocuteurs qui ne sauraient être dogmatiquement exclus du discours rationnel.

L'avancée de la pensée de Habermas en regard de l'École de Francfort, et de Heidegger, se manifeste peut-être sous son aspect le plus original dans sa réévaluation de la rationalité instrumentale. Chez Habermas, la rationalité technico-scientifique recouvre ses droits et perd ses atours diaboliques. La pénétration de la rationalisation dans la vie de tous les jours n'est plus perçue comme réification aliénante. La rationalisation du monde vécu est, au contraire, un phénomène irréversible de la modernité puisqu'elle contribue effectivement à l'émancipation du genre humain[2]. Elle signifie que l'interaction dans le monde vécu n'est plus dictée par une autorité sacrée, mais qu'elle est mise sous la tutelle de l'agir communicationnel. L'hypothèse de Habermas se lit comme suit : « les fonctions d'intégration sociale et d'expression, qui furent d'abord remplies par la praxis rituelle, incombent désormais à l'agir communicationnel : l'autorité du sacré sera successivement remplacée par l'autorité d'un consensus qui sera à chaque fois reconnu comme fondé[3] ».

1. TKH II, 449 et *Vorstudien*, 605.
2. Habermas espère montrer que « la décentration de notre conception du monde et la rationalisation du monde vécu sont des conditions nécessaires d'une société émancipée » (TKH I, 113).
3. TKH II, 118.

Au lieu d'être aveugle, l'action se fera dorénavant de plus en plus éclairée, lumière qui ne peut jaillir que d'un consensus intersubjectif, le « seul fondement »[1] qui nous reste. L'autorité sacrale reposera sur les épaules des membres de l'interaction communicationnelle, si bien que Habermas parlera d'une « quotidiennisation »[2] du sacré. Bien entendu, le processus de légitimation communicationnelle, dont le besoin ne peut que s'accroître dans un univers désenchanté, surcharge les capacités humaines du monde vécu. Des « sous-systèmes » spécialisés et autonomes seront donc mobilisés, sous forme d'institutions sociales, afin de décharger ce besoin de légitimité. Cette conception, plus ou moins limpide, que Habermas emprunte à Parsons et Luhmann, interprète l'interaction en termes de « systèmes sociaux ». En gros, cette théorie fait valoir que l'activité sociale est devenue si complexe qu'elle doit être coordonnée par des systèmes sociaux, comme l'état et l'économie, qui fonctionnalisent la vie de tous les jours. Ces systèmes[3] font fi en quelque sorte de la communication propre au monde culturel, se contentant de rendre compte de l'interaction en termes strictement fonctionnalistes. Habermas concède que cette « technicisation du monde vécu »[4] nous est devenue indispensable dans le monde moderne. Il se montre toutefois soucieux de conjurer, théoriquement, le spectre du monde totalement administré d'Orwell[5], et d'Adorno, qui semble se dessiner derrière cette fonctionnalisation. La technicisation a droit de cité à condition qu'elle se restreigne à la reproduction *matérielle* du monde vécu[6], c'est-à-dire aux besoins physiques ou naturels de l'homme. Cependant la technicisation doit, autant que possible, être tenue à l'écart de ce que Habermas appelle la reproduction *symbolique* ou *culturelle* du monde vécu, domaine qui ressortit à l'entente langagière. Ce dualisme platonicien du matériel et du symbolique gouverne la conception habermassienne de la raison. Une rationalité instrumentale, que Habermas nommera « fonctionnaliste » pour l'absoudre de ses connotations apocalyptiques, répondra à juste titre aux exigences matérielles de la vie de tous les jours, tandis qu'une raison communicationnelle se chargera des problèmes « non-matériels », tout aussi nécessaires à la survie d'une communauté (pensons aux normes éthiques, au respect de certaines traditions, à la culture, à l'attente

1. *Vorstudien*, 504.
2. TKH II, 119.
3. Sur cette notion de système cf. TKH II, 338sq.
4. TKH II, 273, 394, 418.
5. TKH II, 461-2.
6. TKH II, 348, 382, 391, 513, 516; *Vorstudien*, 595, 602.

d'orientation et de salut, etc.)[1]. Des deux types de rationalité, la seconde obtiendra la primauté, car c'est au nom d'un monde vécu, qui repose sur l'interaction communicationnelle, que seront instaurés des systèmes d'organisation fonctionnels, ce qu'oublie trop souvent, pense Habermas, la théorie des systèmes sociaux.

Cette schématisation procède, Habermas ne l'ignore pas, d'une idéalisation des rapports sociaux, d'autant plus irréelle que nous habitons dans un monde de plus en plus fonctionnalisé qui semble se passer volontiers d'une justification communicationnelle. Consciente du potentiel *critique* renfermé dans son idéalisation, la théorie sociale de Habermas prendra la forme d'une critique de la raison fonctionnaliste, qui cherche, après Heidegger, à contrecarrer l'hypertrophie de la rationalité technique dans les domaines où elle est plus un facteur d'aliénation que de libération. C'est la notion critique d'un agir communicationnel qui doit permettre de faire obstacle à la «colonisation du monde vécu» par des impératifs systémiques, technicistes ou économiques. La domination des considérations économiques dans les relations humaines, par exemple, pourra apparaître comme une perversion de rapports qui devaient relever de l'entente communicationnelle.

La notion d'agir communicationnel ne remplit pas uniquement une fonction critique, à la lumière d'un idéal dont les chances de réalisation paraissent plutôt minces, elle revendique aussi une force explicative *hic et nunc*. La résistance opposée, depuis les années 60 jusqu'aux mouvements écologiques d'aujourd'hui, à la déshumanisation du monde, provoquée par une économie érigée en valeur absolue, sera expliquée comme la réponse naturelle d'une monde communicationnel au défi de la colonisation fonctionnaliste[2]. La critique de la croissance économique à tout prix, de la menace nucléaire, de la sur-militarisation, du principe de la concurrence dans la société de consommation, de la dévastation écologique et de la pseudo-démocratie surgissent spontanément, pense Habermas, du filon de rationalité contenu dans un agir communicationnel qui commence à prendre conscience de soi (avant qu'il ne soit trop tard). L'explication de Habermas ne manque pas d'ambition : les pathologies de la modernité, en particulier le vide de

1. Selon la terminologie de Habermas (*Vorstudien*, 594, 602), la reproduction symbolique du monde vécu emprunte trois canaux : la continuation d'un savoir valide, la stabilisation de la solidarité de groupe et la formation ou l'éducation d'agents responsables, trichotomie qui s'inspire des trois «mondes» distingués par Habermas : objectif, social et subjectif.

2. TKH II, 579.

sens et l'érosion de la liberté, ne seraient plus imputables, comme le voulait Weber, à la sécularisation des conceptions du monde, mais à l'irruption de la rationalité économique et administrative dans des sphères où devrait prévaloir une rationalité fondée sur l'entente langagière [1]. Les êtres humains, réduits aux rôles de «clients» et de «consommateurs» [2] d'un appareil fonctionnaliste, ne peuvent subir sans réactions pathologiques l'étiolement de leur monde vécu culturel. Habermas détectera sous ces sociopathologies une *réification de la communication*, c'est-à-dire la prise en charge impérialiste des besoins de reproduction sociale d'une communauté par un système économico-technique.

La notion d'agir communicationnel réussit ainsi à préserver l'aiguillon de la critique de la raison instrumentale sans saborder la notion de rationalité, même si la pensée de Habermas s'avère aussi discrète que la théorie critique classique lorsque vient l'heure de passer du diagnostic à la thérapie, de l'explication théorique à une pratique concrète. L'instance, plus ou moins actualisée, de la rationalité communicationnelle permet à la fois d'indiquer les critères d'une critique de la raison fonctionnaliste et de réserver une place à la rationalité technico-scientifique dans un monde irrévocablement moderne.

1. TKH II, 481, 488.
2. TKH II, 523.

VII

L'ÉTHIQUE D'ADORNO

A la fin du premier tome de sa *Théorie de l'agir communicationnel*, Jürgen Habermas reproche à Adorno de ne pas avoir su, ou pu parce que prisonnier de la « philosophie de la conscience », élucider les fondements normatifs sur lesquels repose sa théorie critique de la société. On sait que Habermas tentera de découvrir ces assises normatives dans l'idée d'une rationalité communicationnelle, celle qui se trouve systématiquement opprimée, ou contournée, sous l'empire de la rationalité instrumentale et au nom de laquelle pourra s'effectuer une critique de la société existante. L'importance de cette critique d'Adorno ne saurait être sous-estimée puisqu'elle tisse la toile de fond de la contribution positive que Habermas entend apporter à la théorie critique[1]. Cette confrontation avec Adorno, longtemps différée[2], permet pour la première fois de mesurer jusqu'à quel point Habermas s'identifie à l'héritage de l'École de Francfort. Armé de l'idée d'une rationalité communicationnelle, qui est censée faire éclater le paradigme de la « philosophie de la subjectivité », Habermas s'efforcera, dans la dernière section du second tome de sa *Theorie des kommunikativen Handelns*, de réhabiliter le projet d'inspiration marxiste d'une théorie critique de la société tel que défendu par Horkheimer dans les années trente, projet que parurent laisser tomber Adorno et Horkheimer à partir des années quarante, donc dans la période « pessimiste » de la théorie critique, qui l'apparentait beaucoup plus à Schopenhauer qu'à Marx. Habermas impute l'abandon de ce projet aux apories insolubles de la philosophie de la subjectivité, dont Adorno et Horkheimer n'auraient pu se défaire, même si l'entreprise interdisci-

1. Thèse bien défendue par H. Gripp, *Jürgen Habermas : Und es gibt sie doch – Zur kommunikationstheoretischen Begründung von Vernunft bei Jürgen Habermas*, Paderborn/München/Wien/Zürich, Schöning, 1984.

2. Comme l'a noté R. Bubner, « Rationalität als Lebensform », in *Merkur*, 36, 1982, 343.

plinaire d'une théorie critique et engagée s'inscrivait, sans en tirer les conséquences philosophiques, dans un programme intersubjectif, lequel aurait dû entraîner un désaveu de la philosophie de la conscience[1]. L'habile mise en scène de la somme philosophique de Habermas fait en sorte que le débat avec l'École de Francfort se met en œuvre à la fin de chacun des deux tomes de la *Théorie de l'agir communicationnel*, donc au *climax* de ses deux actes. L'absence de fondements normatifs explicites constitue bien le point de départ de tout ce débat et c'est la seule question qui nous intéressera ici. Faire grief à une philosophie de ne pas rendre compte de ses « fondements normatifs », c'est, si l'on comprend l'éthique au sens de la tradition kantienne, dont se réclame Habermas, comme réflexion sur le *principe* de la morale ou du jugement moral, l'accuser de ne pas posséder d'éthique. Accusation énorme envers l'auteur des *Minima Moralia*, dont Habermas a déjà écrit, mais en 1963, donc avant la parution de la *Dialectique négative* et de la *Théorie esthétique*, qu'ils étaient le chef-d'œuvre d'Adorno[2]. Le propos du présent essai sera de rappeler l'existence et les principes de l'éthique adornienne, dont nous trouverons la plus claire expression dans les *Minima Moralia*, mais aussi d'en marquer les limites théoriques.

Rappeler, disons-nous, parce que les *Minima Moralia* sont peut-être l'ouvrage le plus oublié de l'œuvre d'Adorno. C'est surtout l'impressionnante et complexe *Théorie esthétique* de 1970 qui alimente les débats contemporains et la réception de l'œuvre d'Adorno[3]. On salue généralement dans la théorie esthétique le versant positif de l'austère *Dialectique négative*, qu'Adorno paraissait avoir présentée comme son *opus magnum* en 1966. On y trouve en effet une exposition systématique de son « anti-système ». Si la théorie esthétique en représente l'issue « positive », c'est que la *Dialectique négative* paraît se terminer sur une aporie, sur le constat de l'impossibilité d'une théorie philosophique positive, impossible sans doute parce qu'irrémédiablement totalisante, réificatrice et idéalisante. D'où la nécessité d'une dialectique qui nie constamment ses propres conquêtes concep-

1. Nous nous permettons de renvoyer à nos études : « La réification de Lukács à Habermas », in *Archives de philosophie*, 50, 1987, 627-646 ; « Hat Habermas die Subjektphilosophie verabschiedet ? », *op. cit.*, 25-37 ; « Habermas und das Problem der Individualität », *op. cit.*, 1989, 187-205.

2. J. Habermas, *Philosophisch-politische Profile*, *op. cit.*, 162.

3. Cf. R. Rochlitz, « Expérience esthétique et vérité de l'art. Tendances de l'esthétique allemande », in *Critique*, 450, 1984, 864-877. Il est significatif pour la réception de la pensée d'Adorno de noter que les seuls recueils d'importance à lui être consacrés en France aient paru dans la *Revue d'esthétique*, en 1975 et 1985.

tuelles. Selon bien des commentateurs, dont Bubner, Habermas et Martin Jay, tout se passe comme si Adorno avait voulu démontrer la stérilité du concept philosophique afin de paver la voie à une théorie radicalement et strictement esthétique, sacrifiant les ressources de la *theoria* sur l'autel de l'art. Habermas, et cette constatation vient évidemment consolider son verdict au sujet de l'absence de fondements normatifs chez Adorno, a donc beau jeu de déplorer, au nom de la philosophie et des Lumières, l'abandon des compétences cognitives de la théorie au domaine de l'art[1].

Nous aimerions prendre un peu de distance en regard de ces controverses sur les rapports des deux derniers ouvrages majeurs d'Adorno dans le but de retracer la piste qui conduit au chef-d'œuvre éthique d'Adorno, les *Minima Moralia*, où l'art, la morale et la dialectique forment encore une unité indissoluble. Notre thèse sera que la *prima philosophia*, ou la pensée « positive », d'Adorno n'est pas tant l'esthétique, comme on le croit volontiers aujourd'hui suite aux discussions lancées par l'œuvre posthume de 1970, que l'éthique, l'esthétique n'ayant de sens que si elle se trouve rattachée à un projet éthique, *a fortiori* si l'esthétique en est une de l'avant-garde.

Peut-être n'est il pas entièrement trivial de rappeler que seule la mort subite d'Adorno en 1969 a conféré à la *Théorie esthétique* son statut de testament philosophique. Phénomène hautement significatif pour notre propos, Adorno comptait rédiger un ouvrage de morale *après* sa théorie esthétique, estimant que la *Dialectique négative*, la *Théorie esthétique* et cette éthique « représentaient ce qu'il avait à jeter dans la balance »[2], donc l'essentiel de sa contribution philosophique. Un ouvrage de morale devait ainsi parachever sa philosophie. La disparition prématurée d'Adorno nous engage à repérer dans les *Minima Moralia* les traces de ce qu'aurait pu être le *finale* de son œuvre.

Rédigés de 1944 à 1947 aux États-Unis, les *Minima Moralia* parurent à Francfort en 1951. Après la *Philosophie der neuen Musik* de

1. J. Habermas, *Theorie des kommunikativen Handelns*, *op. cit.*, 1981, tome I, 514; *Der philosophische Diskurs des Moderne*, *op. cit.*, 85, 130-157; R. Bubner, *Modern German Philosophy*, Cambridge University Press, 1981, 181 : « The restriction imposed by theory on itself, which under the name of a negative dialectic contests the guilt in this act, puts reflection out of play merely in order to make the transition to *aesthetics*. Where theory ends, there art begins. » M. Jay, *Adorno*, Harvard University Press, 1984, 154 : « ...strategic withdrawl into aesthetics ».

2. Lettre d'Adorno citée dans la postface à l'édition de l'*Ästhetische Theorie* dans les *Gesammelte Schriften*, tome VII.

1949, ce fut le premier ouvrage philosophique qu'Adorno fit paraître, en son nom propre, en Allemagne au lendemain de la guerre[1] (la *Dialectique de l'Aufklärung* de Horkheimer et Adorno avait été publiée dans une minuscule maison d'édition d'Amsterdam en 1947). De tous les manuscrits composés durant la guerre, et qu'on sait nombreux, c'est donc par l'entremise des *Minima Moralia* qu'Adorno choisit de se présenter au public philosophique allemand, lequel, pour d'évidentes raisons, se montrait très réceptif à la réflexion éthique. On pense, par exemple, aux multiples manifestations de l'existentialisme renaissant, plus particulièrement aux écrits que publie Jaspers à cette époque. Le parallèle en étonnera peut-être certains, mais c'est aussi par une méditation éthique, une *Lettre sur l'humanisme*, que Heidegger, qui ne manquait pas non plus de manuscrits, avait choisi d'introduire sa nouvelle philosophie en 1947. L'Allemagne avait besoin d'une régénération éthique, besoin qui subsiste toujours aujourd'hui et qui explique bien des orientations de la pensée allemande contemporaine, dont le moralisme passe souvent très mal en France, son avant-garde paraissant vouée à la déconstruction (bien que la présence de Lévinas ait fait basculer les mentalités au cours des dernières années), ou dans les pays anglo-saxons, généralement plus pragmatistes. La morale représente donc la porte d'entrée de l'œuvre d'Adorno, mais aussi son point d'arrivée, si l'on accepte de tenir compte de l'ouvrage projeté.

Indissociable de son cadre historique, la morale d'Adorno se veut aussi inséparable de son contexte personnel, comme en témoigne le sous-titre des *Minima Moralia*, «Réflexions à partir de la vie mutilée». Vie qui reflète dans une très large mesure celle d'Adorno lui-même, d'un intellectuel déraciné, condamné à l'exil. Cet aspect personnel du livre en rend parfois la compréhension difficile, seuls les intimes d'Adorno pouvant percer le sens de certaines allusions. Si Adorno livre des réflexions personnelles, ce n'est pas pour des fins autobiographiques, mais pour faire passer une intuition philosophique, le premier article de son éthique : à l'ère du totalitarisme généralisé (le totalitarisme incarnant non pas un facteur politique isolé dans l'espace et dans le temps, mais le dénominateur commun des sociétés industrielles avancées, hypothèse sur laquelle nous reviendrons à la fin de cet essai), la pensée ne peut plus se situer à un niveau universel et abstrait, elle doit séjourner auprès de l'individu et prendre acte de la mutilation que lui ont infligée tous les principes universels (la raison, le progrès, la

1. Cf. aussi H.-G. Holl, «Adorno. Éléments de biographie intellectuelle», in *Archives de philosophie*, 45, 1982, 236.

race, le parti, etc.) et que Ausschwitz aurait fini par discréditer. Ce n'est qu'en se fondant sur l'expérience subjective du malheur que la philosophie peut espérer comprendre l'universel qui gouverne notre époque : « L'analyse de la société peut retirer de l'expérience individuelle incomparablement plus que n'en a convenu Hegel, alors qu'inversement il y a lieu de soupçonner que les grandes catégories de l'histoire peuvent nous tromper, après tout ce qui s'est entre-temps commis en leur nom. (...) Au cours des quelques cent cinquante ans qui se sont écoulés depuis l'apparition de la pensée hégélienne, c'est à l'individu qu'est revenue une bonne part du potentiel contestataire »[1]. Bien loin de rester une pure abstraction, l'évocation de l'individualité s'incarnera dans la personne même d'Adorno, comme si le primat théorique de l'individu devait trouver une application immédiate pour paraître crédible. La méditation sur la vie dégradée bien qu'elle « parte de l'expérience subjective »[2], n'en cherche pas moins à exprimer la mutilation de *tous* les individus au sein de la société, dominée, estime Adorno, par le principe d'échange ou d'identité, comprenons la réduction de l'individualité à une variable économique ou quantitative. La résistance à l'universalité de ce principe, celui de l'interchangeabilité et de l'indifférence de ce qui relève de l'individuel, ne pourra logiquement provenir que de l'expérience subjective. Le subjectivisme – médium qui, pour reprendre une formule naguère à la mode, est aussi message – n'a pas pour autant renoncé à la prétention universelle et totalisante de la philosophie, puisqu'il cherche à traduire l'universelle dépossession de la subjectivité à l'intérieur de la société moderne.

Suivant un principe cardinal de l'esthétique d'Adorno, le contenu des *Minima Moralia*, son option en faveur de l'individualité endommagée, en affectera aussi la forme : le style aphoristique[3], l'unique écriture que puisse épouser la philosophie qui réfléchit sur, ou mieux, qui se veut le reflet de la vie incomplète et fragmentée. L'hostilité envers le système, constante chez Adorno, interdit un déploiement systématique de la réalité éthique, le système personnifiant, si l'on veut, l'antithèse de l'éthique. *Ethos* ou système, paraît dire Adorno, avant Lévinas. L'écriture aphoristique des *Minima Moralia*, qui succède aux « *fragments* philosophiques » de la *Dialectique de la raison* de 1947,

1. Th. W. Adorno, *Minima Moralia* (sigle : M.M.), in *Gesammelte Schriften* (G.S.), tome IV, Francfort, Suhrkamp, 1980, 16; édition Bibliothek Suhrkamp (B.S.), 10-11; trad. fr. *Minima Moralia*, Paris, Payot, 1980, 12.

2. M.M., G.S., IV, 17; B.S., 12; trad. fr. 13.

3. J.-R. Ladmiral y a consacré une étude, « Dialectique négative de l'écriture aphoristique », in *Revue d'esthétique*, 8, 1985, 95-104.

s'inspire directement de Nietzsche, mais elle se trouve mise au service d'une philosophie que l'auteur du Zarathoustra paraissait avoir liquidée, la morale. Adorno – et le renversement est peut-être intentionnel – se sert de la méthode nietzschéenne afin d'accorder une seconde chance à une pensée à laquelle Nietzsche avait fait un procès un peu rapide[1]. La morale d'Adorno ne retourne pas pour autant à la grande morale classique, celle d'un Aristote ou d'un Kant. Nous avons affaire à des *Minima Moralia* et non à des *Magna Moralia*. Une morale en grande pompe ne semble plus viable à l'époque d'Hitler, de Staline et des trusts américains, les trois grands représentants d'un seul et même totalitarisme, croit Adorno, qui ont à jamais défiguré la notion de grandeur. Le philosophe doit se contenter de « petites considérations de morale », lesquelles auront à se ranger du côté des « petits », des laissés-pour-compte dans la société d'échange.

On a assez peu réfléchi sur le sens du titre *Minima Moralia*, même si son opposition aux *Magna Moralia* d'Aristote est régulièrement soulignée[2]. Le titre réunit deux adjectifs au neutre pluriel, neutre latin qu'il est loisible de traduire au singulier (« petite morale »). Toute la question est de savoir lequel des deux adjectifs possède le sens d'un substantif. Si *Moralia* est un un substantif, ce qu'il est dans les *Magna Moralia*, ce seront les « éléments de morale » qui seront « minimes », incomplets, donc aphoristiques. Et si *Minima* avait le poids d'un substantif ? Dans ce cas, que rien ne paraît exclure (car *Moralia* traduit *ethika*, neutre pluriel de l'*adjectif ethikos*), ce seraient les « petits » ou ce qui est petit qui seraient qualifiés de moraux. Adorno n'étant pas un champion de l'univocité, nous pensons que les deux lectures ont peut-être été voulues.

Qualifier ce qui est petit de moral peut aussi vouloir dire plusieurs choses. Ce peut être, d'une part, l'option minimaliste, ou aphoristique, de l'entreprise philosophique qui serait « morale » ; s'en tenir au minime serait philosophiquement moral suite à l'échec des grands systèmes. Mais le titre pourrait, d'autre part, signifier que la moralité se trouve du côté des petits, des « quantités négligeables » au sein de la société. On peut ici penser aux individus eux-mêmes, qui n'ont appa-

1. Nouveau procès qui s'articule dans les aphorismes 60 et 61 des M.M., titrés « Un mot pour la morale » et « Cour d'appel ».

2. Cf., par exemple, G. Rose, *The Melancholy Science : an Introduction to the Thought of Theodor W. Adorno*, New York/London, Columbia University Press, 1978, 17 ; S. Buck-Morss, *The Origin of Negative Dialectics : Theodor W. Adorno, W. Benjamin and the Frankfurt School*, New York, Free Press, 1977, 180, n. 146 ; cf. aussi la couverture du tome IV des G.S.

remment aucun poids dans le mécanisme de production capitaliste, ou encore aux marginaux, comme les artistes ou les philosophes. Chose certaine, Adorno élève la petitesse, le minimalisme, à un rang moral, principe minimaliste qui servira de fondement à sa propre morale[1]. Nous découvrons ici l'un des « fondements normatifs » de l'éthique d'Adorno : dans une société où la notion de grandeur a été confisquée par l'ordre quantitatif (du pouvoir et de l'argent), la morale émigre du côté des laissés-pour-compte, des parias de la société, les seuls à sauvegarder le sens de ce qui paraît minime aux yeux de l'universel régnant, l'individualité.

Les premières lignes des *Minima Moralia* préciseront ce qu'il faut entendre par morale : « le triste savoir dont j'offre quelques fragments à celui qui est mon ami concerne un domaine qui, il y a maintenant bien longtemps, était reconnu comme le domaine propre de la philosophie ; mais depuis que cette dernière s'est vue transformée en pure et simple méthodologie, il est voué au mépris intellectuel, à l'arbitraire sentencieux et, pour finir, à l'oubli : il s'agit de la doctrine de la juste vie »[2]. Texte précieux, car il rappelle que le domaine propre de la philosophie est celui de la morale, définie comme doctrine de la juste vie, de la bonne vie, en un mot, du bonheur, intuition commune aux deux grandes éthiques de la tradition, celles d'Aristote (père de l'expression εὖ ζῆν) et de Kant (qui voit dans la doctrine du souverain bien, on l'oublie unanimement, la fin ultime de la philosophie[3]). La *prima philosophia* d'Adorno, en 1951 à tout le moins, relève donc bien de la morale, et non de l'esthétique ou de la sociologie. Dans le texte que nous venons de citer, Adorno constate, non sans raison, que la doctrine du bonheur paraît bannie des philosophies dominantes. Le méthodologisme, qu'il évoque ici, paraît confiner la philosophie à la réflexion sur les sciences. Quant à l'autre courant dominant, l'ontologie phéno-

1. La dernière page de la *Negative Dialektik* (*op. cit.*, 397 ; tr. fr. *Dialectique négative*, *op. cit.*, 317) parlera à ce sujet d'une « émigration de la métaphysique dans la micrologie ».

2. M.M., G.S. IV, 13 ; B.S., 7 ; tr. fr. 9.

3. Citons donc le texte le plus clair de la *Kritik der praktischen Vernunft*, Ak. V, 108 ; tr. fr. in E. Kant, *Œuvres philosophiques*, tome II, Paris, Gallimard, Bibliothèque de la Pléiade, 739-740 : « Déterminer cette idée pratiquement [celle du souverain Bien], c'est-à-dire d'une façon suffisante pour la maxime de notre conduite raisonnable, relève de la *doctrine de la sagesse*, et celle-ci, en tant que *science*, est la *philosophie*, au sens où entendaient ce mot les Anciens, pour qui la philosophie consistait à enseigner le concept dans lequel il faut placer le souverain Bien, ainsi que la conduite à suivre pour l'acquérir. Il serait bon de laisser à ce mot son ancienne signification, en entendant par là une *doctrine du souverain Bien*, dans la mesure où la raison s'efforce d'y parvenir à la science ».

ménologique de Heidegger, dont il n'est pas directement question ici[1], il paraît privilégier l'ontologie au détriment de l'éthique. Adorno invite donc la philosophie à redécouvrir sa vocation éthique originelle. La doctrine du bonheur ne constituera toutefois pas un gai savoir, mais un « triste savoir ». Pourquoi ? Parce que, écrit Adorno, « il ne peut y avoir de vie juste dans un monde qui ne l'est pas (*es gibt kein richtiges Leben im falschen*) »[2]. L'écart qui sépare la juste vie de l'injustice du présent explique la nécessité de *Minima Moralia*, d'une morale qui ne peut espérer être totale (*magna*) et qui s'aligne, pour l'instant, sur les infimes éléments moraux qu'elle décèle en marge de la société. Dans un contexte de vie injuste, faussée (*im falschen*), l'éthique d'Adorno sera moins une doctrine du bonheur que du malheur qui prévaut dans les affaires humaines. Le fragment « Pour Voltaire » de la *Dialectique de la raison* l'annonçait bien : « Plutôt que le bien, c'est le mal qui est l'objet de la théorie. (...) Son élément est la liberté, son thème, l'oppression »[3]. Au milieu d'un monde corrompu, la philosophie, dont l'office a toujours été de dire ce qui est, devra se résigner à être la doctrine de la vie pervertie. Et la philosophie paraît être la seule instance susceptible de transcender, par la pensée, la fausseté du monde, la praxis n'en étant plus capable depuis la soumission silencieuse du prolétariat aux intérêts du capital, assujettissement rendu possible et à peine perceptible par le conditionnement idéologico-culturel des masses (selon la théorie du complot qui aiguillera la sociologie de la culture d'Adorno). La philosophie qui voudrait être autre chose que la pensée du monde faux apparaît superflue. Répondant à la question « Pourquoi y a-t-il encore de la philosophie ? », Adorno écrit : « la persistance de la souffrance, de l'angoisse et de la peur contraint la pensée, à laquelle une réalisation ne fut pas permise, à ne pas se saborder (*sich wegzuferfen*) »[4]. L'éthique, dans un monde qui ne l'est pas, demeure la seule raison d'être de la philosophie. La philosophie

1. L'opposition viscérale à la philosophie de Heidegger n'apparaîtra qu'après les *M.M.* et en réaction à l'immense popularité dont bénéficiera Heidegger après la guerre et qu'Adorno ne pouvait prévoir, ni même imaginer pensable, au moment de la rédaction des *M.M.* en 1944-47.

2. M.M., aph. 18, G.S. IV, 43 ; B.S., 42 ; tr. fr. 36.

3. M. Horkheimer et Th. W. Adorno, *Dialektik der Aufklärung*, Amsterdam, Querido, 1947, 258 ; Francfort, Fischer Taschenbuch, 1971, 195 ; tr. fr. *Dialectique de la raison*, Paris, Gallimard, 1974, 231-2. Sur cette primauté de la négativité en éthique, cf. la somme récente de H. Krämer, *Integrative Ethik*, Francfort, Suhrkamp, 1992, 234.

4. *Eingriffe*, in G.S. X, 2, 470 ; Francfort, Suhrkamp Taschenbuch Wissenschaft, 1969, 24 ; tr. fr. (modifiée) *Modèles critiques*, Paris, Payot, 1984, 20.

qui contourne la persistance du malheur pour traiter, par exemple, des sciences ou de l'être, peut tranquillement se jeter à la poubelle, dit littéralement le texte d'Adorno. Après le sens de l'individualité, l'omniprésence de la souffrance incarne la seconde grande motivation normative de l'éthique adornienne.

Sombre savoir que celui de cette éthique et que paraît résumer le mot de Bradley, *where everything is bad, it must be good to know the worst*, qu'on lit en exergue à la seconde partie des *Minima Moralia*. Mais pourquoi est-il bon de connaître le pire ? La réponse n'affleurera que dans le dernier des aphorismes des *Minima Moralia*, *Zum Ende*, la *conclusion* du livre qui préfigure aussi la *fin* du malheur : « la négativité parfaite, une fois regardée en face, se concentre en écriture spéculaire de son contraire »[1]. La rédemption ne devient pensable, et elle n'est guère que pensable, sa réalisation apparaissant de plus en plus illusoire, qu'à travers un parcours lucide du malheur intégral. Tout espoir positif dans le contexte de la société d'aujourd'hui ferait violence à la perpétuation systématique de la souffrance. Un tabou messianique pèse sur toute représentation positive du salut. C'est que rien ne permet d'envisager le salut dans le monde contemporain, l'idée de bien absolu ayant été irréparablement discréditée par l'américanisme, le nazisme et le stalinisme qui prétendaient en posséder la recette. La théorie critique se conduira au nom d'un idéal de bonheur et de justice qui verra à rester radicalement négatif. Or ce fondement normatif, plus intuitif que discursif, mais peut-être doit-il en être ainsi de la réalité morale, suffit largement au propos d'une théorie critique de la société. A-t-on vraiment besoin d'un étalon normatif beaucoup plus précis pour combattre l'injustice ? Est-il indispensable d'épeler les fondements normatifs d'une critique du génocide et de la manipulation totalitaire des masses ? Aux yeux d'Adorno, le philosophe qui viendrait demander « au nom de quoi pourfendez-vous la déraison (en l'occurence l'extermination des juifs) ? » apparaitrait dépourvu de toute espèce de sensibilité éthique. Ainsi que le confiera Horkheimer peu après la mort d'Adorno, nous ne savons pas ce qu'est le bien absolu – il serait démagogique de le proclamer –, mais nous pouvons indiquer où se trouve le mal[2]. Ce n'est pas le bien – et quel être fini voudrait le définir ? – mais le mal – et qui voudrait en nier l'existence ? – qui sert d'aiguillon normatif à l'éthique, la philosophie première.

1. M.M., aph. 153, G.S. IV, 281 ; B.S., 334 ; tr. fr. 230.

2. « La théorie critique hier et aujourd'hui » (1970), in *Théorie critique*, Paris, Payot, 1978, 361.

Cependant Adorno ne parle guère qu'en termes très globaux du mal et de l'injustice. Si on lui demande de spécifier ce qui est mal, il n'hésite pas à répliquer : tout ! *Das Ganze ist das Unwahre*, promulgue l'apophtegme le plus célèbre des *Minima Moralia*[1]. « Tout est faux », pourrait-on traduire, thèse à dimension apocalyptique qui rend le plus noir des verdicts sur la perversité du monde et qui paraît réduire l'éthique d'Adorno à un « traité du désespoir »[2], la confinant à ce que Lukács avait surnommé le « Grand Hotel Abîme ». L'on ne sort de l'abîme du désespoir élevé au rang de principe, et qu'attestent dans les écrits esthétiques d'Adorno les hommages rendus à Beckett et Kafka, que si l'on soumet l'aphorisme « le tout est le non vrai » à une lecture plus dialectique. Adorno entend certes condamner la fausseté du monde dans son ensemble, mais il le fait en transformant le mot d'ordre de la *Phénoménologie* de Hegel, « le tout est le vrai », dont le propos était d'insister sur la nécessité d'un point de vue totalisant, qui n'est justement plus un « point de vue », dans la saisie de la vérité, la non-vérité d'une perspective partielle paraissant aller de soi. La subversion du mot de Hegel sous la plume d'Adorno a pour fonction précise de repousser ce privilège de la totalité dans l'appréhension du vrai. C'est la catégorie de totalité elle-même qui se voit frappée d'interdit. Et la totalité est décrétée fausse en ce qu'elle ne ferait pas justice aux individualités dont elle aplanirait les différences, confirmant à sa façon l'hégémonie du principe d'identité. Dans un aphorisme intitulé « Pour une morale de la pensée », Adorno affirme que la « reconnaissance tacite d'un primat de l'universel par rapport au particulier, voilà justement en quoi réside non pas seulement l'illusion de l'idéalisme, qui hypostasie les concepts – mais aussi son inhumanité qui, à peine l'a-t-on appréhendé, ravale le particulier au rang d'un simple moment intermédiaire et, finalement, ne conclut sa paix que trop facilement avec la souffrance et la mort, au nom d'une réflexion qui n'intervient en fait qu'au plan de la réflexion »[3]. C'est avant tout l'injustice, voire l'inhumanité de la catégorie idéaliste de totalité que récuse Adorno.

Le mot « le tout est le non-vrai », si l'on y lit à la fois une dénonciation de la société dans son ensemble (tout est faux) et une critique de la catégorie de totalité (méfions-nous des totalisations), se meut cependant au sein d'une contradiction manifeste. Adorno cloue au pilori la notion philosophique de totalité dont il se sert lui-même pour condam-

1. Aph. 29, G.S. IV , 55 ; B.S., 57 ; tr. fr. 47.

2. Selon l'expression de J.-L. Geonard dans son compte rendu de l'édition française des M.M., in *Revue de l'Institut de sociologie*, 1981, 478.

3. M.M., aph. 46, G.S. IV, 81 ; B.S., 90 ; tr. fr. 72.

ner la fausseté du réel. L'usage du concept de totalité dans le jugement « tout est faux » n'est-il pas en soi illégitime ? Il l'est de toute évidence puisqu'il reste possible à quelques sains d'esprit de dénoncer l'apparente insanité générale et d'entrevoir un monde tout à fait autre. Si Adorno demeure capable d'épingler l'immoralité généralisée, c'est bien parce que tout n'est justement pas perverti de fond en comble, le philosophe y échappant en vertu de sa résistance éthique. La récusation du principe de totalité doit entraîner celle des jugements totalisants qu'il arrive à Adorno de porter sur la société actuelle. Sans doute faut-il mettre les condamnations totalisantes de la société au compte des exagérations et des dramatisations rhétoriques de la théorie critique, exagérations qui ne sont pas diamétralement contraires à la vérité, mais qui, comme le sait tout caricaturiste, peuvent aussi servir sa cause. Il n'en demeure pas moins que l'anathème totalisant qui frappe la société actuelle contrevient à la limitation critique de la notion de totalité dans les *Minima Moralia*.

Mais comment, dans un contexte de répression presque totale, justifier le privilège de l'intellectuel capable de surplomber le réel et d'en percer la fausseté ? S'agit-il, comme l'ont pensé plusieurs, d'un élitisme non fondé ? Pas tout à fait. La réalité que démasque Adorno, celle du monde totalement administré, en est une qui relègue la réflexion critique, et intellectuelle en général, à la marginalité. Il n'est dès lors pas entièrement déraisonnable de croire qu'il faille se tenir *en marge* du système afin d'en pénétrer le mécanisme, extériorité qui découvre le potentiel critique, sinon révolutionnaire, des marginaux, qui se feront les porte-parole, mais sans mandat, d'un prolétariat assimilé aux intérêts de la classe dominante. Selon Adorno, les intellectuels et les artistes se savent à ce point mis au ban de la société qu'ils doivent refuser de collaborer à quelque affirmation positive que ce soit des valeurs de l'idéologie dominante, se résignant à produire des œuvres résolument « négatives ». Le négativisme absolu, qu'illustrent les œuvres de Beckett, Kafka et Adorno, préserve l'utopie du tout autre du fait même qu'il renonce à dire autre chose que la négativité du monde ambiant, la normativité positive ayant été usurpée par les slogans de l'idéologie. La seule attitude responsable, éthique, devient alors celle de la négation d'une rédemption possible sous les conditions présentes. Le négativisme de l'art et de la théorie philosophique se veut l'écho de la négation qu'oppose l'individualité à l'universel dominant, celui du principe d'échange ou d'identité. Le négativisme, philosophique ou esthétique, veut faire parler *la négation de l'individuel*, au double sens du génitif : dénonçant la négation (disons la liquidation) des individus qu'exerce le principe de l'échange universel, lequel ne peut être contré que par la négation (disons la résistance) pratiquée par les individus.

La « négation de l'individu », dans sa double acception, nous paraît être le mot d'ordre de l'éthique d'Adorno, normativement fondée sur les principes de l'individualité et du mal absolu. Il justifie son parti pris en faveur de la contingence, de la particularité et, bien sûr, de l'art, condamné à l'absolue marginalité dans le monde totalement administré. Nicolas Tertulian a donc bien raison d'apercevoir « le *principium movens* de la réflexion d'Adorno » dans « la volonté de défendre, sur tous les plans, les droits imprescriptibles du singulier, du particulier, de l'individuel, contre la pression envahissante des mécanismes supra-personnels, contre la puissance dominatrice des systèmes totalitaires, contre l'hégémonie répressive de ce qu'il appelle la « mauvaise universalité » », sa philosophie se voulant « le porte-parole de la singularité outragée, d'une réalité trop longtemps déconsidérée, d'après lui, par les systèmes de pensée traditionnels (y compris celui de Hegel), ceux qui auraient été bâtis sur la prééminence du concept et de la totalité au détriment du non-conceptuel et des moments particuliers »[1]. Adorno veut enclencher une réorientation de la philosophie première dans le sens de l'individualité, gommée par la tradition philosophique, mais qui pourrait ressusciter des cendres de l'universel dont le totalitarisme aurait été la plus complète et la plus catastrophique réalisation. « La théorie se trouve renvoyée à ce qui est de travers (*aufs Quere*), opaque, non encore élucidé, qui possède de ce fait des traits anachroniques mais sans être totalement désuet parce qu'il a su déjouer la dynamique de l'histoire »[2], « le coup d'œil sur ce qui est isolé (*aufs Entlegene*) », représentant, lance Adorno sous forme d'ultimatum, « la dernière chance pour la pensée »[3]. Cette réorientation gouverne toute la logique des *Minima Moralia*, dont la devise pourrait être ce texte de la préface : « Au regard de l'unanimité totalitaire qui, à la criée, est prête à faire passer l'idée que le sens de l'individu est dans l'élimination immédiate de sa différence, il est même permis de penser que quelque chose des possibilités libératrices de la société a reflué pour un temps dans la sphère de l'individuel. Il n'y a pas que mauvaise conscience pour la théorie critique à s'y attarder »[4].

1. N. Tertulian, « Lukács, Adorno et la philosophie classique allemande », in *Archives de philosophie*, 47, 1984, 192-193.
2. M.M. aph. 98, G.S. IV, 170 ; B.S., 200 ; tr. fr. (modifiée) 143.
3. M.M. aph. 41, G.S. IV, 74 ; B.S., 82 ; tr. fr. (modifiée) 66.
4. G.S. IV, 16 ; B.S., 11 ; tr. fr., 12.

Avouer qu'il n'y a pas que mauvaise conscience pour la théorie de séjourner auprès de l'individuel, c'est, bien sûr, avouer qu'elle n'est pas tout à fait absente. Une théorie marxisante ne s'engage pas sans périls idéologiques en faveur des droits de l'individu. Le risque consiste à faire du primat de l'individuel une norme positive et exclusive, et d'apporter ainsi de l'eau au moulin de l'apologie libérale de l'individualité. La mauvaise conscience se souvient de la critique marxienne qui avait voulu démasquer dans le monadisme bourgeois le fondement idéologique du processus de production capitaliste, la monadisation bloquant, semble-t-il toute prise de conscience et toute révolution collectives.

Adorno s'appliquera donc à distinguer le sujet bourgeois de l'instance individuelle à laquelle en appelle sa théorie critique, bien au fait que «cet état dans lequel l'individu disparaît est en même temps celui de l'individualisme forcené où «tout est possible»»[1]. Décidément, il n'y a rien de simple dans le projet éthique d'Adorno! On ne s'attaque pas à l'universel *in abstracto* afin de retourner à l'individuel purement et simplement – comme l'avait fait Kierkegaard, âprement critiqué par Adorno (peut-être parce qu'il en a senti la trop grande proximité?) depuis l'un de ses premiers ouvrages[2] – mais afin de dégonfler l'universel régnant, celui de la soumission de l'individu aux règles de l'échange et de l'économie. Sa répudiation emporte aussi sa conception monadique de l'individualité, subjectivité unidimensionnelle dépouillée de spontanéité et de personnalité, contrainte à se plier à une concurrence brutale afin d'assumer sa propre survie, concurrence qui contribue à isoler idéologiquement les sujets et à étouffer toute mise en cause de l'ordre établi.

Si la théorie critique s'en prend à cette subjectivité bourgeoise, qui pulvérise en réalité l'individualité propre à chacun, c'est au nom d'une individualité délivrée du joug de principe d'identité, capable de briser l'isolation hobbesienne des particuliers. Cette libération s'accompagnerait d'une redéfinition des rapports de l'individuel et de l'universel: «La connaissance ne peut apporter un élargissement des perspectives que là où elle s'attache à l'individuel avec une telle insistance qu'elle finit par le dégager de son isolement. Certes, cela suppose aussi un certain rapport à l'universel, toutefois ce n'est pas celui de la subsomp-

1. M.M. aph. 97, «La monade», G.S., 168; B.S., 197; tr. fr. = 141.
2. La thèse d'habilitation *Kierkegaard : Konstruktion des Asthetischen*, in G.S. II.

tion mais presque le contraire»[1]. C'est-à-dire le contraire d'une subsomption du particulier sous l'universel, qui ne peut être que la soumission de l'universel au particulier, l'idée d'une intégrale autodétermination de l'individualité (quoiqu'elle ne saurait être envisageable dans le contexte actuel) et dont pourrait dépendre la constitution future de l'universel, entendons l'organisation rationnelle de la société. Adorno reste toutefois prudent : «presque le contraire», glissait-il. Pourquoi ce «presque»? Sans doute afin d'éviter que le programme d'une subsomption de l'universel sous le particulier ne devienne un nouveau slogan, une solution affirmative, par trop facile, aux apories profondes de la société contemporaine. «Presque» est l'un des maîtres mots de la philosophie d'Adorno. Il caractérise l'indécision systématique d'une pensée ouverte ou dialectique, c'est-à-dire qui refuse toute position définitive, dans le but de sauvegarder la part de l'imprévisible, de la nuance, du fugitif, de l'incommensurable, du micrologique, du non dogmatique, en un mot, de l'individuel. L'ouverture du «presque» commandera encore la toute dernière phrase des *Minima Moralia* : «comparée à l'exigence à laquelle elle doit faire face, la question concernant la réalité ou l'irréalité de la rédemption devient presque indifférente»[2]. C'est laisser entendre que la pensée critique ne saurait, sans torpiller sa raison d'être, demeurer indifférente à la perspective d'une rédemption réelle, mais l'impossibilité apparente, et peut-être temporaire, de sa réalisation ne doit pas détourner la théorie de sa fin ultime, l'accomplissement du souverain bien, d'autant plus nécessaire qu'il est invraisemblable.

Le temps est venu de conclure et de signaler les limites théoriques de cette éthique. Le premier intérêt des *Minima Moralia* est de rappeler à la philosophie qui se serait «égarée» sur les voies de l'épistémologie et de l'ontologie que sa vocation est avant tout éthique. Le besoin de la philosophie prend racine dans l'idéal normatif d'une juste vie. Or cette juste vie n'apparaît pas réalisable en un monde qui ne l'est pas. La prééminence du mal devra dès lors servir de fondement normatif à l'éthique, attentive aux infimes traces d'une individualité susceptible de résister à l'ordre existant et d'annoncer une nouvelle constellation des rapports du particulier et de l'universel. L'éthique d'Adorno ne manque donc pas d'assises normatives définissables.

1. M.M., aph. 42, «Pour une morale de la pensée», G.S. IV, 81 ; B.S., 90-91 ; tr. fr. 72.
2. Aph. 153, G.S. IV, 281 ; B.S., 334; tr. fr. 230.

Ce qui paraît plus attaquable chez Adorno, c'est sa conception beaucoup trop générale et machiavélique du malheur qui grève les sociétés de son temps, comme si l'« oppression » de l'individualité était la même dans les pays totalitaires et les démocraties libérales. Il est purement démagogique de mettre dans un même sac le totalitarisme hitlérien ou stalinien et celui du capitalisme américain. Une théorie critique se doit d'élaborer une conception plus différenciée du mal absolu. Il est d'abord intenable et contradictoire de prétendre que tout est faux. Adorno l'a reconnu lui-même en soulignant l'injustice inhérente à tout concept totalisant[1]. Présupposer l'intégrale corruption de la société, c'est miner la possibilité même de son propre discours. La condamnation globalisante du réel, qu'Adorno pratique malgré lui, doit sans doute se comprendre à partir du contexte historique qui la rendit possible. Les thèses fondamentales d'Adorno ont été conçues à une époque où il était encore possible de penser que le totalitarisme représentait la dernière et peut-être l'ultime forme des sociétés modernes. Le régime soviétique, le plus avancé à l'aune de l'histoire universelle d'obédience marxiste, avait débouché sur un totalitarisme irréversible. L'Allemagne venait de démontrer qu'une société hautement cultivée pouvait aussi aboutir à la plus abominable des barbaries. Le projet des Lumières semblait donc avoir échoué, car ni une doctrine émancipatrice, comme le marxisme, ni un haut degré de civilisation ne paraissaient prémunir les sociétés modernes contre l'inhumanité systématique. Que reste-t-il suite au crépuscule de la civilisation avancée et du discours émancipateur ? La démocratie occidentale ? Adorno n'a pas su trouver de contrepoids digne de crédibilité dans la société américaine, le troisième foyer de ses réflexions sur le fascisme. La pseudo-démocratie et la culture de masse à l'américaine lui semblaient obéir à la même logique totalitaire. Encore une fois, ceci peut s'expliquer par des considérations biographiques, et qu'il ne nous paraît légitime de faire intervenir ici que parce que nous avons affaire à une éthique enracinée dans l'autobiographique. Héritier, malgré lui, d'un certain puritanisme esthétique, sinon politique, Adorno n'a toujours éprouvé que de l'aversion pour les manifestations de la culture populaire américaine, qu'il s'agisse du jazz ou du cinéma[2]. Personnellement incapable de reconnaître quelque mérite artistique à la culture

1. Cf. aussi M. Theunissen, « Negativität bei Adorno », in L. von Friedeburg und J. Habermas (éd.), *Adorno-Konferenz 1983*, Francfort, Suhrkamp, 1983, 49 : « Ein totaler Negativismus, also der Nihilismus im vulgären Verstande, würde nach Adorno sich selbst aufheben ».

2. M. Jay, *op. cit.*, 43.

de masse, Adorno n'y a toujours vu rien d'autre que le produit d'une gigantesque conspiration de ce qu'il a appelé l'industrie culturelle et dont l'unique magistère lui paraissait être d'assujettir la psyché des masses aux impératifs du capital. Les thèses d'Adorno sur la culture de masse ne manquent certainement pas de perspicacité, mais n'est-il pas un peu naïf, sinon débile, de n'évaluer la culture populaire au sein des démocraties occidentales qu'à travers la grille d'une machination des grands trusts industriels ? Cette hypothèse n'a pu germer que dans l'esprit d'un émigrant ou d'un *outsider* comme Adorno, pour qui la culture de masse apparaissait trop artificielle pour prétendre à quelque authenticité, trop factice pour ne pas paraître suspecte. Comme si ce qui semble artificiel à un *outsider* devait être le produit d'un complot secret du capitalisme tardif, forcé de laver le cerveau des masses pour se maintenir. Sur ce point, Adorno nous paraît victime d'une illusion ethnocentrique qui l'a conduit à mesurer la culture américaine à l'aide des critères de sa propre culture, combien plus élitiste. La théorie de l'industrie culturelle chez Adorno trahirait pour une large part son incapacité, largement documentée, à s'ouvrir à une autre culture que la sienne.

L'aversion d'Adorno pour l'*Aufklärung* technologique plonge peut-être ses racines dans un puritanisme analogue et doit aussi s'éclairer à partir de son contexte socio-culturel. Rappelons que l'irruption de la technique dans la vie de tous les jours est le fait du XXᵉ siècle (pensons simplement au téléphone, aux automobiles, aux avions, à la radio, à la télévision, à l'électroménager et, maintenant, aux ordinateurs). Comme plusieurs intellectuels de sa génération, dont Heidegger, Adorno a été élevé dans un univers pré-technique et culturellement conservateur, hostile à l'invasion de la technologie. Adorno n'était pas le seul intellectuel de son temps à croire que l'apparition de la technique et du totalitarisme dans la première moitié du XXᵉ siècle étaient deux faces d'un seul et même phénomène. En 1940, les écrits d'Orwell en font foi, il n'était ni rare, ni absurde de penser que l'avancement de la technologie servait avant tout les fins du totalitarisme. La radio et le cinéma paraissaient rendre pour la première fois possible un conditionnement idéologique des masses, donc l'élimination de l'individualité, de la différence, de la dissidence, condition de toute société totalitaire. Il n'est pas douteux que la technologie puisse servir d'instrument de contrôle et d'oppression, mais n'est-il pas un peu rapide de confondre l'émergence de la technique et le phénomène totalitaire ? Le totalitarisme ne disparaîtra pas de sitôt de la surface du globe, mais il a probablement existé bien avant la technologie moderne.

Et les sociétés où la technique enregistre aujourd'hui les plus grandes avancées ne sont pas des sociétés totalitaires, bien au contraire. Depuis Adorno, l'histoire nous a enseigné à distinguer les deux phénomènes.

Ainsi, l'éthique d'Adorno ne souffre pas d'une absence de fondements normatifs, car elle en affiche de très vigoureux, mais d'un manque de différenciation, incompatible finalement avec sa répudiation de la totalité au nom de l'individualité différante. Il paraît irrecevable de confondre totalitarisme et *Aufklärung* ou encore de réduire la culture de masse à une pure et simple machination idéologique. L'éthique adornienne pèche par excès de totalitarisme dans sa propre critique de la société moderne, mais non en vertu d'une absence de principes moraux, mais peut-être à cause d'un moralisme débordant. L'excès de la critique du totalitarisme culturel chez Adorno est directement proportionnel à l'excès de déraison que signifie Ausschwitz. Le simple fait que le monde de son temps ait pu donner naissance à Ausschwitz paraissait justifier son désaveu le plus total et la mise en question de ses balises idéologiques déclarées, celles des Lumières, qui avaient été impuissantes à freiner la montée du totalitarisme. L'éthique d'Adorno s'est développée en réaction à son propre temps. Elle est donc située, comme doit l'être toute méditation éthique, mais aussi situable, donc relativisable. Quarante ans après les *Minima Moralia*, peut-être n'est-il pas contre-indiqué de mettre l'indignation morale d'Adorno et son option en faveur d'une individualité dissonante au service d'une critique plus différenciée des idéologies totalitaires.

C.

L'herméneutique elle-même

VIII
L'HERMÉNEUTIQUE COMME SCIENCE RIGOUREUSE SELON EMILIO BETTI

La philosophie herméneutique contemporaine jouit d'une réputation assez relativiste. On y aperçoit généralement une ligne de pensée qui glorifie l'historicité et dont l'insistance sur le perspectivisme de la compréhension ne peut conduire qu'à l'abandon de la notion classique d'objectivité. L'herméneutique serait ainsi une version, voire le dénominateur commun du post-modernisme ambiant, pluraliste et pragmatique, pour lequel toutes les interprétations seraient équivalentes. C'est oublier que l'herméneutique est née pour défendre l'objectivité dans le monde de l'interprétation. De l'antiquité jusqu'au XIXe siècle, l'herméneutique a voulu être une science normative des règles de l'interprétation dans des disciplines comme l'exégèse, la philologie et le droit. Vers la fin du XIXe siècle, on a commencé à chercher dans l'herméneutique une méthodologie des sciences humaines, étant entendu que celles-ci, à la différence des sciences exactes, fondées sur l'induction ou l'observation, étaient des sciences interprétatives[1]. Si Schleiermacher fut le grand maître à penser de cette tradition méthodologique, il n'a pas lui-même rattaché l'herméneutique au problème de l'auto-justification épistémologique des sciences humaines, l'essor de la distinction entre sciences pures et sciences humaines datant de la seconde moitié du XIXe siècle. Les grands pionniers de la méthodologie des sciences non

1. Depuis Popper et Kuhn nous savons que les sciences pures reposent aussi sur des interprétations, si bien que l'herméneutique pourrait être appelée à devenir une épistémologie générale. Mais les représentants de l'herméneutique continentale croient souvent avoir donné congé à toute problématique épistémologique (cf. à ce propos les remarques critiques de T. Rockmore, « Herméneutique et épistémologie », in *Archives de philosophie*, 53, 1990, 547-558). C'est donc au sein même de l'épistémologie des sciences dans la tradition analytique qu'a été découvert le caractère herméneutique des sciences exactes, chez des auteurs aussi différents que Feyerabend, Rorty, Goodmann et Kuhn.

exactes furent August Boeckh, qui proposa une théorie différenciée de l'herméneutique dans sa méthodologie des sciences *philologiques*[1] et Johann Gustav Droysen, qui l'imita en livrant une méthodologie des sciences *historiques*, où le mot «herméneutique» n'apparaît cependant pas une seule fois[2]. Néanmoins, toute la théorie de Droysen se fonde sur la notion de *Verstehen*, héritée du romantisme, et on a justement salué dans son *Historik* la première fondation herméneutique de la science historique[3].

C'est ordinairement à Dilthey qu'on reconnaît le mérite d'avoir voulu faire de l'herméneutique une méthodologie des sciences humaines. Il est sûr que le grand problème de Dilthey était celui d'une fondation épistémologique des sciences humaines, annoncée sous le titre d'une critique de la raison historique. Même s'il s'intéressa très tôt à Schleiermacher et à son herméneutique[4], il ne semble pas avoir établi de lien étroit entre ses recherches méthodologiques et l'herméneutique avant la fin de sa carrière. Dans le premier tome de son *Introduction aux sciences humaines* de 1883 (le second tome ne parut jamais[5]), et ses publications connexes, c'est plutôt dans une psychologie descriptive qu'il a voulu trouver un fondement épistémologique aux sciences humaines, mais sans jamais parvenir à des résultats définitifs, comme en témoigne l'état souvent fragmentaire de ses écrits. En 1900, il prononça une conférence sur les origines de l'herméneutique où il reprenait l'essentiel de ses recherches sur la genèse de l'herméneutique de Schleiermacher qu'il avait conduit au début de sa carrière, mais sans les publier. Sauf erreur, c'est dans cette conférence qu'il formula pour

1. A. Boeckh, *Enzyklopädie und Methodenlehre der philologischen Wissenschaften*, 2. Auflage, Leipzig, 1886; repr. : Wissenschaftliche Buchgesellschaft, Darmstadt, 1966.

2. J.G. Droysen, *Historik. Vorlesungen über Enzyklopädie und Methodologie der Geschichte*, 7. Auflage, München, 1937; repr. : Wissenschaftliche Buchgesellschaft, Darmstadt, 1977 (seul l'adjectif grec ἑρμευτική fait une petite apparition en p. 324).

3. Cf. l'introduction de G. Birtsch et J. Rüsen à leur édition de J.G. Droysen, *Texte zur Geschichtstheorie*, Vandenhoeck, Göttingen, 1972, 6.

4. Dilthey remporta le prix de la Fondation Schleiermacher en 1860 grâce à son étude *Das hermeneutische System Schleiermachers in der Auseinandersetzung mit der älteren protestantischen Hermeneutik*, laquelle ne parut qu'en 1966 dans l'édition des *Gesammelte Schriften*, hrsg. von M. Redeker, Band XIV/2, Vandenhoeck, Göttingen, 595-787. Sa thèse de doctorat de 1864 porta sur l'éthique de Schleiermacher. En 1867 et 1870 il publia le premier tome de sa biographie de Schleiermacher.

5. On en trouve une certaine reconstruction dans l'important tome XIX des *Ges. Schriften*, Vandenhoeck, Göttingen, 1982 (cf. à son sujet notre compte rendu in *Archives de philosophie*, 48, 1985, 685-688).

la première fois l'idée que l'herméneutique puisse servir de fondement aux sciences humaines en définissant les règles rigoureuses de l'interprétation, mais il le fit surtout dans des additions manuscrites qui ne parurent que dans le tome V de ses *Gesammelte Schriften* en 1924. Il demeure que Dilthey n'a lui-même jamais vraiment défini ces règles et que l'herméneutique méthodologique des sciences humaines en est restée chez lui à l'état de projet. Au reste, les recherches de Dilthey sur l'herméneutique ne suscitèrent pas beaucoup d'intérêt de son vivant. Il en fut autrement quand commença à paraître après sa mort l'édition de ses Œuvres complètes, tout particulièrement les tomes V et VII. Ces volumes découvraient l'ampleur de ce qu'il fallait maintenant appeler la « dernière » philosophie de Dilthey. Georg Misch, gendre et disciple de Dilthey, avait raison d'observer que les recherches diltheyennes avaient fini par dépasser leur cadre méthodologique pour prendre la forme d'une philosophie de la vie et de l'historicité (celle-là même que critiqua vigoureusement Husserl dans son *Logosaufsatz* de 1911). Avec le temps, cette philosophie prit, faute de mieux, le nom d'herméneutique. Tous les élèves et les philosophes qui ont voulu prolonger l'œuvre de Dilthey se sont inscrits dans l'horizon d'une telle « herméneutique ». Ils s'éloignaient de la vocation initialement méthodologique du projet herméneutique, mais ils pensaient ainsi suivre l'esprit du dernier Dilthey.

Le jeune Heidegger s'empara dans ses cours de la notion d'herméneutique pour présenter sa philosophie du *Dasein* sous le titre d'une « herméneutique de la facticité » [1], conception qui déboucha sur *Sein und Zeit* où l'herméneutique de la facticité cessa d'être le titre technique de ses recherches, mais où l'herméneutique restait une caractéristique indélibile de la phénoménologie. Cette herméneutisation de la phénoménologie allait provoquer son divorce d'avec Husserl.

À sa façon, l'école de Dilthey tenta de respecter l'orthodoxie du maître. Georg Misch fit de l'herméneutique le dénominateur commun d'une philosophie historiciste de la vie [2], suivi en cela par O.F. Bollnow [3]. J. Wach [4] présenta une longue chronique des théories herméneutiques

1. Cf. maintenant M. Heidegger, *Ontologie (Hermeneutik der Faktizität)*, GA, Band 63, *op. cit.*

2. *Lebensphilosophie und Phänomenologie. Eine Auseinandersetzung der Diltheyschen Richtung mit Heidegger und Husserl*, 1930, 2. Auflage, Teubner, Leipzig/Berlin, 1931.

3. *Studien zur Hermeneutik, Band 2 : Zur hermeneutischen Logik von Georg Misch und Hans Lipps*, Alber, Freiburg/München, 1983.

4. *Das Verstehen. Grundzüge einer Geschichte der hermeneutischen Theorie im 19. Jahrhundert*, Mohr, Tübingen, Bd. I, 1926 ; Bd. II, 1929 ; Bd, III, 1933.

neutiques du XIXe siècle, mais sans présenter lui-même une contribution systématique bien originale à la constitution d'une herméneutique des sciences humaines. E. Rothacker[1], quant à lui, développa sa théorie des sciences humaines dans le sens d'une philosophie des visions du monde. Entre-temps, Bultmann suivit la voie tracée par Heidegger en radicalisant le problème herméneutique au sein même de la théologie protestante, là où il était né au XVIe siècle (chez Luther et Flacius). Enfin, Gadamer[2] élabora une ambitieuse philosophie herméneutique, encore inspirée des sciences humaines, mais qui renonçait à toute ambition méthodologique.

Mais, qu'est-il arrivé au projet d'une herméneutique conçue comme méthodologie générale des sciences humaines ? L'idée resta associée au nom de Dilthey, mais on se dissimulait que Dilthey n'en avait proposé que l'esquisse. Les diltheyens n'ont pas vraiment suivi leur maître dans sa recherche d'une herméneutique qui assure l'universalité et l'objectivité des sciences humaines. Georg Misch laissa tomber la prétention de l'*Allgemeingültigkeit*, de la validité universelle, estimant qu'elle résultait d'une vision par trop scientiste des sciences humaines. Tentant de couper la poire en deux, Bollnow garda la prétention à l'objectivité, mais abandonna l'idée, jugée intenable, d'universalité[3].

Celui qui offrit la réalisation la plus complète du projet diltheyen fut un juriste italien, Emilio Betti (1890-1968). Imbu de culture germanique et fort d'une érudition inégalée dans le champ de l'herméneutique, cet historien du droit publia en 1955 une volumineuse *Teoria generale della interpretazione*[4], dont parut une traduction allemande, abrégée d'un tiers, mais mise à jour, en 1967[5]. Le titre allemand, « Doctrine générale de l'interprétation comme méthodologie des sciences humaines », souligne bien l'intention diltheyenne. Avant cette

1. *Logik und Systematik der Geisteswissenschaften*, Oldenburg, München/Berlin, 1927.

2. *Wahrheit und Methode*, Mohr, Tübingen, 1960, 5. Auflage in H.-G. Gadamer, *Gesammelte Werke*, Band I : *Grundzüge einer philosophischen Hermeneutik*, Mohr, Tübingen, 1986 (tr. fr. *Vérité et méthode*, Seuil, Paris, 1976). Sur la genèse de cet ouvrage et son rapport à l'herméneutique des sciences humaines, cf. notre étude « Zur Komposition von *Wahrheit und Methode* », in *Dilthey-Jahrbuch*, 8, 1993.

3. « *Zur Frage nach der Objektivität der Geisteswissenschaften* » (1937), in O.F. Bollnow, *Studien zur Hermeneutik*, Band I, Alber, Freiburg/München, 1982, 19.

4. Giuffrè editore, Milano, 1955, 2 tomes (abrév. : Betti 1955).

5. *Allgemeine Auslegungslehre als Methodik der Geisteswissenschaften*, Mohr, Tübingen, 1967 (abrév. : Betti 1967).

édition allemande, Betti avait présenté sa conception herméneutique aux lecteurs allemands dans des pamphlets denses et polémiques : « Fondements d'une doctrine générale de l'interprétation »[1] en 1954 et, en 1962, « L'herméneutique comme méthodologie des sciences humaines »[2]. Cet opuscule de 1962 poursuit avec l'herméneutique récemment parue de Gadamer le débat, non, la croisade que les écrits antérieurs avaient menée contre la « perversion » relativiste et subjectiviste de l'herméneutique chez Heidegger, Bultmann et leurs adeptes. Bien qu'elle se présente comme théorie autonome et combien systématique, l'herméneutique de Betti comporte une dimension nettement réactionnaire, non pas dans un sens idéologique, mais au sens où son œuvre se veut une réaction au détournement de sens dont aurait souffert la théorie herméneutique sous l'influence de Heidegger et sans doute aussi du dernier Dilthey (ce que Betti dira moins, car il préfère se montrer solidaire du propos méthodologique de Dilthey). Tout dans l'herméneutique heideggérienne le repoussait : l'abandon du projet méthodologique, l'ontologisation de la précompréhension (qui d'obstacle était devenue condition du comprendre), la place prépondérante octroyée à l'être-dans-le-monde pratique, à la compréhension de soi et à l'historicité, mais aussi, et surtout, son succès. À ses yeux, cette doctrine équivalait à une destruction de l'objectivité et de la scientificité des sciences humaines. Il a donc rattaché l'herméneutique à ses origines méthodologiques, mobilisant dans des notes érudites toutes les lumières de l'herméneutique comme science rigoureuse déployée de Schleiermacher à Dilthey, se réclamant de tous les penseurs de la tradition allemande, Kant, Hegel, Humboldt, Nicolai Hartmann, Droysen, Husserl et même Nietzsche, comme pour isoler Heidegger au sein de sa propre tradition. C'est en cela que son herméneutique, même là où elle est contribution autonome, prend la forme d'une réaction. L'herméneutique de Betti n'a jamais été ni voulu être au goût du jour. Elle fut largement éclipsée par le succès de l'herméneutique gadamérienne qui, prolongeant Heidegger, donnait congé à la tradition diltheyenne. Même si les travaux de Betti parurent chez le même éditeur que Gadamer dans les années soixante, très vraisemblablement

1. *Zur Grundlegung einer allgemeinen Auslegungslehre*, in *Festschrift für Ernst Rabel*, Bd. II, Mohr, Tübingen, 1954, 79-168 ; repr. : E. Betti, *Zur Grundlegung einer allgemeinen Auslegungslehre*, mit einem Nachwort von Hans-Georg Gadamer, Mohr, Tübingen, 1988 (abrév. : Betti 1988).

2. *Die Hermeneutik als allgemeine Methodik der Geisteswissenschaften*, Mohr, Tübingen, 1962 (abrév. : Betti 1962). Cet opuscule reprend l'argument d'une conférence de 1961, « *L'ermeneutica storica e la storicità dell'intendere* », in *Annali della Facoltà di Giurisprudenza dell'Università di Bari*, 16, 1961, 3-28.

à l'instigation de ce dernier, leur écho resta limité. Il en fut parfois question en Italie[1] et en Allemagne, mais toujours dans la perspective gadamérienne, contemporaine et concurrente, mais plus originale. Dans les pays anglo-saxons, la tendance objectiviste de Betti fut énergiquement reprise dans les travaux remarqués de E.D. Hirsch[2], soucieux de sauvegarder la prétention d'objectivité de l'interprétation. Le pamphlet herméneutique de Betti fut traduit en anglais et sa pensée continue de susciter un certain intérêt dans les pays anglo-saxons[3], où les questions épistémologiques ont toujours bénéficié d'une place d'honneur. En France cependant, Betti reste inconnu. Nous rappellerons donc ici quelques-unes des lignes directrices de sa théorie de l'interprétation. Son inactualité pourrait encore avoir des vérités à nous apprendre.

Le titre italien de l'œuvre maîtresse de Betti annonce une théorie de l'interprétation qui se veut *générale*. Toutefois, cette généralité ne correspond pas à l'universalité de l'herméneutique dont il est question en philosophie contemporaine. Pour Nietzsche, Ricœur et le postmodernisme (Rorty, Vattimo, Lyotard), l'universalité de l'herméneutique, ce qui lui permet de s'instituer en thématique philosophique fondamentale, réside dans l'ubiquité virtuelle de l'ordre interprétatif. Selon le mot de Nietzsche, il n'y a pas de faits, mais seulement des interprétations. On n'échappe à une interprétation que par le biais d'une autre interprétation, itération qui rend bien sûr problématique la notion d'objectivité. Ce problème du panherméneutisme demeure étranger aux préoccupations de Betti. Dans son esprit, ce qui autorise le propos d'une théorie *générale*, c'est que toutes les activités interprétatives — on pensera ici à la recherche historique, la philologie, la traduction, l'application du droit, mais aussi à la présentation d'une pièce de musique, qu'on nomme bien « interprétation » .— affichent une structure épistémologique commune. Le rôle d'une herméneutique générale est d'en éclairer les fondements, et d'en distinguer les types, afin de définir les conditions d'une interprétation qui soit objective. Le

1. Pour un survol éclairant des recherches herméneutiques en Italie, cf. F. Bianco, « *L'ermeneutica in Italia dal 1945 ad oggi* », in *Rivista di Filosofia*, vol. LXXIX, 1988, 459-490. Cf. aussi de F. Bianco, *Pensare l'interpretazione. Temi e figure dell'ermeneutica contemporanea*, Riuniti, Roma, 1991. Sur l'état actuel de l'herméneutique juridique italienne, cf. G. Zaccaria, *L'arte dell'interpretazione. Saggi sull'ermeneutica giuridica contemporanea*, Cedam, Padova, 1990.

2. *Validity in Interpretation*, Yale University Press, New Haven, 1967.

3. Cf. par exemple J. Bleicher, *Contemporary Hermeneutics. Hermeneutics as Method, Philosophy and Critique*, Routledge & Kegan Paul, London/Boston/Henley, 1980, 27-50.

dénominateur commun de toute interprétation est d'ordre cognitif[1]. Tout processus d'interprétation, écrit souvent Betti au début de ses traités[2], a pour vocation de résoudre le problème strictement épistémologique de la compréhension. C'est l'unité du problème du comprendre, dans tous les types d'interprétation, qui assurera l'universalité de l'herméneutique comme science rigoureuse.

Betti s'inspire sur ce point de Schleiermacher qui avait fait graviter l'herméneutique autour du problème de la *compréhension*. Constatant l'émiettement de l'herméneutique en disciplines particulières dont les règles sont toujours dictées par l'objet à interpréter[3] (la Bible, le texte de loi, etc.), Schleiermacher avait donné une impulsion subjectiviste à l'herméneutique en l'incitant à devenir une *Kunstlehre des Verstehens*, un art du comprendre lui-même. Selon Paul Ricœur[4], Schleiermacher aurait ainsi étendu au monde de l'herméneutique la révolution copernicienne de Kant : pour définir les règles de l'interprétation, il ne faut pas seulement se régler sur les types de texte ou les objets à interpréter, mais sur l'activité de compréhension elle-même. Betti s'identifiera aussi à cette révolution copernicienne, déclarant situer son analyse sur le sol épistémologique de la subjectivité transcendantale[5], là où s'ordonneront les préceptes universels qui président au travail de l'interprétation.

S'il s'inspire de Schleiermacher pour décréter l'universalité d'une herméneutique arquée sur le problème de la compréhension, Betti réactualise l'accent mis par Dilthey sur les objectivations de l'esprit lorsqu'il définit les termes du problème épistémologique du

1. Betti 1955, 77 ; 1967, 50.

2. Betti 1955, 157 ; 1967, 100 ; 1962, 11 ; 1988, 12.

3. Cf. F. Schleiermacher, *Herméneutique*, trad. par M. Simon, Labor et Fides, Paris, 1988, 99 : « comme art de la compréhension l'herméneutique n'existe pas encore sous une forme générale, mais il y a seulement plusieurs herméneutiques spéciales ». On présente souvent Schleiermacher comme le premier à avoir revendiqué un statut universel pour l'herméneutique. Ce n'est pas exact. J. Dannhauer (cf. à son sujet l'article de H.-E. Hasso Jaeger, « *Studien zur Frühgeschichte der Hermeneutik* », in *Archiv für Begriffsgeschichte*, 18, 1974, 35-84), Chladenius, C.F. Meier et J. Fontialis ont développé bien avant lui des herméneutiques générales. L. Geldsetzer l'a justement rappelé dans ses préfaces aux rééditions de Chladenius (*Einleitung zur richtigen Auslegung vernünftiger Reden und Schriften*, Leipzig, 1742, repr. : Düsseldorf, 1969) et Meier (*Versuch einer allgemeinen Auslegungskunst*, Halle, 1757, repr. : Düsseldorf, 1965). Betti, dont l'érudition est par ailleurs encyclopédique, semble peu connaître ces herméneutiques du XVIIe et du XVIIIe siècle.

4. *Du Texte à l'action. Essais d'herméneutique II*, Seuil, Paris, 1986, 78.

5. Betti 1955, 45 ; 1967, 4, 133.

comprendre. « Nous appelons herméneutique », proclamait Dilthey, « cette technique de l'interprétation des manifestations vitales fixées par écrit »[1]. Betti préférera parler de « formes représentatives », c'est-à-dire d'objectivations qui se sont déposées dans des formes porteuses de sens, car le comprendre ne se limite pas, selon lui, aux manifestations écrites. Il s'étend aussi aux sons, aux traces, aux monuments, aux souvenirs, aux gestes, etc. Il demeure que c'est toujours un esprit qui s'est niché dans ces objectivations. Comprendre ici veut dire être en mesure de reconstruire, reconnaître, recréer l'esprit étranger qui s'est objectivé dans des formes porteuses de sens qui m'interpellent d'une certaine manière. Elles m'invitent à séjourner auprès d'elles afin que je reconstruise, en inversant le processus de production, la pensée créatrice qui les anime. La condition de possibilité de la compréhension tient à l'universelle communauté des esprits humains qui sont capables de se comprendre grâce à des formes porteuses de sens. Betti se souvient ici de Vico, qui l'a profondément influencé[2]. Le monde culturel des objectivations spirituelles, produit par l'esprit humain, peut de ce fait être reproduit par tout esprit. On sait que Vico, s'opposant au cartésianisme de son temps, y voyait un avantage des sciences de l'histoire sur les sciences exactes de la nature. La nature nous reste largement impénétrable parce qu'elle n'a pas été créée par nous. Ayant été faite par l'homme, l'histoire, elle, peut être directement saisie, par empathie, pour ainsi dire, le sujet se reconnaissant d'emblée dans son objet.

Ce que l'herméneutique d'inspiration gadamérienne a retenu de Vico, c'est justement sa critique des sciences exactes et sa revalorisation des sciences humaines. Vico a souvent été invoqué comme un précurseur d'une philosophie de l'historicité qui viendrait limiter l'objectivité monopoliste de la méthode scientifique. Or Betti « recartésianise » Vico, si l'on peut dire, en s'efforçant de développer sur la base de la sympathie des esprits humains une méthode de la compréhension historique. Cette méthode s'enracine dans ce qu'il dénomme la structure triadique du comprendre : sujet, forme représentative et objet. Le comprendre n'est qu'un *aspect* du problème de la connaissance, rivé à

1. W. Dilthey, *Ges. Schriften V*, 332 ; tr. fr. « Origines et développement de l'herméneutique » (1900), in W. Dilthey, *Le monde de l'esprit*, Aubier, Paris, 1947, tome I, 334.

2. Cf. son article « *I principi di scienza nuova di G.B. Vico e la teoria della interpretazione storica* », in *Nuova Rivista di diritto commerciale*, 10, 1957, 48-59. Cf. à ce propos S. Noakes, « *Betti's Debt to Vico* », in *New Vico Studies*, 6, 1988.

la dichotomie sujet-objet. Ce qui spécifie la compréhension dans l'univers de la connaissance, c'est que le sujet n'accède à l'objet que par l'intermédiaire de « formes représentatives » [1]. Même si Betti déploie une gnoséologie herméneutique très élaborée [2], cette notion de « forme » demeure assez vague, désignant tout rapport (*rapporto* en italien, *Zusammenhang* en allemand) unitaire d'éléments sensibles propres à conserver l'empreinte de celui qui l'a forgé ou qui l'incarne (par son visage, par exemple). C'est pour ne pas se limiter aux formes écrites que le concept de forme reste aussi large.

Même si la compréhension porte d'abord sur elle, la forme n'est pas une fin en soi ; elle n'est qu'un instrument, qu'un véhicule de l'esprit qui s'y exprime. Ces formes sont justement représentatives (*rappresentativa*) ou porteuses de sens (*sinnhaltig*). Par elles, un esprit distinct du nôtre, mais qui nous est intimement parent, en vertu de la communauté humaine et du dialogue d'esprits que nous sommes, s'est exprimé. L'interprète doit remonter de cette extériorisation à l'intériorité spirituelle qui l'a engendrée.

Selon Betti, ceci n'entraîne aucune psychologisation du processus ou de l'objet herméneutiques [3]. Car ce que vise la compréhension, ce n'est pas une « volonté » comme telle [4], mais une forme représentative d'un esprit, lequel n'est pas uniquement ou en soi « psychologique ». Betti fera appel à son expérience de juriste afin d'illustrer sa pensée : celui qui cherche à comprendre une loi ou un texte constitutionnel ne cherche pas à pénétrer l'esprit de son fondateur, mais l'esprit de la loi elle-même, l'entité idéale représentant l'ordre juridique qui a trouvé expression dans telle ou telle loi. Betti invoquera volontiers la notion hégélienne d'esprit objectif et la notion hartmanienne d'un être-en-soi spirituel des objectivations de l'esprit en vue d'écarter toute psychologisation du processus herméneutique. Dans le grand genre de la connaissance, le comprendre est cette espèce qui veut comprendre l'esprit, quel qu'il soit, qui nous rejoint à travers des formes représentatives. Cette structure forme l'armature du problème épistémologique

1. Betti 1955, 62 ; 1967, 44.

2. Cf. Betti 1955, capitolo II : Il processo interpretativo in generale : gnoseologia ermeneutica (Betti, 1967 : Kap. II : Der Auslegungsprozess überhaupt : Hermeneutische Erkenntnistheorie).

3. Betti 1967, 182 sq. ; passage absent de l'œuvre de 1955, Betti répondant ici à une critique formulée par Gadamer dans « Herméneutique et historicisme » (1961), postface à *Wahrheit und Methode*, Mohr, Tübingen, 2. Auflage, 1965, 483sq. (=H.-G. Gadamer, *Ges. Werke*, II, 1986, 394sq.) ; tr. fr. in H.-G. Gadamer, *L'art de comprendre*, tome I, Aubier, Paris, 1982, 54sq.

4. Betti 1955, 67 ; 1967, 49.

de la compréhension dont l'objectivité doit être assurée par une herméneutique générale.

Si Betti insiste autant sur l'aspect proprement épistémologique de la compréhension, c'est surtout afin d'exclure du propos d'une herméneutique sérieuse le comprendre « pratique » thématisé par Heidegger. *Sein und Zeit* s'était appuyé sur la locution allemande *etwas verstehen* (qui signifie s'y comprendre à quelque chose, avoir le tour) pour révolutionner l'intelligence strictement épistémologique du comprendre qui avait cours tant chez Dilthey que chez les néo-kantiens[1]. Le *Verstehen* incarne plutôt pour Heidegger un mode d'être essentiel, moins théorique que pratique, du *Dasein*, c'est-à-dire d'un étant pour lequel il y va en son être de cet être même. Le comprendre désigne une habileté pratique, un certain savoir-faire, mieux, un pouvoir-faire. L'être-dans-le-monde nous confronte à des situations que nous « comprenons » en les maîtrisant, en étant à leur hauteur[2]. Le comprendre entendu comme processus de connaissance qu'on pourrait distinguer de l'expliquer des sciences exactes n'est qu'un dérivé[3] du comprendre pratique original qui caractérise le *Dasein* comme être-au-monde sur le mode du souci constant. Il est clair que l'herméneutique du *Dasein* qui se fonde sur un tel comprendre n'aura plus grand-chose à voir avec les entreprises herméneutiques de Schleiermacher ou de Dilthey. L'herméneutique deviendra une théorie phénoménologique, voire éthique, de notre être-dans-le-monde et de ses possibilités.

Betti ne verra ici qu'une pernicieuse dénaturation de l'herméneutique qui méconnaît la différence essentielle (*Wesensunterschied*)[4] qui sépare la maîtrise pratique d'une situation du comprendre scientifique, axé sur une connaissance, le seul qui devrait intéresser l'herméneutique. En vérité, Heidegger n'ignore pas cette différence. Il a tout simplement voulu faire dériver le comprendre des scientifiques d'une source plus originelle, savoir du sol d'un *Dasein* transi par le souci de soi. Il rappelait ainsi, comme le fera à sa façon Husserl dans la *Krisis*, que la science n'est pas une activité abstraite, *sui generis*, mais qu'elle procède d'une préoccupation élémentaire du *Dasein* en quête d'orientation. L'enjeu de la problématique heideggérienne est celui de la pertinence de l'activité scientifique. La réponse de Heidegger ressortit à un pragmatisme sans la lettre : la compréhension est d'emblée

1. M. Heidegger, *SZ*, 143.
2. *Ibid.*, 143 : « *ihr gewachsen sein* ».
3. *Ibid.*, 143.
4. Betti 1988, 13.

intéressée en ce qu'elle procède d'une visée préalable de sens ou de ce que Bultmann appellera une précompréhension (*Vorverständnis*). Dans un geste immensément provocateur, Heidegger prétendra même que l'interprétation se fonde sur la compréhension (préalable) du *Dasein*, et non l'inverse. On n'interprète pas afin de comprendre, comme le voudrait le sens commun, on interprète seulement pour expliciter ses propres présupposés, pour prendre conscience de la structure d'anticipation du comprendre. Heidegger inverse ici ce que Betti nomme la structure téléologique de l'interprétation, suivant laquelle l'interprétation est une activité dont la compréhension désigne le succès ou le résultat[1].

Il est indéniable que Heidegger va un peu loin en subordonnant l'interprétation au comprendre préalable, mais sa problématique a l'intérêt de relancer la question de la pertinence du travail scientifique, problème qui ne préoccupe pas tellement Betti. Ce que Betti craint, non sans raison, c'est que la question de l'objectivité soit trop rapidement écartée chez Heidegger. D'où son empressement à dénoncer les « hérésies » de l'herméneutique « existentialiste » qui saborderait le projet d'une herméneutique scientifique en montant en épingle le comprendre purement pratique, le rôle de la précompréhension et toute la problématique de la « compréhension de soi » qui serait à l'œuvre dans le comprendre véritable et susceptible de scientificité. Si les scrupules de Betti ne manquent pas de fondement, leur unilatéralité consiste à réduire le comprendre à un acte strictement épistémologique.

C'est que Betti, voulant à tout prix chasser le spectre du subjectivisme, tient à ce que l'interprétation demeure un processus vérifiable. Si l'interprétation est bien une activité téléologique dont la fin est le comprendre, son déroulement et ses résultats doivent pouvoir être contrôlés de manière objective[2]. Ce contrôle s'effectuera à l'aide de *canons* bien définis. D'Augustin à Schleiermacher, Boeckh et Dilthey, l'herméneutique s'est efforcée de développer de telles règles générales ou des canons de l'interprétation. Ces canons exprimaient, le plus souvent de manière non systématique, ce que nous tenons aujourd'hui pour des truismes, comme la nécessité de connaître la langue des auteurs que l'on interprète, d'avoir recours à des dictionnaires et des éditions critiques, d'éclairer les textes obscurs à partir de passages parallèles, d'interpréter les textes selon leur intention générale

1. Betti 1988, 13.
2. Betti 1988, 19.

(*scopus*), les parties à partir du tout, de tenir compte du contexte, de connaître les tropes, etc.[1]. L'interprétation grammaticale de Schleiermacher, par exemple, comportait deux grands canons. Le premier enseignait que « tout ce qui requiert une détermination plus précise dans un discours donné ne doit être défini qu'en partant du domaine linguistique commun à l'auteur et à son public », le second que le sens de chaque mot doit aussi être déterminé à partir des mots qui l'entourent dans le texte à interpréter[2]. Nous ne reconnaissons là que des évidences. Mais elles ne l'ont pas toujours été ! Il n'est que de se rappeler la pratique exégétique d'un saint Paul, par exemple, ou celle des auteurs anciens, pour constater que les textes étaient souvent interprétés en dehors de leur contexte, indépendamment de l'intention de l'auteur et sans toujours tenir compte de l'usage linguistique ou de la distance historique. Ces défauts se retrouvent, bien entendu, dans les interprétations d'aujourd'hui, mais les préceptes généraux de l'interprétation, eux, ne font pas problème. De tels canons étaient encore utiles pour l'exégèse des textes anciens à une époque où les principes de la méthode historique et critique n'étaient pas encore conquis, mais ils sont devenus un peu désuets au XXe siècle. Dilthey suscita beaucoup d'espoirs en lançant le programme d'une herméneutique des sciences humaines qui dispose de canons rigoureux, mais il négligea d'en préciser la nature. Le principe des canons de l'interprétation perdit finalement sa place dans la conception heideggérienne d'une herméneutique qui traite d'abord de la facticité de l'existence.

Betti estime devoir en ressusciter l'idée afin de faire pièce à l'arbitraire appréhendé de l'herméneutique existentialiste. L'anachronisme vient heureusement signifier qu'il y a bel et bien des interprétations plus objectives ou moins farfelues que d'autres parce qu'elles respectent certains principes généraux. Betti en proposera une discussion exhaustive, qui n'a pas son égal dans toute la tradition herméneutique. Épigone heureux, il aura été celui qui aura conduit à son plus haut degré de réalisation le projet d'une herméneutique canonique des sciences humaines. Ces canons, il les déduira, comme pour accentuer la rigueur systématique de son entreprise, de la dichotomie sujet-objet, constitutive selon lui de toute connaissance. Cette dichotomie prendra la forme d'une tension, d'une antinomie, reconnaîtra Betti, dans le cas

1. Cf. Augustin, *De doctrina christiana*, livre III.

2. F. Schleiermacher, *Hermeneutik*, hrsg. von H. Kimmerle, Carl Winter, Heidelberg, 1959, 41, 69 ; *Hermeneutik und Kritik*, hrsg. von Manfred Frank, Suhrkamp, Francfort, 1977, 101, 116 ; tr. fr. *Herméneutique*, Labor et Fides, Paris, 1988, 118, 128.

de la compréhension, déchirée par une double exigence d'objectivité et de subjectivité[1]. Impératif d'objectivité d'abord, puisque les formes représentatives doivent être interprétées aussi fidèlement que possible, conformément à leur sens original ou propre. Cependant, la reconstruction d'un tel sens objectif ne peut réussir que grâce à la subjectivité de l'interprète, à sa spontanéité, à sa sensibilité et à sa capacité d'ouverture. L'interprète a pour tâche de reproduire en lui-même une pensée étrangère, de s'approprier ce qui veut être compris dans son altérité comme quelque chose d'objectif et de distinct. On mesure l'antinomie : peut-on s'approprier ce qui est étranger ? L'autre cesse-t-il d'être différent s'il est assimilé par une subjectivité interprétante ? Toute la dialectique de l'interprétation, écrit Betti, découle de cette antinomie de la subjectivité et de l'objectivité. Les règles herméneutiques chargées de résoudre l'antinomie relèveront et du sujet et de l'objet de l'interprétation. Quatre canons seront édictés, les deux premiers se rapportant à l'objet, les deux autres au sujet.

Comme pour marquer l'objectivisme de son herméneutique, dont nous avons vu qu'il est réaction au subjectivisme de l'herméneutique existentiale, Betti commencera par énoncer les canons qui ont trait à l'*interpretandum*. Le premier canon est celui de l'*autonomie de l'objet* ou de l'*immanence du critère herméneutique*. Il signifie simplement que les formes représentatives doivent être comprises selon l'esprit qui s'y est objectivé[2]. En termes négatifs : le sens du texte n'est pas celui que nous lui conférons, selon nos questions, mais le sens original du texte lui-même. Le sens doit être tiré du texte et non pas dicté de l'extérieur. *Sensus non est inferendus, sed efferendus*, répète partout Betti. Ce sens original est le sens que la forme avait du point de vue de son auteur ou de sa volonté artistique lors du processus de création[3]. Sans le dire, ce canon fait de la *mens auctoris* le critère de l'interprétation. Ce canon exprime certes un idéal visé par toute interprétation, mais on peut se demander s'il est aussi facilement applicable. Pouvons-nous faire abstraction de toutes nos préconceptions lorsque nous interprétons un texte ou, plus généralement, une « forme représentative » ? Le problème de l'absence de règle pour l'application doit aussi se poser ici : quand savons-nous que l'esprit de l'auteur tel que nous l'avons reconstruit correspond bel et bien à l'esprit de l'auteur lui-même ? Pour résoudre ce dilemme, il faudrait trouver un point de vue situé en dehors du processus d'interprétation qui permette de juger si

1. Betti 1955, 262 ; 1967, 184 ; 1962, 13 ; 1988, 17.
2. Betti 1955, 305 ; 1967, 217 ; 1962, 14 ; 1988, 22.
3. Betti 1962, 14 ; 1988, 22.

l'interprétation correspond bien à son objet. Cette perspective *sub specie aeternitatis* ne nous est pas dévolue.

Même si son application fait problème, ce premier canon de l'autonomie de l'objet comporte un aspect critique important. Il oppose en effet une fin de non-recevoir aux interprétations purement actualisantes qui passent à côté de l'altérité irréductible du texte à interpréter. Ne voir dans l'interprétation qu'une appropriation contemporaine, une application à l'aujourd'hui, c'est méconnaître l'altérité de l'autre. Ceci revient, note justement Betti, à transformer le dialogue qu'est en son essence l'interprétation en simple monologue. Or un tel monologue mérite-t-il encore le nom d'interprétation[1] ? Betti fait ici valoir un point capital, l'exigence de justice vis-à-vis de la forme à interpréter. Mais sa réalisation suscite quelques difficultés. Sans prendre la forme d'un monologue à sens unique, l'interprétation peut-elle être un véritable dialogue si l'autre ne peut parler qu'à travers moi ? Le discours de l'autre reste celui que je lui prête. Comment vérifier ici l'adéquation à l'objet ?

Le deuxième grand canon de l'objet herméneutique offre un élément de réponse. C'est le canon de la *totalité* ou de la *cohérence de l'appréciation* herméneutique. Il exige que l'objet soit interprété comme un tout où les parties s'éclairent réciproquement. Il importe de constater que la cohérence n'est pas d'abord celle de l'interprétation, mais celle de l'objet lui-même. C'est l'objet qui bénéficie d'une présomption de cohérence. Ce canon recoupe en partie ce que Gadamer avait surnommé le *Vorgriff der Vollkommenheit*, l'anticipation de la perfection. Toute compréhension, selon ce principe, présuppose que ce qui doit être compris forme une unité de sens parfaite, que ce qui nous est dit constitue, sinon une vérité, du moins une entité intelligible. Mais Gadamer s'éloigne un peu de Betti lorsqu'il affirme que « nous comprenons les textes transmis sur la base des attentes de sens tirées de *notre* propre rapport préalable à la chose du texte »[2]. Objectiviste,

1. Betti 1962, 30-1. Cf. aussi « L'ermeneutica storica e la storicità dell'intendere », 1961, 10. Pour trivial qu'il puisse paraître, ce canon de l'autonomie de l'objet rejoint certains éléments de la philosophie de l'altérité chez des auteurs comme E. Lévinas (*Totalité et infini*, 1961) et J.-L. Marion (*L'idole et la distance*, 1977). On pensera aussi à la primauté de l'objet que la *Dialectique négative* d'Adorno opposait à l'impérialisme de la subjectivité moderne.

2. *Wahrheit und Methode*, 278 ; *Ges. Werke*, I, 299 ; tr. fr., 134 (nous soulignons). Parmi les antécédents de cette anticipation de la perfection, on pensera tout particulièrement à la règle de l'équité herméneutique chez G.F. Meier, *Versuch einer allgemeiner Auslegungslehre*, Halle, 1757, § 39 : « Die hermeneutische Billigkeit (aequitas hermeneutica) ist die Neigung eines Auslegers, diejenigen

Betti ne parle pas de *nos* attentes dans son canon de la cohérence, mais seulement de la cohésion du texte lui-même, qu'il faut savoir interpréter en fonction de *sa* structure et de *sa* totalité[1]. Selon lui, le cercle herméneutique du tout et des parties nous livre ici rien de moins qu'une *règle* herméneutique. Cette conception a de quoi surprendre. D'ordinaire perçu comme un écueil ou un obstacle, le cercle herméneutique devient chez Betti une *Richtlinie*[2], une directive qui nous invite à comprendre le sens du tout à partir de ses parties et d'appréhender les parties en les rapportant au tout. Betti fait un peu de nécessité vertu : loin de considérer le cercle herméneutique comme une entrave à l'objectivité, il y voit une règle qui la rend possible[3].

On voit comment, même si Betti ne l'indique pas, le canon de la totalité ou de la cohérence peut en un sens servir de « critère » pour mesurer l'adéquation de l'interprétation au texte autonome qu'elle cherche à comprendre. Il est clair que l'ambition de l'interprétation est de retrouver la cohérence du texte à interpréter. On ne niera pas non plus qu'une interprétation puisse être invalidée si l'on réussit à montrer qu'elle ne fait pas justice au tout ou à certaines parties d'une œuvre. Mais la cohérence qu'on reconnaît à l'objet interprétativement reconstruit n'est toujours que la cohérence de *notre* propos sur le texte. Certes, il nous est loisible de distinguer la cohérence interne d'une interprétation — à la limite, toutes les interprétations sont cohérentes en elles-mêmes — de la cohérence du texte même, mais cette dernière n'est toujours que la cohésion que nous prêtons au texte par le biais d'une autre interprétation. C'est qu'il est tenace, l'ordre interprétatif ! En outre, l'absence de contradiction, ceci est bien connu, ne constitue pas en soi un critère suffisant de la vérité. Le canon de la cohérence n'offrirait ainsi qu'un critère négatif de la vérité.

Bedeutungen für hermeneutisch wahr zu halten, welche, mit den Vollkommenheiten des Urhebers der Zeichen, am besten übereinstimmen, bis das Gegenteil erwiesen wird ».

1. F. Bianco, « *Oggetività dell'interpretazione e dimensioni del comprendere. Un'analisi critica dell'ermeneutica di Emilio Betti* », in *Quaderni Fiorentini per la storia del pensiero giuridico moderno*, 7, 1978, 55, n'en a pas moins raison de souligner que cette anticipation de la totalité représente déjà une revendication de la subjectivité interprétante.

2. Betti 1988, 26.

3. Selon F. Bianco (1978, 45), le problème du cercle de l'interprétation, que Bianco tient pour le problème capital de toute théorie herméneutique, n'occupe qu'une place de second plan chez Betti. De tous les théoriciens de l'herméneutique, il est celui qui aurait le moins traité des problèmes qu'entraîne ce cercle. Tout se passe comme si Betti avait choisi d'éluder une problématique susceptible de mettre en péril l'objectivisme de son herméneutique.

Les deux autres canons feront plus ouvertement intervenir la subjectivité interprétante. Le pari de Betti sera d'incorporer à son herméneutique la part qui revient à la subjectivité constituante, tout en veillant à ce qu'elle ne mette pas en péril la prétention d'objectivité de l'interprétation. Le troisième canon sera celui de l'*actualité de l'interprétation*, suivant lequel l'interprète est appelé à parcourir à nouveau à l'intérieur de lui-même le processus génétique de création en partant de son point terminal et à reconstruire en lui-même (entendons à l'intérieur de l'interprète), pour les réactiver, une pensée ou une expérience de vie du passé, tout ceci par le truchement d'une transposition dans le cercle de sa propre vie spirituelle[1]. La terminologie, issue du romantisme, est lourde et sans doute maladroite. En effet, est-ce bien le processus génétique qui nous intéresse, ou qui nous intéresse toujours et seulement, dans l'interprétation ? Faut-il reconstruire tout ce processus ? Ce n'est pas sûr. Les deux premiers canons indiquaient plus habilement que l'interprétation vise plutôt un sens autonome et cohérent.

Afin de mesurer l'enjeu de ce troisième canon, il faut rappeler contre qui il est dirigé. Betti s'en prend au premier chef aux purs objectivistes, ceux qui, refusant la révolution copernicienne, conçoivent la subjectivité comme simple *tabula rasa*. Betti juge parfaitement absurde l'exigence d'une éradication totale du sujet, suggérée par exemple dans le mot célèbre de Ranke sur la *Selbstauslöschung* de l'individu[2]. Si Betti prend la peine d'y insister, c'est que cette illusion trouvait encore beaucoup d'adeptes chez ses collègues juristes[3]. Pour l'herméneutique contemporaine, Betti n'enfonce ici que des portes ouvertes. Or Betti tient aussi à ce que son canon de l'actualité du comprendre n'ouvre pas toutes les portes au subjectivisme[4], dont on a vu tout le mal qu'il pensait.

Mais en quoi consiste au juste cette subjectivité dont il est disposé à concéder l'actualité ? À coup sûr, ce n'est ni la subjectivité des préjugés, ni celle de la compréhension de soi. Pour son herméneutique méthodologique, ces doctrines sur l'apport productif de la subjectivité historique ne sont que des hérésies[5]. Le seul élément que Betti estime

1. Betti 1955, 314 ; 1967, 226.
2. Betti 1988, 34.
3. Cf. la note biographique in Betti 1962, 6.
4. Betti 1967, 226, n. 1, note absente de l'édition italienne.
5. *Irrlehre*, in Betti 1967, 37 ; cf. aussi Betti 1962, 39, où est rejetée la thèse « paradoxale » de Gadamer qui fait des préjugés des « conditions de la compréhension ».

indispensable est celui de l'*intérêt* qui incite la subjectivité à se pencher sur son objet. Mais l'interprétation n'y puise que son coup d'envoi (*Anstoss*[1]), et cet intérêt doit pouvoir être suspendu, Betti ne spécifie pas comment, lors de l'interprétation véritable[2]. Hormis cette dimension de l'intérêt, qui ne sert qu'à mettre en branle l'effort de compréhension, Betti semble réduire la part de la subjectivité à la spontanéité de la subjectivité transcendantale. Cette subjectivité n'est que l'instance anonyme chargée de reconstruire à l'intérieur de soi les formes spirituelles étrangères. Cette subjectivité tacitement purgée de toute trace d'individualité n'est plus un obstacle à l'objectivité, mais son véhicule et sa condition d'exercice. L'historicité se trouve étouffée sous le poids de la subjectivité transcendantale. On peut cependant se demander si cette conception rend bien justice au rôle qu'occupe l'individualité réellement existante dans l'ordre interprétatif.

On ne sous-estimera pas pour autant la leçon critique à tirer de ce troisième canon. Même s'il paraît porter sur l'apport productif de la subjectivité, son propos est de nous prémunir contre une assimilation trop rapide de l'interprétation à une simple application de ce qui veut être compris. S'il y a une part indélébile d'application à l'œuvre en toute compréhension, l'interprétation, et par-dessus tout l'interprétation historique et scientifique, ne s'y réduit pas tout à fait. Sinon l'interprétation risque bel et bien de prendre la forme d'un monologue où toutes les aberrations sont permises. Qu'est-ce qui en nous résiste à ces interprétations forcées, si ce n'est l'idée d'un sens objectif posé comme *telos* asymptotique du comprendre ? Il est, de fait, possible d'identifier et de relativiser les lectures par trop modernisantes, si bien que le sens dont un texte se colore à la faveur d'une interprétation actualisante, appelons-le le « sens enrichi », peut souvent être dissocié du « sens original », même si ce dernier ne conservera toujours qu'une fonction heuristique. Nous ne pouvons déterminer avec certitude ce que Platon entendait par « idée », mais nous pouvons montrer qu'elle ne se réduit ni au concept pur de la raison qu'y décèlera Kant, prétendant mieux comprendre Platon qu'il ne s'était lui-même compris, ni aux méthodes des sciences mathématico-physiques selon l'interprétation de Cohen et Natorp. Voilà le sens critique, et non ontologique, de la distinction qu'établira Betti, lors de la discussion de son troisième canon, entre la signification (*Bedeutung*) d'un texte, son sens « original », voulu par l'auteur, et la *Bedeutsamkeit* (sa pertinence, sa valeur,

1. Betti 1988, 35.
2. Betti 1962, 46.

son application à notre situation), qu'on appellera le « sens enrichi »[1]. La signification originale ne jouit pas d'un statut ontologique ou épistémologique, comme s'il s'agissait d'un en-soi connaissable (expression déjà paradoxale), mais d'une fonction heuristique. Car, si la *Bedeutsamkeit* peut parfois être identifiée comme telle, la *Bedeutung* originelle du texte n'est toujours qu'une fin asymptotique du comprendre, ce que Betti reconnaît lorsqu'il rappelle, suivant Schleiermacher, que l'interprétation reste une tâche infinie, essentiellement inachevable. Il n'en a cependant peut-être pas tiré toutes les conséquences dans l'élaboration de son œuvre herméneutique, axée sur la saisie objective d'un en-soi idéel et réifié.

L'idéal d'une correspondance de l'interprétation à son *interpretandum* s'est déposé dans le quatrième et dernier précepte général de l'herméneutique, le canon de l'*adéquation de la compréhension* ou le canon de la *correspondance et de la congénialité herméneutique*[2]. D'après ce canon, l'interprète doit s'efforcer de mettre sa propre actualité vivante en étroite harmonie avec le message qui lui parvient de l'objet de façon à ce que le sujet et l'objet, ainsi accordés, vibrent à l'unisson. Terminologie passablement lyrique dont l'intention première est d'inciter l'interprète à un acte d'humilité vis-à-vis de son objet. Ce que ce canon exige du sujet, c'est une ouverture ou une ampleur d'esprit qui permette l'institution d'une « congénialité fraternelle » entre l'interprète et son objet. Ce quatrième canon vient ainsi limiter la portée du troisième qui paraissait exalter, mais bien timidement, on l'a vu, l'actualité du comprendre. L'actualité ne suffit pas, elle doit être relayée par une attitude d'humilité. C'est un canon à portée éthique, pour ne pas dire religieuse, en ce qu'il attend de l'interprète un altruisme pur, une abnégation de soi (« *umilità e abnegazione di sè* »[3] que l'allemand rend par « *Uneigennützlichkeit und Selbstentäusserung* »[4]), bref, une disposition spirituelle, au sens fort du terme, par laquelle le sujet essaie de se mettre au diapason de l'autre. Betti invoquera avec emphase les formules de Humboldt et de Schleiermacher sur la transposition du sujet dans l'esprit d'autrui. La

1. Betti 1962, 27-8 (cf. la conférence de Bari, 1961, 8). Cette distinction critique fut reprise par E.D. Hirsch. Cf. à ce sujet la critique de G.B. Madison, « *Eine Kritik an Hirschs Begriff der Richtigkeit* », in *Seminar : Die Hermeneutik und die Wissenschaften*, hrsg. von H.-G. Gadamer und G. Boehm, Suhrkamp, Francfort, 1978, 393-425.

2. Betti 1955, 317 ; 1967, 230 ; 1962, 53 ; 1988, 41.

3. Betti 1955, 318.

4. Betti 1967, 230 ; 1962, 53.

compréhension jaillirait d'une telle congénialité d'esprit, seul le même étant en mesure de connaître adéquatement le même.

Ce quatrième canon laisse un peu perplexe. On peut tout d'abord se demander, ce fut l'une des objections de Gadamer[1], si la congénialité postulée par Betti ne revient pas à dire que seul un esprit génial ou de même niveau est à même de comprendre une œuvre de génie. Ce serait assurément une conséquence absurde. On peut aussi se demander si ce canon représente vraiment une « règle » herméneutique dont l'application garantirait l'objectivité de l'interprétation, comme semble le croire Betti. L'idée d'une correspondance du sujet à l'objet ne désigne-t-il pas plutôt dans le système de Betti le *résultat* de l'interprétation ? Ce n'est donc pas, à proprement parler, un moyen pour y parvenir.

Le problème majeur de tous les canons de l'herméneutique de Betti est celui de leur application et, partant, de leur portée. L'autonomie de l'objet, le principe de la cohérence, l'actualité de la compréhension et la correspondance de l'interprétation à son objet n'énoncent tous que des évidences. Elles sont opérantes en toute interprétation concrète, mais sans lui imposer des règles qui assureraient par elles-mêmes son objectivité. La question n'est pas de savoir *si* l'interprétation doit être adéquate à son objet (quatrième canon) ou si elle doit se faire conformément à son objet (premier canon), cela va de soi, mais de déterminer *quand* l'interprétation correspond à son objet. Pour cela, il n'y a pas de canon. Il n'y a pas de règle pour l'application de la règle elle-même. Dans tous ses canons, on a le sentiment que Betti se contente de solutions purement verbales[2], qui ne parviennent pas à résoudre les antinomies de l'interprétation.

Il arrive à Betti de reconnaître – mais toujours, si nous avons bien lu, en réponse à Gadamer – que la fonction des canons reste par-dessus tout négative, leur rôle critique consistant à prévenir les erreurs et à écarter les préjugés[3]. Précision utile, mais ne met-elle pas en cause finalement tout le programme d'une herméneutique normative des sciences humaines qui serait en mesure, à elle seule, de garantir l'objectivité de l'interprétation ? Il est sûr qu'une interprétation peut être critiquée si elle ne fait pas droit à son objet ou à sa cohérence, mais

1. « *Hermeneutik und Historismus* », in *Wahrheit und Methode*, 483 sq. (*Ges. Werke*, II, 395) ; tr. fr. *L'art de comprendre*, I, 56.

2. Cf. F. Bianco, 1978, 75.

3. Betti, 1967, 217, n. 1 : « Übrigens gebührt den hermeneutischen Kanons nicht so sehr eine positive als eine negative, kritische Rolle der Vorbeugung vor solche Vorurteile und Voreingenommenheit, die auf eine falsche Fährte führen können ».

peut-on dire, positivement, quand une interprétation est objectivement valide (et pas seulement efficace d'un point de vue rhétorique) ? Cela, aucune herméneutique normative ne peut l'enseigner. Sa fonction n'est au mieux que préventive. L'idée d'une herméneutique qui pourrait nous aider à faire un tri parmi la multitude des interprétations qui ont cours en sciences humaines n'est finalement qu'un rêve scientiste. Elle échoue là où elle promettait de nous fournir une boussole, sur le terrain de l'application.

On en trouve un témoignage indirect dans la position relativement secondaire qu'occupe chez Betti tout le problème de l'application, dont on sait l'importance pour l'herméneutique gadamérienne. Le thème de l'application n'apparaît chez Betti que dans la typologie des différentes tâches de l'interprétation. Seront en effet distinguées l'interprétation purement *recognitive*, l'interprétation *reproductive*, ou *représentative*, et l'interprétation *normative*[1]. L'intérêt didactique de cette distinction est d'assigner les différents types d'interprétation, Betti en nommera neuf, à trois grandes fonctions. Ainsi la fonction recognitive, dont le propos est strictement cognitif, comprend l'interprétation philologique (1), historique (2) et morphologique (3), cette dernière tentant de saisir les grandes structures de l'esprit objectif, les idéaux-types suivant la terminologie de Weber; la fonction reproductive, où la compréhension n'est pas une fin en soi, mais un moyen en vue de présenter une œuvre à un public, englobe la traduction (4), l'interprétation dramatique (5) et musicale (6); la fonction normative, enfin, dont l'intention est d'appliquer un sens général à une situation concrète, ne couvre que l'interprétation juridique (7), théologique (8) et « psychotypique » (9) (cette dernière concerne l'application aux individus de traits généraux, comme dans la psychologie des caractères).

On remarque que l'application n'intervient qu'en dernier lieu. Betti n'y voit pas un trait constitutif de toute interprétation, mais la différence spécifique qui ne caractérise en propre que l'interprétation juridique (l'application d'une loi à un cas particulier) et théologique (dans l'homélie surtout). Selon l'auteur de la *Teoria generale*, le dénominateur commun de la tâche herméneutique reste d'ordre épistémologique, visant la juste intelligence de formes représentatives d'un esprit étranger. Cette fonction s'exerce le plus purement dans le premier type, l'interprétation recognitive ou cognitive qui est l'apanage de la philologie et de l'histoire. Sa tâche se veut strictement *contemplative*[2].

1. Betti 1955, 347 sq.; 1967, 258 sq.; 1988, 64.
2. Betti 1962, 49.

Il ne s'agit pas de transmettre ce sens à un public, comme dans l'interprétation représentative, ou de l'appliquer de quelque manière que ce soit, mais de découvrir un sens dans une visée uniquement « noétique ». Cette fonction noétique, littéralement fondamentale, se retrouve dans l'interprétation représentative, d'une pièce musicale ou dramatique ou dans le cas de la traduction, tout comme dans l'interprétation normative, juridique ou théologique, mais à cette fonction première vient alors se greffer une autre, propre à tel ou tel domaine. Il s'agit alors de représenter une œuvre devant un public ou d'appliquer ce qui a d'abord été noétiquement saisi.

Cette conception épistémologique et contemplative du comprendre se situe bien sûr aux antipodes de l'herméneutique gadamérienne. Celle-ci voit, en effet, dans l'application le problème central de l'herméneutique, celui qui permet de définir et de fonder son universalité. Selon Gadamer, même la compréhension philologique ou historique n'est toujours qu'une application à notre situation de ce qui est à comprendre. Comprendre veut dire retrouver dans ce qui doit être compris quelque chose qui correspond ou, mieux, qui répond à nos questions. Le succès de l'interprétation est fonction d'une telle application à notre situation. C'est le trait existential de son herméneutique, hérité de Heidegger et Bultmann.

Il est intéressant d'observer sur ce point le parallélisme sous-jacent aux démarches opposées de Gadamer et Betti. Dans un cas comme dans l'autre, il s'agit de cerner le nœud du problème herméneutique, celui qui l'habilitera à s'ériger en problématique universelle. Betti découvre ce commun dénominateur dans l'activité théorique, cognitive ou contemplative, réalisée le plus parfaitement au sein de l'interprétation philologique, tandis que Gadamer le trouve dans la dimension pratique de l'application. Et selon Gadamer, c'est dans l'interprétation juridique que se déploie de la façon la plus manifeste la fonction de l'application. Le titre d'un chapitre clef de *Vérité et méthode* parlera donc de « la fonction exemplaire de l'herméneutique juridique ». Plusieurs raisons incitent Gadamer à prendre pour modèle l'interprétation juridique. Il est d'abord indubitable que l'application y joue un rôle essentiel. Le juge essaie toujours de comprendre un texte de loi en vue de son application à un cas précis. Ici, l'activité du comprendre n'est pas distincte de la fonction d'application : on n'a pas « compris » la loi si on ne parvient pas à l'appliquer convenablement. Cela vaut aussi pour l'interprétation accomplie par l'*historien* du droit, insiste Gadamer et contre

Betti[1]. La tâche de ce dernier n'est pas uniquement de reconstruire le sens de la loi, comme le veut Betti, puisque ce sens, il ne peut le saisir qu'en l'appliquant ou en le comparant à sa situation juridique contemporaine, laquelle forme l'horizon de toute relation au passé juridique[2]. Même si sa besogne est plus directement pratique, le juge ne se trouverait pas dans une situation bien différente de l'historien du droit, estime Gadamer, car il doit aussi «comprendre», historiquement, le texte légal qu'il doit appliquer. Mais cette compréhension historique n'est pas distincte de l'application, se trouvant d'emblée orientée vers la solution d'un cas concret.

Si l'herméneutique juridique jouit d'une fonction exemplaire chez Gadamer, c'est aussi parce qu'elle illustre d'une manière très plastique le principe cardinal de *Vérité et méthode*, celui de la *Wirkungsgeschichte* ou du travail de l'histoire. En effet, l'application d'un texte de loi est toujours un acte historique où se médiatisent le passé et le présent. Son application résulte de la rencontre d'un code de loi du passé, de la jurisprudence qui nous l'a transmis et de la particularité du cas présent. La jurisprudence révèle le travail souterrain de l'histoire, son apport productif au texte initial. Or cette histoire, la jurisprudence d'un texte de loi, *lie* le juriste contemporain. Elle découpe l'horizon à la lumière duquel il doit comprendre la loi et l'appliquer à sa situation. Cette nouvelle application juridique, celle que nous pratiquons aujourd'hui, agira à son tour sur l'histoire, en faisant jurisprudence, comme on dit si bien. La décision juridique prise aujourd'hui en regard d'un cas qui est toujours concret et particulier fécondera à nouveau l'histoire du droit, déterminant la perception que les juristes futurs pourront se faire de la loi et des cas individuels qu'ils auront à affronter.

C'est à travers l'application d'un sens transmis du passé au présent que s'articule le travail de l'histoire. L'application représente à chaque fois un avènement de tradition où s'interpénètrent le passé et le présent[3], médiation qui demeurera constitutive de la forme que pourra prendre ce sens à l'avenir. C'est en partant de ce problème capital de l'application que Gadamer tâchera de reconquérir l'unité herméneutique

1. Cf. E. Betti, «*Jurisprudenz und Rechtsgeschichte vor dem Problem der Auslegung*», in *Archiv fur Rechts- und Sozialgeschichte*, Jg. 40, 1952, 354-374, dont tout le propos est de distinguer rigoureusement la tâche herméneutique de l'historien du droit de l'application pratique qu'accomplit la jurisprudence. Pour la réponse de Betti à Gadamer sur ce point, cf. la conférence de Bari, 1961, 21sq.

2. Cf. *Wahrheit und Methode*, 308 (*Ges. Werke*, I, 331); tr. fr. 167-168.

3. *Wahrheit und Methode*, 275 (Ges. Werke, I, 295); tr. fr. 130.

neutique des sciences humaines[1], tout particulièrement de l'histoire, de la philologie, de la théologie, de la philosophie et, bien sûr, du droit. L'effort fondamental de toutes ces sciences, pense Gadamer, en est un d'application. Il s'agit à chaque fois de rendre actuel et parlant un sens issu du passé afin qu'il puisse illuminer notre situation concrète.

Il y a une symétrie savoureuse dans le privilège que Gadamer reconnaît au droit et celui que Betti reconnaît à la philologie. En effet, Gadamer jouit d'une formation de philologue, alors que Betti est d'abord juriste. Tous deux ont développé assez tard dans leurs carrières (Betti avait soixante-cinq ans, Gadamer en avait soixante) une théorie générale de l'interprétation afin d'éclairer les principes de leurs pratiques herméneutiques. Mais chacun a puisé son modèle herméneutique, pour Gadamer l'application et pour Betti la contemplation d'un sens objectivé dans des formes sensibles, dans la discipline de l'autre. Tandis que Betti exalte la compréhension théorique réalisée en philologie, Gadamer tire son inspiration de l'application pratiquée par les juristes. C'est un bel exemple de l'ouverture à l'autre qui doit distinguer toute réflexion herméneutique.

1. *Wahrheit und Methode*, 323 (Ges. Werke, II, p. 346) ; tr. fr. 184.

IX
L'HERMÉNEUTIQUE POSITIVE DE PAUL RICŒUR : DU TEMPS AU RÉCIT

Du silence relatif autour de l'herméneutique de Ricœur

Paul Ricœur est sans contredit le plus important, mais peut-être aussi le seul grand représentant de l'herméneutique en France. L'absence presque totale d'une tradition herméneutique en philosophie française n'aura sans doute pas été favorable à la réception de sa pensée. Les interlocuteurs de Ricœur ont toujours été plus proches de la psychanalyse, du structuralisme ou de la sémiotique, donc farouchement hostiles à l'herméneutique. L'expérience du conflit des interprétations a d'ailleurs laissé sa marque dans tous ses ouvrages, situation de lutte perpétuelle qui n'a pas facilité le repérage de sa contribution originale à l'approche herméneutique.

Le silence relatif qui a entouré la réception de Ricœur en philosophie tient peut-être à son caractère essentiellement dialogique, c'est-à-dire à la situation de débat qui commande tous ses travaux. Relativement isolé en France, Ricœur a été pendant très longtemps contraint de se faire, comme il l'admet lui-même dans la préface à son dernier recueil d'essais herméneutiques [1], l'apologète d'une philosophie de l'interprétation face au défi que présentaient la sémiotique et la psychanalyse. Il n'est pas interdit de penser que ce débat continuel ait pu entraver dans une certaine mesure le développement d'une herméneutique autonome, empêchant ses lecteurs de mieux apprécier l'originalité de sa contribution herméneutique. Dans la préface que nous venons d'évoquer, Ricœur laisse entendre qu'il peut maintenant se dévêtir de son habit d'apologète afin de se consacrer entièrement à la pratique herméneutique, faisant sans doute allusion à ses derniers

1. *Du texte à l'action. Essais d'herméneutique II*, *op. cit.*, 7.

travaux, en particulier *Temps et récit*. Est-ce bien le cas ? Ricœur a-t-il effectivement renoncé au rôle ingrat d'apologiste ? Pour le savoir, il nous faudra pénétrer dans l'univers de son dernier grand livre, vraisemblablement son œuvre maîtresse.[1] Notre thèse sera que cet ouvrage ne s'est pas encore tout à fait affranchi du débat apologétique de l'herméneutique avec son autre – la distanciation objectivante mise en œuvre par la sémiotique et le méthodologisme, dans l'interprétation de l'histoire et de la fiction –, mais que s'y découvre, pour la première fois peut-être, l'herméneutique positive de Paul Ricœur, une herméneutique de la narrativité comprise dans sa relation à la temporalité de l'expérience humaine. Rappelons en quelques mots le sens de l'apologie herméneutique chez Ricœur, avant de mettre en relief l'apport inédit de son herméneutique positive.

Défendre l'univers herméneutique

Un peu paradoxalement, on peut soutenir que, jusqu'à très récemment, l'herméneutique de Ricœur tenait pour une large part dans sa défense de l'herméneutique. L'herméneutique qu'il s'agit de sauvegarder est celle que pratique, instinctivement, la compréhension naturelle dans son rapport à autrui, au monde ou à un texte, compréhension foncièrement ouverte au sens qui l'interpelle à travers un symbole, une métaphore ou un récit. Comprendre veut dire s'engager dans une proposition de sens, laquelle est toujours aussi proposition d'un mode de vie, d'une façon d'agir dans le monde. L'herméneutique dont Ricœur se fait ici l'avocat reste, pour reprendre les termes des travaux sur Freud et le « conflit des interprétations », une herméneutique de la confiance. L'ouverture de la conscience au sens, au monde, à la vérité, à ce qui transcende le texte même, n'est pas un leurre, mais, pour emprunter cette fois le vocabulaire de Heidegger, un existential indéracinable de la réalité humaine. Toutefois, il n'est pas question de défendre cet univers « herméneutique », dont on devine que le champ est très vaste, *contre* les interprétations plus réductionnistes de la conscience ou du texte, celles qui démasquent les illusions de la conscience naïve ou qui biffent le rapport du texte, voire du langage, à un référent non-textuel, c'est-à-dire au monde. Toute la stratégie de Ricœur consiste plutôt à intégrer ces explications, qui procèdent d'une

1. Ce texte a été écrit peu avant la parution de *Soi-même comme un autre*, Paris, Seuil, 1990, où sont proposés les linéaments d'une éthique herméneutique sur laquelle il nous faudra revenir.

herméneutique du soupçon, à l'univers de l'herméneutique primaire. C'est que l'explication réductionniste de la conscience ou du récit, dont la composition se ramènerait à une combinatoire de structures figées et intemporelles, ne rend aucunement caduque l'entreprise d'une herméneutique de la conscience, ainsi que le proclamait volontiers l'approche structurale. Elle sert, au contraire, ses intérêts.

Ricœur tient à préserver la distinction critique entre sens et vérité. Ce n'est pas parce que la compréhension naturelle fait confiance à un *sens* que celui-ci doit être déclaré véridique. On pourrait bien avoir affaire à une illusion que seule une herméneutique de la méfiance nous aide à percer. La conscience vouée à la vérité a donc tout à apprendre de la distanciation méthodique encouragée par l'explication structurale. L'herméneutique, gouvernée par une volonté de comprendre, n'a aucun intérêt à s'opposer à l'*Aufklärung* méthodiste qui n'en serait finalement que l'extension. *Temps et récit* le redira : « expliquer plus, c'est comprendre mieux »[1]. Il ne faut jamais oublier, rappelle aussi Ricœur, que c'est le fait de la mécompréhension qui a donné naissance à l'herméneutique (III, 325). Le détour de la méthode objectivante est donc indiqué, voire exigé, si l'on veut transformer la proposition de sens reçue par la compréhension à son niveau élémentaire en expérience de vérité au niveau de la compréhension scientifiquement contrôlée. Le débat de l'herméneutique ricœurienne avec les adversaires de l'herméneutique primaire, la psychanalyse ou le structuralisme, n'a rien de contingent, il a un *fundamentum in re* : la confrontation est requise par la compréhension et pour elle.

Temps et récit reproduira cette dialectique d'une compréhension qui emprunte le détour de la distanciation méthodique afin de retourner à la compréhension : l'intention de faire de la narrativité un existential de la condition humaine dans son rapport au temps devra traverser les interprétations les plus scientistes des deux modes fondamentaux du récit, l'histoire et la fiction. Mais il s'agit à chaque fois d'une traversée. Si on *explique* plus, c'est toujours, en dernière instance, pour mieux *comprendre*. Ricœur sera ainsi amené à faire valoir les droits inaliénables de l'intelligence herméneutique ou narrative face aux interprétations plus nomologiques ou sémiotiques du récit, celles qui voudraient le réduire à une combinatoire d'invariants rigides et achroniques, excluant finalement le temps de l'univers

1. P. Ricœur, *Temps et récit*, t. II, Paris, Seuil, 1984, 13, 54. Désormais, toutes les références à *Temps et récit* se feront simplement par l'indication du tome et de la page dans le corps du texte.

narratif (qu'on pourra dorénavant tenir pour synonyme de l'univers herméneutique). La sémiotique narrative, note justement Ricœur, vise à déchronologiser et à relogifier le récit (II, 52). Déchronologiser le récit, n'est-ce pas l'antithèse de *Temps et récit*? Assurément, mais Ricœur, dont on ne soulignera jamais assez la patience et la générosité, estime néanmoins que le détour sémiologique reste indispensable si l'on veut prendre toute la mesure de la temporalité consubstantielle de l'expérience narrative. Comme si le temps de la narration devait s'exposer à son contraire, à son abolition en fait, afin de revendiquer ses titres de noblesse. Il y a du Hegel au cœur de cette stratégie : l'esprit herméneutique ne peut aspirer à l'universalité qu'en se niant lui-même, qu'en intégrant patiemment sa propre négation, pour mieux se retrouver en fin de parcours.

L'herméneutique de *Temps et récit* n'échappe donc pas totalement à la logique de l'apologie, celle qui avait incité Ricœur à ouvrir un débat avec la psychanalyse et le structuralisme dans son herméneutique des symboles (*De l'interprétation* et *Le conflit des interprétations*), puis dans *La métaphore vive* (qui offrait une riposte herméneutique à la mise en cause des ressources référentielles et, partant, ontologiques et véritatives de l'innovation métaphorique). Mais *Temps et récit* outrepassera cette volonté purement apologétique en proposant une nouvelle caractérisation de l'univers herméneutique. Il s'agira moins de défendre cet univers que de le définir, à partir de son horizon essentiel, le temps et le récit. L'herméneutique positive de la narrativité du temps s'édifiera *aussi* sur la base d'un dialogue ou d'une lutte avec un partenaire de taille, mais cette fois, l'interlocuteur ne sera pas un représentant direct de l'herméneutique du soupçon, mais un phénoménologue et un herméneute à part entière, Martin Heidegger.

La réponse de Temps et récit *à Heidegger*

Le titre « Temps et récit » doit être lu selon la logique de la question et de la réponse. La question du livre, son problème, son énigme fondamentale, est le temps. Ricœur relance systématiquement la question qu'on trouve textuellement chez Aristote, Augustin, Kant, Husserl et Heidegger : qu'est-ce que le temps ? (III, 144) Comment réussir à le penser ? La réponse à la question sera donnée par le récit. Sommairement : le temps ne se laisse pas conceptualiser, mais seulement raconter. Penser le temps, c'est thématiser le temps raconté, la narrativité essentielle de l'expérience humaine, le dénominateur commun de l'univers herméneutique. La prise en compte de la narrativité principielle du temps résulterait de l'échec de la philosophie ou de la phénoménologie, d'Augustin à Heidegger, à conceptualiser le temps de manière unitaire, cohérente et totalisante.

Située dans ce contexte, l'entreprise de Ricœur, lui-même phénoménologue, entend relayer celle de Heidegger, qui fut le dernier à risquer une phénoménologie du temps. Philosophiquement, c'est donc Heidegger – et non Schleiermacher, Dilthey, Freud, Husserl ou Gadamer – qui nous paraît être l'ultime répondant phénoménologique et herméneutique de Ricœur. Le titre « Temps et récit », de par sa simplicité, sa structure et son statut thétique, est trop apparenté au titre « Être et temps » pour ne pas apparaître comme son prolongement ou sa réplique. Thèse indirectement confirmée, si besoin est, par les nombreux textes où Ricœur reconnaît que le travail de Heidegger représente la dernière avancée significative dans l'histoire de la phénoménologie du temps (III, 127-8). Ricœur reprend donc le flambeau là où Heidegger l'avait laissé, là où sa phénoménologie avait débouché sur une aporie, au niveau de la compréhension du temps.

Rappelons, très schématiquement, l'itinéraire d'*Être et temps*, celui qui mène de l'être au temps, et que Ricœur conduira de là jusqu'au récit. Le titre « Être et temps » se laisse lui-même comprendre selon la logique de la question et de la réponse. L'ouvrage part de la question du sens de l'être, laquelle doit trouver sa réponse dans une analyse de la temporalité du *Dasein*. Le temps doit apparaître, selon l'intitulé de la première partie de *Sein und Zeit*, dont seuls les deux tiers ont été publiés, comme « l'horizon transcendantal de la question de l'être ». C'est à partir du temps que l'être doit devenir transparent. Ricœur a raison de noter que l'ambition d'interpréter la question de l'être en fonction du temps en est restée à l'état de projet chez Heidegger (III, 105, n. 2). Même avec le secours du cours de 1927 sur *Les problèmes fondamentaux de la phénoménologie*, il est difficile de lire dans l'analytique de la temporalité, proposée par la deuxième section, « *Dasein* et temporalité », une réponse à la question première du livre, celle du sens de l'être. Il est dès lors permis, même si cela heurte une certaine orthodoxie, d'étudier la phénoménologie de la temporalité pour elle-même, donc indépendamment de la réponse qu'elle aurait pu offrir à la problématique ontologique, en vue de faire avancer l'intelligence du temps humain. Extraordinairement soucieux de marquer l'impuissance du concept philosophique à embrasser le phénomène du temps – nous y reviendrons –, Ricœur s'emploiera à dépister un certain nombre de difficultés ou d'apories au sein de l'analyse heideggérienne de la temporalité, insistant surtout sur l'absence de transition réelle entre l'historialité du *Dasein* et l'intra-temporalité ordinaire, lacune responsable de l'oscillation perpétuelle entre le temps (authentique) du *Dasein*, le temps phénoménologique ou subjectif, et le temps du monde, cosmique et objectif.

Il nous est impossible d'entrer ici dans le détail de ces analyses d'une grande finesse, mais relativement complexes, d'autant qu'elles recoupent des apories signalées dans les phénoménologies d'Augustin, Aristote, Kant et Husserl. Nous ne retiendrons qu'un seul aspect névralgique de la phénoménologie heideggérienne qui permet de contraster l'entreprise de *Sein und Zeit* avec celle de *Temps et récit* : l'interprétation de l'être-pour-la-mort. Ricœur y aperçoit à bon droit le point culminant de l'analytique heideggérienne de la temporalité. Il découle de la caractérisation inaugurale du *Dasein* comme d'un être de souci. En vertu de sa structure formelle, le souci fait du *Dasein* un être qui se trouve constamment au-devant de lui-même, trait lui-même impliqué dans la quasi-définition du *Dasein* comme d'un étant pour lequel il y va en son être de cet être même. Projeté au-devant de lui-même, le *Dasein* se trouve tôt ou tard confronté à sa propre mortalité, sa limite insurpassable. C'est beaucoup dire, car le plus souvent cette confrontation n'a pas du tout lieu. Non pas parce que le *Dasein* aurait d'autres soucis en tête, mais plutôt parce qu'il choisit de fuir ce rendez-vous avec soi-même auquel il est convoqué en tant que *Dasein*, c'est-à-dire en tant qu'étant qui sait ce qu'il en est de son être et de sa fin. Si le *Dasein* se livre à d'autres soucis on-tiques, c'est parce qu'il cherche à échapper au face à face avec sa propre temporalité. La fuite devant ce que nous sommes fondamentalement peut difficilement ne pas paraître *inauthentique* (c'est pourquoi nous estimons que la séparation de l'authentique et de l'inauthentique chez Heidegger est moins arbitraire qu'on ne le pense souvent). La difficulté apparaît quand vient le moment de définir une attitude authentique face à la mort. Comment se comporter de manière authentique devant sa mort ? Heidegger opte pour une solution que Ricœur qualifie de stoïcienne : la résolution devançante face à la mort, érigée en « pierre de touche de toute attitude authentique relative au temps » (III, 110). Aux yeux de Ricœur, cette réponse n'a en soi rien de très contraignant. Elle ressortirait davantage à la conception personnelle, existentielle, de l'homme Martin Heidegger qu'à une analyse philosophique, à prétention universelle, de la mort et du temps. Par-dessus tout, l'idée heideggérienne d'une résolution devançante face à sa propre mort pourrait signifier une impossibilité de principe, une non-réponse finalement. « Pour ma part», écrit Ricœur, «je tiens pour aussi légitime une analyse comme celle de Sartre, qui caractérise la mort par l'interruption de notre pouvoir-être plutôt que comme sa possibilité la plus authentique» (III, 101). Le caractère utopique de la course résolue au-devant de la mort se révèle déjà à son manque de contenu. Heidegger ne spécifie jamais en quoi pourrait consister concrètement pareille résolution ni ce qu'en pourraient être les conséquences pratiques ou éthiques. Encore ici, on pourrait faire valoir que le formalisme abstrait se trouve en partie justifié par le projet d'une analytique existentiale. Son intention avouée n'est pas de proposer pour notre édification des modèles d'action concrets, mais d'indiquer la case vide d'une résolution face à la mort, que doit assumer pour soi-même et selon *sa* situation tout être humain, le *Dasein* étant à chaque fois *je-meinig*. Il n'en demeure pas moins que la case vide de la résolution pour la mort pourrait représenter, faute d'illustration concrète – plus difficile à imaginer ici qu'ailleurs dans tout *Sein und Zeit* –, une impossibilité *stricto sensu*, une impasse donc dans l'analyse du temps.

La solution «intimiste» apportée par Heidegger au problème du temps authentique est d'autant plus grave selon Ricœur qu'elle paraît couper tous les ponts qui la relie aux autres aspects du temps vécu, le temps des horloges, celui de la préoccupation, de l'histoire, de l'interaction, autant d'aspects que Heidegger semble rabaisser au niveau du temps «vulgaire». Or ce temps n'est vulgaire que si on le mesure à l'étalon d'une temporalité authentique, la résolution face à la mort, dont la praticabilité n'a pas été démontrée, et que si l'on parvient à montrer de quelle manière il dérive d'un temps différent, plus authentique, déduction que Heidegger n'aurait pas non plus réussie. Jusqu'à nouvel ordre donc, le temps du monde devra être absous de son soupçon de vulgarité et rebaptisé temps cosmique ou objectif, mis sur le même pied que les autres modes du temps, le temps du souci ou le temps vécu de l'existence, appelé temps phénoménologique ou subjectif[1]. Le temps vulgaire, celui des horloges et du calendrier, qui consigne le temps du cosmos, s'en trouve réhabilité, car il traduirait une expérience autonome et non moins réelle du temps qui ne se laisserait pas déduire du temps de la conscience, du *Dasein* ou de son être-pour-la-mort. Mais le problème initial persiste : comment penser l'unité du temps lui-même, sous ses aspects cosmique et vécu?

1. Cf. III, 179-180 : «Mais si on donne un droit *égal* au temps du souci et au temps cosmique, il faut renoncer à voir dans ce dernier un «nivellement» des formes les moins authentiques de la temporalité».

Heidegger, comme tous les phénoménologues qui l'ont précédé, aurait échoué dans sa tentative d'élaborer une conception unitaire et totalisante du temps. *Temps et récit* sera la conséquence de cet échec, qui serait aussi l'échec de toute pensée philosophique qui cherche à comprendre le temps.

Du temps au récit

Heidegger était parti de l'être pour arriver au temps. Ricœur, quant à lui, partira directement du temps. Ce n'est pas un hasard si le temps est le premier figurant dans le titre «Temps et récit». Il n'eût pas été indifférent d'en inverser les termes, comme aurait pu le conseiller l'ordre alphabétique. En plus d'obscurcir l'évidente descendance heideggérienne de l'œuvre, cela aurait été contraire à la logique de la question et de la réponse qui gouverne l'ouvrage. Le problème philosophique fondamental est bien celui du temps, «que nous sommes», insiste Ricœur après Heidegger[1]. C'est en effet l'énigme du temps qui, en raison de son insaisissabilité, attestée par l'histoire et les apories de la phénoménologie, lance un défi à la pensée. Défi qui est en même temps celui du sens de notre existence finie dans le temps, enveloppée dans l'infinité du temps cosmique. Or ce défi, ce n'est plus la philosophie, qui paraît avoir épuisé ses possibilités, mais le récit qui le relèvera. Comment? Voilà toute la question. Comment articuler les rapports du temps et du récit ou, pour respecter la structure de l'œuvre, la question du temps et la réponse du récit?

Ricœur écarte assez rapidement – dans une partie, du reste, un peu moins systématique du livre, alors qu'est discuté un ouvrage de F. Kermode – la relation qui pourrait apparaître la plus organique, celle qui voit dans le récit une réponse au besoin de consolation face à la mort (II, 45-47). N'est-ce pas pour échapper ou pour donner sens à notre condition temporelle de mortels que nous nous racontons des histoires? Ricœur ne se satisfait pas de cette solution, dite nietzschéenne, qui réduit le récit à la fonction de tromperie vitale. Le récit n'est pas simplement l'opium du temps, parie Ricœur : «Il me paraît légitime (...) de tenir en réserve d'autres rapports possibles, entre la fiction et la réalité de l'agir humain, que la consolation réduite au mensonge vital. La transfiguration aussi bien que la défiguration, la

1. I, 312. Heidegger l'affirmait à la toute fin d'un cours de 1925, *GA*, t. 20, 442.

transformation aussi bien que la révélation, ont aussi leur droit qui doit être préservé» (II, 47). C'est reconnaître que le récit n'a pas pour seule finalité de nous aider à mieux dormir en répondant à notre désir d'apaisement, ou de distraction, face à la mort. Le récit peut aussi nous décevoir, nous bouleverser, nous éveiller à l'agir, etc. Ce sont plutôt ces possibilités que Ricœur s'efforcera d'explorer tout au long de *Temps et récit*.

On ne pourra faire justice à la variété de ces possibilités dans le cadre restreint de la présente analyse. Mais une possibilité du récit paraît surplomber toutes les autres dans l'économie de l'ouvrage. C'est celle qui souligne l'ouverture d'un monde proposée par le récit, historique ou fictif. On retrouve ici un thème cher aux travaux herméneutiques antérieurs de Paul Ricœur. Loin de se refermer sur soi-même, comme le voudrait la narratologie sémiotique, le récit ouvre toujours sur un dehors, un extérieur. Et «cette ouverture consiste dans la *proposition d'un monde susceptible d'être habité*» (II, 150). La mise en intrigue du récit déploie «un éventail de possibilités existentielles» (II, 193-4), une «expérience virtuelle de l'être au monde» (II, 151) dans laquelle le lecteur peut s'engager (après avoir traversé, si l'on y tient, la distanciation objectivante de l'interprétation sémiologique).

La configuration, fictive ou historique, n'est cependant pas une entité autonome, restreinte à la composition littéraire. En tant que *proposition* d'un monde, elle suscite ou «appelle» une réponse active de la part du lecteur. La proposition est toujours faite à un lecteur qui doit engager un débat, voire un combat avec l'être au monde qu'ouvre le récit. Non seulement importe-t-il de faire valoir, à l'encontre de l'intelligence purement sémiologique, comme l'avait fait *La métaphore vive*, que l'œuvre littéraire se transcende en direction d'un monde, il est non moins capital de reconnaître, et ceci représente l'un des apports les plus significatifs de *Temps et récit*, que cette transcendance demeure enfouie dans l'immanence du texte tant et aussi longtemps que fait défaut l'activité de lecture, autrement dit, l'implication dialogique du lecteur dans la proposition du récit (III, 230). Le moment herméneutique ainsi signifié est celui de l'application ou de l'appropriation. Ricœur s'inspire ici largement de la théorie gadamérienne de l'application et de ses prolongements au sein de l'esthétique de la réception élaborée par H. R. Jauss et W. Iser. Le terme de réception est en lui-même extrêmement précieux puisqu'il désigne à la fois une passivité, ce qu'est la lecture selon l'intelligence traditionnelle, et une activité, la réponse, sinon la riposte du lecteur à la proposition du texte. C'est au lecteur qu'il appartient de dis-poser du pro-pos du texte. Le récit ne réalise donc son *telos* que dans son application à *notre* monde et à *notre* situation.

La thèse sous-jacente à ces analyses cardinales est que notre propre identité, aussi bien collective que personnelle, ne se constitue qu'à travers un tel processus complexe de réception où se conjuguent l'acceptation, le refus et la transformation productrice qui caractérisent le rapport de conservation et d'innovation de toute génération, et de tout individu, en regard de ce que lui a transmis la tradition. Ricœur forge à ce propos l'importante catégorie d'*identité narrative*. Notre autocompréhension, notre identité, nous la tirons essentiellement de l'activité narrative. Ce sont les récits que nous avons entendus ou lus, et que nous avons transformés en les appliquant à notre situation, elle-même narrativement structurée, qui font de nous ce que nous sommes.

La notion d'identité narrative tient admirablement compte de la finitude de l'existence humaine. En mettant en évidence le poids de la tradition dans la compréhension que nous avons de nous-mêmes, elle rappelle « que nous ne sommes jamais en position absolue d'innovateurs, mais toujours d'abord en situation relative d'héritiers » (III, 320). Il nous est impossible de repartir à zéro. Nous apparaissons toujours à un moment déterminé de ce que Richard Rorty appelle la grande conversation de l'humanité avec elle-même. Avec Ricœur, il serait peut-être à propos de parler du grand récit qu'est l'histoire de l'humanité et qui forme notre identité, encerclant et orientant notre finitude. Nous sommes tributaires de ce grand récit ou, plus précisément, de ces récits que nous devons appliquer, en raison aussi de notre finitude et de ses intérêts, à notre monde.

Mais la narrativité manifeste également la finitude de notre expérience à un autre niveau. Il y a récit justement parce qu'il n'y a pas de vision totale de la réalité historique. La narrativité représente l'instance qui vient suppléer à l'absence de totalité, totalité dont le système de Hegel aura été la plus complète, mais aussi la dernière proclamation philosophique. Le plaidoyer de Ricœur en faveur du récit suppose donc une renonciation au système de Hegel. « Renoncer à Hegel », s'exclame douloureusement l'avant-dernier chapitre de *Temps et récit*, celui qui précède l'herméneutique de l'historicité et du temps fini, donc raconté plutôt que totalisé.

L'ouvrage aurait aisément pu s'intituler « Totalité ou narrativité », tant l'oppposition historique à Hegel est déterminante pour l'entreprise herméneutique de Ricœur (III, 298). Il reste cependant infiniment douloureux de renoncer à Hegel puisque ceci signifie que la philosophie ne pourra plus être ce qu'elle a traditionnellement été ou voulu être, science de l'absolu, possession de *la* vérité. La pensée de la totalité ne se conçoit qu'au prix d'une élimination de la finitude et du temps. Hegel en était parfaitement conscient, nonobstant ses déclarations répétées au sujet de l'enracinement temporel de la philosophie, mais qui ont toujours pour fonction de tourner en dérision les prétentions de ceux qui attendent de la philosophie une recette pour rendre le monde meilleur. Non, si la philosophie doit abandonner ces velléités utopiques, c'est parce qu'elle a affaire au présent éternel de l'esprit, à la vérité absolue, donc achronique.

La philosophie ne peut plus suivre la voie magistralement enseignée par Hegel. Depuis l'échec de sa philosophie, et à cause de lui, c'est le temps qui s'est imposé comme l'incontournable par excellence de la réflexion philosophique, un temps rebelle à toute totalité et toute vérité absolue. Et selon Ricœur, ce temps ne se laisse même plus concevoir, mais seulement raconter. Le récit est-il l'ultime réponse de la philosophie contemporaine au défi du temps ? Mais s'agit-il encore d'une réponse philosophique ? Ou purement littéraire ? Et à quelle vérité le récit nous convie-t-il si nous ne pouvons plus espérer de vérité absolue ? Voilà les questions que nous aimerions poser, en terminant, à *Temps et récit*.

Deux questions à Paul Ricœur

> « Le fantôme de Hegel surgit toujours de quelque placard ! »
> (III, 343)

Celle de la vérité du récit

Nous avons observé que Ricœur faisait relativement peu de cas d'une conception qui risque d'apparaître un peu simpliste de la relation entre le temps et le récit : celle qui salue dans le récit une réponse au besoin de consolation de l'homme face à la mort. Conception qui avait été repoussée parce qu'elle réduisait le récit à une fonction de mensonge vital qui ne ferait pas droit à ses fonctions transfigurantes et révélatrices. Nous nous demandons simplement si la solution préconisée par Ricœur s'écarte beaucoup de l'interprétation nietzschéenne du récit-consolation. Ce que le récit nous propose en dernière instance, selon Ricœur, c'est l'ouverture d'un monde susceptible d'être habité. Or ce monde peut-il être habité s'il ne convient pas, d'une manière ou d'une autre, à nos attentes ou à nos besoins ? Certes, le monde découvert par le récit n'a pas à être conforme à notre vision du réel, il peut nous décontenancer, nous horrifier aussi. C'est alors qu'entre en scène la rispote du lecteur. Mais cette réplique ne peut s'effectuer qu'en fonction de son espace d'expérience et de son horizon d'attente. Il n'est pas exclu que cette expérience et cet horizon, ouverts en principe, soient métamorphosés par le récit, mais toujours et seulement parce qu'il *me* fait comprendre quelque chose. Or comprendre, selon Gadamer et Ricœur, signifie invariablement appliquer. La leçon que je tire du récit, fût-elle bouleversante en regard de mes attentes et de mes intérêts, reste attachée à ma situation. Le lecteur ne peut pas sauter à volonté par-dessus son ombre. Ricœur dit, par exemple, des fictions qu'elles sont « capables de nous *orienter* ultérieurement dans le déchiffrage de *notre* condition effective et de sa temporalité » (II, 113 ; nous soulignons). Le récit répond bel et bien à un besoin tout à fait pragmatiste d'orientation. Or le pas qui mène du récit-consolation au récit-orientation est-il si considérable ? Le concept narratif de vérité n'est-il pas pragmatique de part en part ?

D'où la question : qu'est-ce qui permet alors de distinguer l'expérience de vérité du « mensonge » ? Quel est le critère de vérité dans l'univers narratif ? L'ouverture d'un monde susceptible d'être habité ? L'ouverture d'un monde est proposition de sens, mais qu'est-ce qui en fait une vérité ? On ne trouve aucune réponse claire et distincte à cette question dans *Temps et récit*. On a beau assurer que le récit ne saurait être réduit au rôle de tricherie vitale, mais on a besoin d'un concept plus ferme (non narratif ?) de vérité pour parler de tricherie. Qu'on nous permette une analogie avec le débat de Ricœur avec Heidegger : de même qu'il est illégitime de parler d'un temps « vulgaire » tant qu'on n'a pas démontré comment il dérive d'un temps plus « authentique », de même il n'est pas convaincant de faire un procès rapide à la thèse du récit-mensonge si on n'a pas élaboré un concept de vérité narratif ou herméneutique, dont on ne voit pas encore très bien en quoi il se distingue du pragmatisme.

La dernière page du second tome de *Temps et récit* avait pourtant promis « une reformulation radicale du problème de la vérité, à la mesure du pouvoir qu'a l'œuvre d'art de détecter et de transformer l'agir humain » (II, 234), reformulation que devait apporter la théorie de la lecture et de l'application dans le tome III. Est-ce le lecteur qui est l'arbitre ultime de la vérité ? On ne sort pas alors du pragmatisme[1].

1. On en trouve un indice supplémentaire dans l'abandon par Ricœur (III, 230) du vocabulaire de la référence et son remplacement par celui de l'application (III,

Hegel, dont le fantôme ressurgit toujours de quelque placard, y aurait encore dénoncé une forme de subjectivisme, incompatible avec l'idée même de vérité. Que répond Ricœur à Hegel ici ?

Celle de la prétention philosophique du récit

Selon l'une des thèses les plus insistantes de *Temps et récit*, le récit serait en mesure d'offrir une réponse aux apories de la phénoménologie du temps. Le récit réussirait là où la philosophie échoue. Renoncer à Hegel, c'est aussi, dans l'esprit de Ricœur, prendre acte des limites, voire de l'impuissance de la pensée spéculative. Seule une solution poétique peut être apportée à l'aporétique de la temporalité. Il y a un trait quasi schellingien dans cette attitude qui confie à l'art le soin de résoudre ou de faire avancer les apories de la philosophie. Il n'est pas nécessaire de rappeler ici que ce geste a déjà caractérisé plusieurs autres stations de la méditation philosophique depuis Hegel, et non des moindres. Des penseurs comme Nietzsche, Heidegger, Adorno et Gadamer ont tour à tour entrevu dans l'art une prétention de vérité qui surclasserait celle de la philosophie, pensant aussi de cette façon « renoncer à Hegel ». La valorisation du récit aux dépens de l'*hubris* de notre pensée à se poser en maîtresse du sens (III, 375) chez Ricœur obéit-elle à une logique analogue ?

Oui, si l'on en croit sa théorie. Non, si l'on tient compte de sa pratique philosophique. Expliquons-nous. Toute la théorie de *Temps et récit* vise à démontrer que seul le récit, ou la poétique narrative, est en mesure de répondre aux apories de la phénoménologie du temps. Mais est-ce bien le récit lui-même, celui des historiens et des écrivains, qui vient résoudre l'aporétique du philosophe ? Nous pensons que non. D'entrée de jeu, l'historien et l'artiste n'ont pas pour vocation de « résoudre » des problèmes philosophiques. Le jeu de langage de la *solution* et de la *réponse*, qu'utilise constamment Ricœur, porte beaucoup trop visiblement la marque du discours philosophique pour pouvoir être appliqué sans reste au royaume de la production historique ou littéraire. Il trahit l'origine et la finalité proprement philosophiques de l'enquête de Ricœur. L'instance qui vient parcourir les apories de la temporalité, ce n'est pas le récit en tant que tel, mais bien la théorie philosophique de la narrativité, celle que propose l'auteur de *Temps et récit*. L'accusation est un peu énorme, quoique bienveillante, mais Ricœur a peut-être confondu le plan du récit et celui de la théorie

229). Mais si l'herméneutique se veut ouverture à l'autre, elle ne peut faire l'économie d'un réalisme de la référence.

philosophique du récit, sous-estimant par le fait même les ressources spéculatives ou phénoménologiques de sa propre pensée.

Ni l'histoire ni la littérature ne veulent répondre à la question, fondamentale entre toutes, mais plus théorique qu'existentielle, « qu'est-ce que le temps ? » Il leur appartient, et d'insigne façon, d'illustrer le temps vécu, de révéler peut-être des versants inouïs de la temporalité, voire d'effectuer une synthèse figurative d'aspects du temps que l'analyse philosophique ne parvient pas à concilier, mais celui qui thématise cette synthèse de l'hétérogène, celui qui élève au concept la narrativité essentielle du temps, ce n'est pas l'historien ou l'écrivain, mais le philosophe. C'est bien lui qui entend tirer parti des ressources imaginatives du récit afin de rendre compte, conceptuellement, de la diversité des visages du temps humain, temps toujours raconté, dans le cadre d'une théorie philosophique de la narrativité.

Ricœur paraît l'avoir implicitement reconnu dans son dernier chapitre, « Vers une herméneutique de la conscience historique », et sa conclusion. Il lui arrive alors de parler de « la réplique de la conscience historique » (III, 369), d'une « réplique de la narrativité » ou de « la pensée de l'histoire » (III, 374). Or la *pensée* de l'histoire, la *narrativité* et la *conscience* historique sont-elles des *catégories* qui relèvent du récit lui-même ou de la philosophie ? Le fantôme de Hegel sort à nouveau de son placard : la pensée, ou la résolution, à tout le moins partielle, des apories du temps n'est pas à mettre au compte des récits composés par les historiens ou les poètes, mais à celui d'une herméneutique philosophique de la conscience historique qui s'appuie sur le témoignage du récit dans le but de prendre la mesure du temps humain. La pensée de ce temps, raconté, relève du concept et non du récit. Les catégories cruciales d'identité narrative, de totalisation de même que celle de l'inscrutabilité du temps – tout bon concept doit savoir reconnaître sa limite – demeurent des catégories philosophiques, illustrées mieux qu'ailleurs par le récit, mais élaborées par le philosophe. La pratique conceptuelle et phénoménologique de *Temps et récit* vient ainsi relativiser l'un des aspects les plus proéminents de sa théorie. En d'autres termes, la philosophie est moins mal en point que ne le pense Ricœur et c'est sa propre réflexion qui vient le démontrer. C'est maintenant Gadamer qui nous aidera à cerner cet avenir herméneutique de la philosophie.

X
HERMÉNEUTIQUE ET RELATIVISME

L'accession de l'herméneutique au rang de philosophie première

On a pu dire de l'herméneutique qu'elle était l'un des « courants » dominants de la philosophie contemporaine. À vrai dire, il s'agit d'une appellation un peu inusitée pour une école de pensée. En règle générale, les tendances philosophiques s'identifient plutôt par des -ismes : néo-kantisme, positivisme, existentialisme, structuralisme (pensons, plus récemment, au déconstructivisme de Cambridge). À l'instar d'autres termes scientifiques se terminant en « -ique », l'herméneutique désigne originairement une discipline ou une technique, non une orientation de pensée. La logique, la rhétorique, la physique, la métaphysique ne sont pas des titres qui caractérisent des écoles, mais bien des disciplines ou des adjectifs servant à identifier une *technè*[1], parfois une *epistemè*. Dans l'encyclopédie des savoirs, l'herméneutique se concevait comme la science des règles présidant à l'interprétation des textes, la *technè* de l'*hermeneuein*. Mais comment la discipline de l'interprétation est-elle devenue le nom d'une théorie philosophique ? Comment, en d'autres termes, est-on passé de l'herméneutique à ce que l'on pourrait appeler l'herméneutisme contemporain ?

De mauvaises langues insinueront que, si l'herméneutique s'impose aujourd'hui en tant que forme privilégiée de la réflexion philosophique, ce serait parce que la philosophie, continentale à tout le moins, n'aurait plus rien d'autre à faire que d'interpréter des textes, se réduisant à l'exégèse de sa propre histoire. Un peu désillusionnée vis-à-vis de ses possibilités systématiques ou scientifiques, la philosophie se serait résolue à n'être rien de plus qu'un retour narcissique sur sa tradition, d'où sa vocation foncièrement herméneutique. Ce jugement

1. Cf. l'étude de P. Chantraine, « Le suffixe grec *ikos* », dans *Études sur la vocabulaire grec*, Paris, Klincksieck, 1956, 142.

caricatural, donc partiellement vrai, n'atteint cependant pas le fond du problème : la promotion de l'herméneutique au rang de *théorie* philosophique. Car faire de l'histoire de la philosophie, ce n'est pas – puisque les philosophes de toutes les tendances s'y adonnent – s'identifier *ipso facto* à une orientation philosophique.

Si l'herméneutique a pu s'ériger en théorie philosophique à notre époque, c'est plutôt parce qu'on s'est avisé de l'universalité que revêt la question de l'interprétation. Loin de se limiter aux sciences strictement interprétatives, comme l'exégèse, la philologie, le droit et l'histoire, les quatre disciplines qui ont traditionnellement préoccupé l'herméneutique ou l'*ars interpretandi* jusqu'au XIXe siècle, le problème de l'interprétation émerge aujourd'hui comme l'un des ressorts essentiels de tout savoir. Les épistémologues, comme Karl Popper, et les historiens des sciences, pensons à Thomas S. Kuhn, nous ont appris jusqu'à quel point la théorie scientifique est toujours interprétation, découpage, lecture du réel en fonction des exigences, peu ou prou explicites, de la recherche et de son contexte historicoculturel. La science ne se borne pas, comme le pensent le positivisme et le sens commun, à décrire des faits ; elle doit les mettre en ordre, les conceptualiser, en un mot, les interpréter. L'épistémologie contemporaine tire de la sorte les conséquences herméneutiques de la distinction kantienne entre phénomènes et chose en soi : la science n'est pas simple reflet du réel tel qu'il est en soi, mais, immanquablement, schématisation, interprétation, traduction motivée des phénomènes.

Plus fondamentalement, on s'est aussi rendu compte que l'interprétation jouait un rôle de premier ordre sur le terrain de l'existence vécue, préscientifique : dans l'orientation que nous voulons bien donner à notre agir, les opinions que nous faisons nôtres et les jugements de valeur que nous avons hérités de notre éducation ou de notre milieu. On en aperçoit la trace dans le mot foudroyant de Nietzsche : « Il n'y a pas de phénomènes moraux, rien qu'une interprétation morale des phénomènes »[1]. Le perspectivisme nietzschéen rend perceptible, sans doute pour la première fois dans l'histoire de l'Occident, l'universalité virtuelle de la dimension herméneutique. Derrière toute connaissance, toute attitude et tout agir se tapit une interprétation du réel toujours déjà transformé afin de servir les intérêts d'une volonté de puissance. Il est permis d'affirmer que l'herméneutique contemporaine est la philosophie qui cherche à prendre la mesure de cet univers

1. *Par delà le bien et le mal*, aph. 108. Rappelons aussi la formule plus universelle du fragment 481 de la *Volonté de puissance* : « Il n'y a pas de faits, seulement des interprétations ».

formidable de l'interprétation, découvert par Nietzsche, même s'il n'est que relativement peu question de Nietzsche dans ses exposés théoriques [1]. En tenant compte du caractère fondateur de l'interprétation dans notre rapport au monde, l'herméneutique ne renonce pas à la prétention universelle de la philosophie, elle la réalise. C'est parce que tout rapport au réel, donc toute théorie, repose sur une interprétation que l'herméneutique a pu acquérir une portée universelle. L'universel de l'interprétation représente l'instance qui aiguille l'orientation herméneutique de la philosophie contemporaine et qui pourrait habiliter la philosophie à maintenir sa prétention fondamentale à l'universalité. L'herméneutique est ainsi devenue *prima philosophia*.

Herméneutique normative et herméneutique phénoménologique

En revendiquant le statut de philosophie première, l'herméneutique du XXe siècle (l'herméneutisme, si l'on veut) ne se présente évidemment plus comme une herméneutique au sens traditionnel du terme, c'est-à-dire comme une science des règles de l'interprétation des textes. L'intention de l'herméneutique classique se voulait essentiellement technique et normative. Son propos était d'indiquer les règles ou la méthode à suivre quand on cherche à interpréter des écrits de manière scientifique, en vue d'écarter l'arbitraire et le subjectivisme dans le domaine de l'interprétation [2]. L'herméneutique contemporaine renonce à ce projet normatif et technique pour se situer à un niveau plus élémentaire : elle n'enseignera plus comment l'on doit interpréter

1. Ricœur nomme Nietzsche parmi les maîtres du soupçon, mais il se concentre surtout sur Freud. L'herméneutique de *Sein und Zeit* se constitue aussi sans référence décisive à Nietzsche. Le débat que mènera Heidegger avec Nietzsche à partir des années trente est par ailleurs solidaire d'un dépassement de la problématique herméneutique. Et le maître-livre de Gadamer, *Vérité et méthode*, reconstruit l'histoire de l'herméneutique et de son accession à l'universalité sans reconnaître de fonction privilégiée à la station nietzschéenne. Au cours des dernières années cependant, Gadamer a de plus en plus souligné sa pertinence herméneutique. Cf. ses études récentes « Le défi herméneutique », in *Revue internationale de philosophie*, no. 151, 1984, 333-340, et « *Das Drama Zarathstras* », in *Nietzsche-Studien*, 15, 1986, 1-15. Entre-temps des spécialistes de Nietzsche avaient déjà attiré l'attention sur l'actualité herméneutique de l'œuvre nietzschéenne, tout spécialement J. Figl, « *Nietzsche und die philosophische Hermeneutik des 20. Jahrhunderts* », in *Nietzsche-Studien*, 10/11, 1981/2, 408-430.

2. Cf. W. Dilthey, « Origines et développement de l'herméneutique », in *Le monde de l'esprit*, t. I, *op. cit.*, 319-340.

(dans une visée normative), mais comment, de fait, on interprète; non pas ce que nous devrions faire, mais «ce qui, par-delà notre vouloir et notre faire, nous arrive» [1] lorsque nous interprétons. Il s'agit d'une approche résolument phénoménologique, ou descriptive, qui a pris conscience de l'antériorité de l'ordre herméneutique en regard de toute tentative visant à régulariser ou à discipliner méthodiquement le travail de l'interprétation. C'est en laissant tomber sa visée initialement normative et en se constituant comme phénoménologie de l'interprétation que l'herméneutique peut aspirer à la dignité de philosophie première.

La transformation phénoménologique de l'herméneutique paraît devoir s'accompagner d'un tournant pluraliste. Alors que l'herméneutique traditionnelle, normative, avait tendance à penser qu'un texte ne pouvait avoir qu'un seul sens, l'herméneutique devenue philosophie semble tout à fait disposée à accepter la pluralité des sens que peut recevoir un seul et même texte. On serait passé d'une herméneutique singularisante à une herméneutique pluralisante [2]. Pluralisme herméneutique porté à son comble, par exemple, dans le mot de Valéry : «Mes vers ont le sens qu'on leur prête» [3]. Même la doctrine médiévale du quadruple sens de l'Écriture n'était pas pluraliste, au sens moderne du terme en tout cas. Dans sa monumentale histoire de l'exégèse médiévale, Henri de Lubac parle parfois du pluralisme de cette doctrine, mais la tradition a toujours vu dans cette pluralité «le privilège unique de l'Écriture inspirée» [4]. La pluralité veut seulement tenir compte de l'inépuisable fécondité du texte biblique [5]. Les multiples sens (littéral, allégorique, moral et anagogique) que peut revêtir l'Écriture ne sont pas aléatoires, dictés par des impératifs pragmatiques ou utilitaires, mais voulus par l'auteur divin. Il s'agit à chaque fois d'un «sens donné par l'esprit» [6]. Dans l'optique de l'herméneutique contemporaine, par

1. H.-G. Gadamer, *Wahrheit und Methode* (1960), sigle WM, 4. Aufl., Tübingen, J.C.B. Mohr (Paul Siebeck), 1975, p. XVI; tr. fr. *Vérité et méthode*, Paris, Seuil, 1976, 8. Cf. J. Greisch, «La raison herméneutique», in *Recherches de sciences religieuses*, 64, 1976, 20 : «la question n'est plus : comment faire pour comprendre?, mais : qu'est-ce qui se passe lorsque nous comprenons?». Cf. aussi J.-L. Petit, «Herméneutique philosophique et théologique», in *Laval théologique et philosophique*, 41, 1985, 163.

2. Expressions introduites par O. Marquard, *Abschied vom Prinzipiellen*, Stuttgart, Reclam, 1981, 129.

3. P. Valéry, *Œuvres*, t. I, Paris, La Pléiade, 1960, 1509, cité par Gadamer in WM, 90 comme l'expression d'un «nihilisme herméneutique indéfendable».

4. H. de Lubac, *Exégèse médiévale. Les quatres sens de l'Écriture*, t. I, Paris, Aubier, 1959, 33.

5. *Ibid.*, 61s.

6. *Ibid.*, 355.

contre, aucune balise ne paraît vouloir être imposée à la multiplicité des sens dont un texte est susceptible. Le sens d'un écrit se reflète dans la signification qu'il en viendra à prendre dans un contexte historique donné, pour une communauté bien définie. On comprend sans peine qu'aux États-Unis l'herméneutique ait pu, par l'intermédiaire de Richard Rorty[1], s'allier au pragmatisme. Tendances que suggérait déjà l'herméneutique germanique en mettant en évidence la fonction prépondérante des préjugés dans l'interprétation. On lit chez Gadamer : «Le sens d'un texte dépasse son auteur, non pas occasionnellement, mais toujours. C'est pourquoi la compréhension n'est pas une attitude reproductive, mais aussi et toujours une attitude productive» (WM, 280; tr. fr. 136). Pareille prise de position paraît miner l'idée de progrès dans l'ordre de la compréhension. Conclusion que Gadamer semble prêt à endosser lorsqu'il affirme, dans le même paragraphe, qu'il n'est pas vraiment approprié de parler d'une «meilleure» compréhension et qu'il suffit de dire que l'on comprend «autrement». Le pluralisme de l'herméneutique phénoménologique, délivrée de ses ambitions techniques, affichera par conséquent une tolérance quasi illimitée face à la diversité des interprétations.

La tolérance peut assurément représenter une vertu herméneutique, mais que faut-il penser du relativisme auquel semble conduire l'herméneutique philosophique? Les interprétations doivent-elles être déclarées équivalentes parce qu'irrémédiablement tributaires de contextes incommensurables? L'idée d'objectivité conserve-t-elle quelque sens dans l'optique d'un herméneutisme radical? Malheureusement, la question du relativisme n'est que très rarement abordée par les principaux représentants de l'herméneutique. Ce sont surtout les adversaires de l'herméneutique qui brandissent le spectre du relativisme défaitiste ou de l'*anything goes*. L'herméneutique est-elle en mesure de le dissiper? Comment est-il possible de tolérer un certain pluralisme tout en éloignant le soupçon de relativisme? Nous aimerions montrer, dans la prochaine section, que l'herméneutique permet de jeter un éclairage nouveau sur cette question en faisant valoir que l'accusation de relativisme n'a pas d'objet véritable et que le relativisme renvoie à un point de vue absolutiste, qui ne résiste pas à la déconstruction herméneutique. Nous verrons ensuite comment cette mise à distance du relativisme permet de redonner un sens contraignant à la notion d'objectivité.

1. R. Rorty, *Philosophy and the Mirror of Nature*, Princeton University Press, 1979, chapitre VIII, 357-394; tr. fr. *L'homme spéculaire*, Paris, Seuil, 1990.

La relativisation herméneutique du relativisme

Dans sa plaidoirie contre la présomption de relativisme, l'herméneutique commencera par rappeler que, de fait, il n'y a jamais eu rien de tel qu'un relativisme absolu. Le relativisme, d'ordinaire compris comme la doctrine suivant laquelle toutes les opinions sur un sujet sont aussi bonnes les unes que les autres, n'a jamais été préconisé par qui que ce soit. Car il y a toujours des *raisons*, fussent-elles contextuelles ou pragmatiques, qui nous incitent à opter en faveur d'une opinion plutôt qu'une autre. Ainsi que l'écrit Rorty[1], les philosophes que l'on *surnomme* des « relativistes » sont simplement ceux qui estiment que ces raisons sont moins algorithmiques que ne l'imaginent bien des rationalistes. Ce sont les détracteurs du pragmatisme herméneutique qui qualifient de relativistes les penseurs qui tiennent compte des intérêts et de la situation de l'interprète dans leurs théories. Pour le pragmatisme, c'est précisément parce que ces intérêts exercent leur détermination que le relativisme est indéfendable et qu'il n'est jamais venu à l'idée de personne de s'en faire le porte-étendard. Donc, selon l'herméneutique, le relativisme n'est guère plus qu'un épouvantail conceptuel érigé par ceux qui possèdent une conception fondamentaliste de ce que devrait être la vérité ou l'interprétation.

Dans le deuxième moment de sa plaidoirie, l'herméneutique s'emploiera à démontrer que la question du relativisme n'a de sens que si l'on présuppose un point de vue absolutiste. Seul celui qui revendique un étalon absolutiste peut parler de relativisme. Il n'y a de relativisme qu'au regard d'une vérité absolue. Or, comment concilier la prétention à une vérité absolue avec l'expérience de la finitude humaine, le point de départ de l'herméneutique philosophique ? Selon l'herméneutique, d'inspiration heideggérienne surtout, l'absolutisme a partie liée avec la métaphysique. Que faut-il entendre ici par métaphysique ? Il est malaisé de répondre à cette question, si superficiellement débattue de nos jours, mais ses partisans, ses critiques et l'étymologie s'accordent sur au moins un point : la métaphysique est essentiellement transcendance du temporel, vers l'atemporel. Et sur quoi, doit-on demander, repose cette transcendance ? L'herméneutique heideggérienne répond : sur un refus, sinon un refoulement, du temporel, partant, de la finitude. La prétention à l'infini demeure fille de la finitude. Mais elle

1. R. Rorty, *Consequences of Pragmatism*, Minnesota University Press, 1982, 166. Sur ce dégonflement de l'accusation de relativisme, cf. en outre R. J. Bernstein, « Philosophy in the Conversation of Mankind », in R. Hollinger (éd.), *Hermeneutics and Praxis*, University of Notre-Dame Press, 1985, 72.

est exigence de la finitude qui cherche à se nier soi-même. La vérité dite absolue reste ainsi définie négativement par rapport à la finitude et à la temporalité. Est-il, par ailleurs, possible de déterminer positivement cet absolu, c'est-à-dire autrement que par la négation du fini ? Selon l'herméneutique, et bien des théologiens lui donnent raison[1], la métaphysique n'en a jamais été capable.

L'herméneutique se veut une philosophie postmétaphysique, une *prima philosophia* sans métaphysique (on sait que les deux termes étaient plus souvent qu'autrement synonymes pour la tradition). Elle cherche à vaincre l'oubli métaphysique du temps, qui, pour Heidegger, signifie exactement la même chose qu'un oubli de l'être, en développant un discours rigoureux sur et à partir de la finitude, le nouvel universel de la philosophie et le moteur silencieux de toute métaphysique. Pour l'herméneutique heideggérienne, dépasser l'absolutisme métaphysique, c'est, d'un seul tenant, laisser derrière soi le problème du relativisme[2]. L'ombre du relativisme cesse d'être obsédante, voire pertinente, dès lors que la philosophie a pris pied sur le sol, indépassable, mais fertile de la finitude, lieu d'une nouvelle rigueur de la pensée. L'épouvantail du relativisme résulterait ainsi d'un double malentendu : il s'en prend à un adversaire qui n'a jamais existé et il n'a de sens que d'un point de vue absolutiste, dont personne n'a encore réussi à démontrer la légitimité positive. Il se conçoit aisément que les penseurs herméneutiques aient eux-mêmes fait si peu de cas du relativisme. Il est, dans leur esprit, sans objet et le fruit d'une préoccupation périmée, parce que métaphysique.

1. On pense ici aux théologies qui s'efforcent d'élaborer une méditation théologique sans métaphysique, donc depuis l'expérience littéralement cruciale de la mort de Dieu, proclamée chez Nietzsche, puis confirmée par Heidegger comme conséquence de la pensée métaphysique. Tout particulièrement J.-L. Marion, *L'idole et la distance*, Paris, Grasset, 1977 ; *Dieu sans l'être*, Paris, Fayard, 1982 ; J. Moltmann, *Theologie der Hoffnung,* München, Kaiser, 1964, 10. Aufl. 1977 ; *Der gekreuzigte Gott,* Müchen, Kaiser, 1972, 4. Aufl. 1981 ; E. Jüngel, *Gott als Geheimnis der Welt,* Tübingen, 1977, tr. fr. Cerf, 1982.

2. Ce fut la découverte de l'herméneutique de la facticité développée par Heidegger dans ses cours de Marbourg durant les années vingt qui permit à Gadamer de surmonter la problématique du relativisme en même temps que celle de l'absolutisme métaphysique. De fait, on retrouve la trace d'un tel dépassement herméneutique du relativisme dans un cours de Heidegger de 1921/22, donné à Freiburg celui-là (M. Heidegger, *GA*, t. 61, Francfort, Klostermann, 1985, 162-167). Par la suite, il ne sera presque plus question, chez Heidegger ou Gadamer, du relativisme, dépassé une fois pour toutes.

Vers un relativisme plus essentiel : Alètheia et 'Emèt

Il reste néanmoins praticable, dans une perspective herméneutique, de donner une certaine connotation positive à l'idée de relativisme. Car il est toujours vrai de dire que la vérité est relative à celui qui en fait l'expérience, quoique dans un sens bien précis : à condition d'entendre la vérité comme une expérience de *sens* qui vient répondre à la question de celui ou celle qui cherche à comprendre. La vérité herméneutique prend toujours la forme d'une *réponse*, réponse à la question qui travaille l'interprète et qui l'amène à interpréter un texte. Il va de soi que cette question est « relative » à sa situation, mais sans être aléatoire. Le relativisme signifie ici que la vérité ne peut être reconnue comme telle que parce qu'elle *nous* éclaire, qu'elle *nous* illumine. Le sens découvert par l'interprétation est celui qui vient lever une obscurité, répondre à une interrogation. Il y a un investissement constitutif de l'interprète dans ce qui veut être compris. Il n'existe pas de vérité en soi si l'on entend par là une vérité indépendante des questions et des attentes de l'être humain. La lumière qu'apporte la vérité se dessine nécessairement sur fond d'obscurité, celle de la finitude en quête d'orientation.

La *relation* essentielle de la vérité à la finitude s'annonce dans le mot grec pour vérité, *alètheia*. Suivant l'étymologie très vraisemblable qu'en propose Heidegger, l'*alètheia* signifie, grâce à l'*alpha* privatif, la négation de la *lèthè*, du voilement. Penser la vérité comme *a-lètheia*, c'est apercevoir en elle la levée de l'obscurité, une expérience de sens sur fond de non-sens. La *lèthè* qui commande le découvrement d'un sens reste constitutive de l'apparaître de la vérité, comme expression de la finitude et du relativisme essentiel de la vérité. Relativisme de toute *alètheia* à une *lèthè*, de toute réponse à une question.

La compréhension de la vérité comme expérience de sens pour un être fini parle aussi à travers le terme hébreu de vérité, *'emèt*. Le sens premier d'*'emèt* est celui de fidélité, de solidité. Les psaumes présentent souvent la vérité divine comme une protection, un refuge, un rempart pour celui qui s'en remet à Yahweh. La vérité signifie d'abord « la fidélité de quelqu'un qui nous engage à lui faire confiance »[1]. La vérité entendue comme fidélité reste, bien sûr, conçue en fonction de l'homme, en relation avec sa situation. Lorsqu'elle est attribuée à Dieu, la vérité est promesse de solidité adressée à l'humain (héritage hébraïque qui déterminera encore la conception néotestamentaire de la

1. Article « Vérité », in *Vocabulaire de théologie biblique*, Paris, Cerf, 1970, 1328-1335.

vérité). Il est décisif pour l'expérience judéo-chrétienne de vérité que l'être humain s'engage, par la foi, dans cette offre de salut. N'est-ce pas penser, herméneutiquement, la vérité comme *réponse* à une attente ? Sans proposer une exégèse bien particulière des Écritures, ce qui outrepasserait superbement nos compétences, ou notre incompétence théologique, il nous semble que la notion biblique d'*'emèt* en appelle à une expérience de vérité qui ne se laisse justement pas démontrer, métaphysiquement, et à laquelle on n'accède que par la foi. Le croyant est convié à s'en remettre à une promesse de vérité, mais sans pouvoir espérer de preuves ou d'assurances absolues, bien plutôt en y renonçant. La vérité serait donc tout le contraire d'une certitude métaphysique, absolutiste ou in-finie, au sens d'une évacuation de la finitude.

La langue grecque et l'intelligence hébraïque préserveraient ainsi le souvenir d'une vérité que l'on peut appeler herméneutique, puisqu'elle exprime l'essentiel relativisme de la vérité à l'expérience humaine.

Les modèles de l'art et de la rhétorique

Les philosophes herméneutiques, si l'on fait exception de Heidegger pour l'*alètheia* et de Ricœur pour l'univers hébraïque, font eux-mêmes assez rarement allusion à ces préfigurations de leur intelligence de la vérité. Gadamer, par exemple, s'inspire plutôt de l'art et de la rhétorique en vue d'élaborer une conception de la vérité qui demeure consciente de son attachement à la finitude humaine.

L'art bénéficiera d'un statut paradigmatique[1] dans la découverte du sens de la vérité pour au moins deux raisons. Tout d'abord parce que le message artistique en est un qui s'adresse directement à la sensibilité de l'homme. Les sens, marques de la finitude, doivent être conquis pour que soit éprouvée la vérité esthétique. Le message de l'œuvre d'art ne jouit pas d'une existence autonome, comme s'il était identique pour chacun et séparable de la réaction qu'il éveillera chez le spectateur. Non, si l'art fait sens, c'est en raison de l'engagement de l'observateur dans ce que l'œuvre a à lui dire, à lui révéler. La fonction exemplaire de l'art pour la compréhension herméneutique de la vérité se manifeste, deuxièmement, dans le caractère d'événement propre à l'œuvre d'art, dans sa présentation (*Darstellung*), dans le fait qu'elle soit présentée à quelqu'un : l'œuvre s'accomplit, accède à l'être, à

1. La section inaugurale de *Vérité et méthode* s'intitule bien « Dégagement de la question de la vérité à partir de l'expérience de l'art ».

travers la lecture, la contemplation, la mise en scène, etc. La présentation artistique, dans son unicité, prend l'allure d'un *Ereignis*, d'un *happening*, qui nous captive parce qu'il nous éclaire, nous envahit et nous surprend. Autrement dit, le sujet n'est pas le maître d'œuvre de la vérité qui le transporte. L'advenir soudain de la vérité, illustré par l'art, précède dans son immédiateté la vérification méthodique du vrai. L'aspect d'événement caractéristique de la vérité esthétique permettra à l'herméneutique de Gadamer d'exhiber le caractère dérivé du savoir qui a besoin d'un contrôle méthodique pour être déclaré véridique. L'idée de méthode introduit une *distance* entre l'homme et la vérité qui fait fi de l'*appartenance* essentielle de la compréhension à ce qui se manifeste comme vrai. L'expérience esthétique maintient la proximité (ou la relativité) fondamentale du vrai et du comprendre, antérieure à toute mise à distance méthodique.

Cette intuition se retrouve aussi à l'intérieur de la tradition rhétorique. Gadamer y dépistera la trace d'une vérité ressentie comme expérience éclairante de sens et qui, puisqu'enracinée dans la finitude, ne saurait être assurée à tous les chapitres. L'univers rhétorique viendrait ainsi préfigurer celui de l'herméneutique :

> C'est à la tradition rhétorique qu'appartient le concept de l'éclairant. L'*eikos*, le *verisimile*, le vrai-semblable, l'éclairant font partie d'une sphère qui défend sa légitimité propre contre le vrai et la certitude du prouvé et du su [...]. Ce qui est éclairant est toujours une chose dite : une proposition, un plan, une conjecture, un argument, etc. [...]. De même que le beau est une sorte d'expérience qui, tel un charme et une aventure, jaillit et se détache à l'intérieur du tout de notre expérience, posant une tâche spécifique à l'intégration herméneutique, de même aussi ce qui est éclairant a toujours quelque chose de surprenant, tel le surgissement d'une lumière nouvelle, grâce à laquelle s'élargit le domaine de ce qui entre en considération. L'expérience herméneutique appartient à ce domaine parce qu'elle aussi est l'événement d'une expérience authentique. Que, dans ce qui est dit, quelque chose soit éclairant, sans pour autant être assuré, jugé, décidé à tous égards, c'est ce qui, en fait, se produit partout où quelque chose s'adresse à nous du fond de la tradition [...]. L'événement du beau aussi bien que l'événement herméneutique présupposent tous deux, fondamentalement, la finitude de l'existence humaine (WM, 460; tr. fr. 341-2 modifiée).

La vérité herméneutique, dans la mesure où elle s'inscrit dans l'horizon de la finitude, s'assimile par là au domaine du vraisemblable (*eikos, verisimile*), de ce qui est éclairant sans être assuré à tous les égards (assurance absolue qui ressortirait à la métaphysique). Car le vrai est toujours ce qui nous semble tel, entendons ce qui a réussi à se faire valoir au sein de *notre horizon*. Le premier précepte de la méthode chez Descartes faisait droit à cette exigence de la finitude en invitant à « ne recevoir jamais aucune chose pour vraie que je ne la connusse évidemment être telle ». Mais est-il possible de distinguer la vérité qui s'impose à moi, le vraisemblable, d'une vérité en soi ? Idéalement, peut-être. Toutefois cette prétendue vérité en soi doit bien nous apparaître comme telle, nous convaincre de son objectivité. On n'échappe donc pas au règne de la vraisemblance. L'histoire de la science, c'est-à-dire des révolutions scientifiques, peut se lire comme le récit de la mise en question de ce qu'une époque ou une communauté de savants a tenu pour des vérités en soi. Il peut arriver que, sur la foi d'arguments convaincants, lesquels ne sont jamais exempts de rhétorique, nous en venions à laisser tomber ce que nous croyions vrai. Mais la nouvelle connaissance qui s'impose alors à notre esprit n'est vraie que parce qu'elle nous apparaît plus adéquate, plus vraisemblable que celle qu'elle vient supplanter et que nous jugeons erronée ou insuffisante. Rien ne saurait exclure, *a priori*, que cette nouvelle vérité soit à son tour mise en question. La finitude reste principiellement ouverte aux possibilités de sens ou d'orientation que lui réserve l'avenir.

Gadamer s'inspirera à nouveau de la tradition rhétorique en mettant en valeur la part d'*application* que recèle toute compréhension. Comprendre un texte ou un sens, c'est toujours savoir l'appliquer à notre situation. L'application n'est cependant pas un processus qui se mettrait en branle *après* la compréhension. Il n'y a pas d'abord compréhension et par la suite seulement application de ce qui a été saisi à l'aujourd'hui. Comprendre et appliquer à sa propre condition constituent, selon Gadamer, un seul et même événement herméneutique. Comprendre le sens d'un texte du passé, qu'est-ce, sinon se laisser interpeller par lui aujourd'hui ? Négativement : ne rien comprendre à un texte signifie être incapable de l'appliquer à notre situation, se trouver dans l'impossibilité de le rattacher à notre monde, à ce que nous connaissons déjà.

La valorisation de l'application à l'œuvre en tout comprendre dirige l'attention vers la portée éminemment pratique de l'expérience herméneutique. La compréhension prend invariablement racine dans une *praxis*, qu'elle revient toujours nourrir en retour. L'horizon pratique du monde vécu (*Lebenswelt*) indique le point de départ et le point d'arrivée de l'activité herméneutique. L'herméneutique philosophique en arrive ainsi à donner congé à l'objectivisme naïf qui voudrait soupeser la valeur de vérité de la connaissance, ou d'une théorie, en mettant entre parenthèses le contexte de la *praxis* qui lui donne sens. Pour la pensée herméneutique, c'est bien plutôt l'univers de la précompréhension pratique, que forment nos attentes, nos préjugés et nos intérêts, qui rend possible l'expérience du vrai, c'est-à-dire du sens. Plus simplement encore : la vérité n'a de signification, comme vérité, que si elle peut être appliquée à notre situation, à notre expérience du monde. La finitude l'exige.

Les conditions de l'objectivité

On concédera sans peine à l'herméneutique qu'il y a bien un certain relativisme à toute expérience authentique de vérité. Il est indéniable que la connaissance s'alimente dans une certaine mesure de la précompréhension pratique des individus, bref, qu'il existe un élément d'application en tout acte de compréhension. Seulement, on peut se demander si ce relativisme, purement descriptif jusqu'à maintenant, ne finit pas par congédier la notion d'objectivité. L'herméneutique phénoménologique recommande-t-elle, dans une perspective plus normative cette fois, la renonciation à l'idée d'une interprétation objective, que l'herméneutique classique, on l'a vu avec Betti, était justement destinée à fonder ?

À première vue, il pourrait sembler que oui. Il n'est pas trop difficile de montrer, et Heidegger s'y est souvent appliqué, que le concept d'objectivité est non moins chargé de métaphysique que celui de relativisme. En transcendant le règne du subjectif, la prétention à l'objectivité aspire bel et bien, dans son acception traditionnelle, à une forme d'atemporalité ou de vérité absolue. Mais peut-être n'est-il pas contre-indiqué, dans un univers postmétaphyique ou herméneutique, de conférer un sens moins absolu à la notion d'objectivité. Surtout afin de rendre compte du fait que nous sommes déjà en possession d'un savoir qui peut être qualifié d'objectif sans se prétendre infaillible. Faire une place à l'objectivité au sein de l'herméneutique, ce n'est pas se commettre à une perspective absolutiste, mais uniquement reconnaître qu'il y a des savoirs et des interprétations plus fiables que d'autres. Reconnaître, par exemple, que l'alchimie et la chimie, l'astrologie et l'astronomie ne sont pas sur un même niveau, qu'un gouvernement démocratiquement élu jouit d'un mandat plus légitime qu'une tyrannie, etc. Si le problème du relativisme présuppose toujours un point de vue absolu, il n'en va pas nécessairement de même de l'objectivité. Car notre savoir peut revendiquer l'objectivité, mais jamais l'infaillibilité. La relativisation herméneutique du relativisme ne saurait entraîner l'abandon de l'objectivité. La notion d'objectivité doit conserver sa fonction critique. Mais de quel type d'objectivité s'agira-t-il ?

Certainement pas d'une objectivité qui se voudrait la reproduction photographique du réel ou du sens d'un texte. La naïveté d'un tel objectivisme consiste à sauter par-dessus l'apport productif de l'interprète, donc à méconnaître la précompréhension qui guide le travail de l'interprétation. La compréhension d'un texte, nous l'avons vu, ne s'articule qu'en réponse aux questions de l'interprète, elles-mêmes conditionnées par une préconception ou des « préjugés ». Évidemment, tous nos préjugés ne s'en trouvent pas sanctionnés pour autant. Ils ne sont pas tous à même de nous ouvrir un accès à ce qu'un texte a à dire. Il apparaît donc sensé de distinguer les préjugés légitimes, ceux qui permettent au sens d'un texte de se faire valoir, des préjugés illégitimes qui entravent son intelligence (WM, 282 ; tr. fr. 139). C'est dans cette distinction, insiste Gadamer, que réside l'*essentiel* du travail herméneutique (WM, 252, 282 ; tr. fr. 105, 139). Celui qui veut bien s'ouvrir[1] au sens d'un texte parviendra lui-même, au contact du texte, à laisser tomber les préjugés qui se sont avérés illégitimes parce qu'incompatibles avec ce qui est dit. Le critère le plus opérant ici est celui de la cohérence. Il est herméneutiquement indéfendable de se cramponner à une (pré)compréhension qui va à l'encontre de ce qu'affirme un texte. Il y a donc bien une adéquation du texte et de l'intelligence, mais, pour l'herméneutique, elle prend la forme d'une concordance de notre précompréhension avec ce que dit le texte[2]. La conception herméneutique de l'objectivité présuppose dès lors que notre précompréhension puisse dans une certaine mesure être élevée à la conscience. La tâche par excellence de l'interprète doit consister à élaborer sa propre situation herméneutique, à prendre conscience des préjugés, des attentes et des questions qui gouvernent sa recherche[3]. Ignorer la structure préalable de la précompréhension, c'est se couper

1. Cette ouverture est la seule chose qui doive être exigée en herméneutique, précise Gadamer (WM, tr. fr. 106).

2. Cf. WM, tr. fr. 105 : « Il n'y a pas d'autre « objectivité » ici que celle de la confirmation qu'une préconception peut recevoir au cours de son élaboration ».

3. Voilà ce que voulait dire Heidegger lorsqu'il écrivait (*SZ*, 153) que l'important n'est pas de sortir du cercle herméneutique, de l'interprétation et de la précompréhension, mais de « s'y engager de façon convenable », c'est-à-dire de manière critique en développant une conscience expresse des anticipations déterminantes du comprendre.

de la condition minimale de l'objectivité. Car celui qui se prononce dénué de préjugés s'expose d'autant plus aveuglément à leur empire. Les préjugés exerceront d'autant plus violemment leur domination souterraine, potentiellement déformante, qu'ils seront niés.

Ainsi la supériorité de l'herméneutique sur le réalisme naïf, au chapitre de l'objectivité, réside dans la prise de conscience, explicite et explicitante, de l'apport productif de la précompréhension dans l'interprétation. La conscience herméneutique ne conduit pas à l'abandon de l'objectivité, mais, au contraire, à un exercice de rigueur de la part de l'interprète, au nom de l'objectivité. Seule une prise en compte critique des anticipations à l'œuvre dans l'interprétation permet de dissocier les préjugés illégitimes de ceux qui sont féconds et de paver la voie à l'objectivité herméneutique. La mise en évidence des préjugés qui orientent la compréhension n'est pas destinée à saborder l'objectivité, mais à la rendre possible.

Toute la question est maintenant de savoir sur quoi peut bien reposer la séparation critique à effectuer entre préjugés légitimes et préjugés illégitimes. Ne pourrait-on pas se réclamer de la radicalisation herméneutique de la finitude pour soutenir que des préjugés déformants finiront toujours par s'imposer et, en dépit de l'ouverture affichée par la conscience herméneutique, à nous bloquer l'accès au sens d'un texte [1] ? L'interprète est-il lui-même en mesure de faire le tri parmi ses propres préjugés et de dresser un tableau adéquat de sa situation herméneutique ?

La productivité herméneutique, mais très problématique, de la distance temporelle

D'après Gadamer, l'interprète qui a affaire à des textes de la tradition bénéficie d'un atout précieux quand vient le moment de discerner les bons des mauvais préjugés : la distance temporelle. Dans un texte lourd de conséquences, il écrit :

> Seule cette distance temporelle est en mesure de rendre possible la solution de la question proprement critique de l'herméneutique, à savoir la distinction à opérer entre les préjugés vrais qui guident la compréhension et les préjugés faux qui entraînent la mécompréhension. La conscience formée à l'école herméneutique inclura par

1. Objection formulée par C. von Bormann, « *Die Zweideutigkeit der hermeneutischen Erfahrung* », dans le recueil *Hermeneutik und Ideologiekritik*, Francfort, Suhrkamp, 1971, 83s.

> conséquent une conscience historique (WM, 282; tr. fr. 139 modifiée).

Une conscience historique, c'est-à-dire ici une conscience qui saura tenir compte des interprétations qui ont déjà été proposées d'une œuvre au cours de ce que la critique littéraire allemande nomme la *Wirkungsgeschichte*, l'histoire de la réception d'une œuvre, du travail d'interprétation qu'elle a suscité au cours de l'histoire[1]. Grâce au recul temporel et au travail de ses prédécesseurs, l'interprète pourra s'apercevoir que certaines avenues de compréhension ont porté plus de fruits que d'autres. Et les voies d'interprétation ou les préjugés qui se sont, pour ainsi dire, consolidés au cours de la tradition paraissent jouir *eo ipso* d'une plus grande autorité herméneutique, apte à diriger l'interprète actuel. Ils ne sont pas crédibles, bien entendu, *parce que* la tradition les a déclarés tels; c'est, au contraire, parce qu'ils ont été jugés féconds par la tradition qu'ils ont réussi à s'imposer. Gadamer n'enseigne jamais qu'il faut accepter tout ce qui nous a été légué depuis la tradition, seulement qu'il *peut* y avoir un moment de vérité dans le fait que certaines interprétations en soient venues à «faire autorité». Autorité de la tradition qui doit toujours reposer, rappelle justement Gadamer, sur une reconnaissance par la raison.

Gadamer illustrera la productivité herméneutique de la distance temporelle en faisant allusion à la difficulté presque insurmontable que représente l'interprétation des œuvres d'art contemporaines :

> Il importe en réalité de voir dans la distance temporelle une possibilité positive et productive donnée à la compréhension [...]. Chacun connaît la singulière impuissance de notre jugement partout où le recul du temps ne nous a pas fourni de normes certaines. C'est ainsi que le jugement porté sur l'art contemporain est désespérément incertain pour la conscience scientifique (WM, 281 ; tr. fr. 137-8).

Ce passage dit bien que la distance temporelle nous procure *une* possibilité positive et productive de compréhension. Ceci n'est pas douteux. Le recul temporel *peut parfois* nous servir d'*indice* quand il nous faut départager les voies d'interprétation les plus autorisées. Il ne s'agit toutefois que d'un indice, rien de plus. Gadamer va donc beaucoup trop loin lorsqu'il stipule que «*seule* la distance temporelle est en mesure de rendre possible la solution de la question proprement critique de l'herméneutique, à savoir la distinction à opérer entre les

1. Sur cette notion cf. l'étude «La conscience du travail de l'histoire et le problème de la vérité en herméneutique», *infra*.

préjugés *vrais* qui guident la compréhension et les préjugés *faux* qui entraînent la mécompréhension» (WM, 282; tr. fr. 139).

Thèse trop générale qui souffre d'au moins deux excès. D'une part, elle ne paraît pas tenir compte des recouvrements et des travestissements dont la tradition peut être coupable. Trop souvent, la tradition et la distance temporelle ont contribué à affermir des interprétations aberrantes qui ont obstrué l'accès au sens originel des textes. L'histoire connaît assez d'exemple de textes qui ont été retouchés, éliminés ou interprétés dans une direction favorisant une lecture bien déterminée et qui, faute de contre-preuves, est devenue canonique. Combien de fois l'interprète ne doit-il pas sauter par-dessus le travail de la réception des œuvres, saut qui est tout sauf naturel, afin de redécouvrir leur sens premier? La tradition peut manifestement jouer un rôle très négatif dans la transmission d'un sens en prescrivant une interprétation systématiquement distordue d'un écrit ou même d'un événement historique. Le préjugé légitime risque dans ce cas d'être celui qui ose mettre en cause la tradition. D'autre part, la référence à la fécondité herméneutique de la distance temporelle laisse entière la question de l'interprétation des œuvres contemporaines. Comment discerner les préjugés vrais là où la distance historique fait défaut? À n'en pas douter, la distinction critique entre préjugés vrais et faux conserve certainement son sens pour les œuvres du présent.

À l'occasion de la cinquième édition de *Vérité et Méthode* en 1986, Gadamer semble s'être avisé du caractère un peu excessif de sa thèse au sujet de la légitimation des préjugés grâce au tri effectué par le recul temporel, puisqu'il a modifié le passage qui déclarait que «*seule* la distance temporelle» était en mesure «de rendre possible la solution de la question proprement critique de l'herméneutique». On lit maintenant : «*Souvent* la distance temporelle est en mesure.. ».[1]. Comme on voit, Gadamer, par cette autocritique, offre un bel exemple de l'exigence d'une révision critique de ses propres opinions défendue par son herméneutique!

Il reste qu'on ne trouve pas chez lui de solution tranchée à la question concernant le fondement de la légitimité de nos préjugés et des interprétations qui en découlent. Mais si l'on suit l'esprit postmétaphysique de *Vérité et Méthode,* il serait illusoire d'espérer découvrir quelque chose de tel qu'un critère absolu permettant de distinguer les vrais des faux préjugés. Ce serait réitérer l'absolutisme de la métaphysique et de la conscience méthodique à la recherche d'une clef

1. H.-G. Gadamer, *Wahrheit und Methode,* 5. Aufl. in *Gesammelte Werke,* t. I, 304. Cf. aussi G.W., t. I, 9.

universelle de la vérité. L'herméneutique n'a aucune peine à déchiffrer sous cette volonté de maîtrise et de certitude absolue le même oubli de la finitude qu'elle avait relevé lors de sa relativisation du relativisme. L'objectivité demeure envisageable, éminemment souhaitable, mais dans l'horizon des moyens qui sont à la disposition de la finitude. Sinon, l'objectivité se condamne à n'être qu'un rêve. Sur cette voie, la finitude qui s'efforce de mettre à l'épreuve ses préjugés bénéfice d'une autre ressource que la distance temporelle. Il s'agit du dialogue.

L'ouverture de la communication

Renoncer à un point de vue absolutiste ou métaphysique équivaut à reconnaître la faillibilité de nos opinions. Or la faille, ou la défaillance, de mes convictions doit souvent m'être indiquée par autrui. Se sachant finie et historiquement située, la conscience herméneutique est appelée à s'ouvrir au dialogue et à la critique. C'est à travers le medium de la communication que peut s'accomplir la mise à l'épreuve de nos préconceptions.

Les porte-parole de l'herméneutique contemporaine sont unanimes à souligner les vertus du dialogue dans la recherche de l'objectivité[1]. Jürgen Habermas, comme on l'a vu, y aperçoit même la seule source véritablement contraignante de vérité, sinon de salut, au milieu d'un monde désacralisé[2]. L'entente langagière, « communicationnelle », viendrait se substituer à l'autorité transcendante jadis assumée par le mythe, le sacré ou la religion. Ne pouvant plus nous autoriser d'instances métaphysiques afin de valider objectivement nos opinions, nous n'aurions d'autre choix, si nous tenons à la vérité, que de chercher à les étayer dans le cadre d'un consensus communicationnel, c'est-à-dire d'une entente qui résulte de la communication elle-même et non d'une contrainte para-communicationnelle.

Il est évidemment un peu périlleux de faire de la communication un nouvel absolu. Car nous savons tous que la communication ne se conduit pas toujours de façon parfaitement « démocratique ». Le

1. Bien qu'avec quelques nuances ici et là, que nous devrons passer sous silence ici. Indiquons seulement que Gadamer parle surtout de dialogue, Rorty de conversation et Habermas de communication. Une analyse plus différenciée de l'herméneutique contemporaine pourrait repérer ici le point de bifurcation qui décide de ses diverses ramifications. Alors que l'idée de dialogue renvoie à des origines platoniciennes et celle de conversation à un cadre plus désinvolte, plus léger, la communication s'apparente de beaucoup plus près à la pratique scientifique.

2. Cf. J. Habermas, TKH, II, 118s.

contexte de l'interaction communicationnelle, telle que nous la vivons concrètement, donne fréquemment l'impression de n'être rien d'autre qu'un perpétuel conflit de volontés de puissance, où la recherche de vérité, encore moins de consensus, paraît être la dernière des motivations. Situation qui contraint Habermas à former le postulat d'une situation de communication idéale, donc contrafactuelle, c'est-à-dire contraire à la réalité vécue de la communication. Il prétend que cette situation, pour être idéale, n'en est pas moins l'anticipation constitutive de toute communication réelle, à la limite, sa raison d'être.

Le parti que l'on peut tirer de cette notion, sciemment chimérique, est d'abord d'ordre critique : elle permet de dénoncer, au nom justement d'un contexte de communication idéale, les situations où la communication se trouve systématiquement contournée ou transfigurée par l'entremise de l'idéologie, du pouvoir, de l'argent ou de la force. On peut bien sûr s'interroger, par ailleurs, sur les implications concrètes de cette communication idéalisée, dont on n'a jamais vraiment réussi à montrer qu'elle était bel et bien anticipée en tout effort de communication. Mais une telle interrogation nous ferait sortir du cadre restreint du présent chapitre.

L'insistante mise en valeur de la communication nous permet surtout d'apprécier l'originalité philosophique de l'herméneutique d'aujourd'hui. Elle tend à prouver qu'il est possible de délaisser l'absolutisme métaphysique sans donner dans un relativisme illimité. Le dialogue sert bien de balise ou de rempart au travail de l'herméneute. C'est donc au sein du forum de la communication, réelle, que nous avons à défendre nos opinions et à les soumettre au jugement d'autrui. La rationalité communicationnelle qui se déploie ici est celle de la force de conviction qui se dégage du meilleur argument. Aucune autre force ne lui est supérieure. C'est-à-dire que tout autre force imaginable – et il est même loisible de penser ici à des passions dites irrationnelles – doit pouvoir prendre la forme d'un argument pour emporter l'adhésion. Et, de fait, il nous arrive de rejeter certaines de nos convictions si on parvient à nous démontrer leur incohérence ou leur insuffisance (même si, *humanum humanum est*, l'expérience du dialogue enseigne que les interlocuteurs s'entêtent souvent à défendre des thèses carrément intenables). Mais il ne s'ensuit pas que les vérités qui viennent les remplacer soient assurées de manière définitive. Nous adoptons ces nouvelles perspectives parce qu'elles nous apparaissent plus éclairantes, mais rien n'exclut qu'elles ne s'avèrent à leur tour indéfendables plus tard. La communication constitue un allié vital de la recherche de la vérité, mais elle ne nous pourvoit pas d'un point d'Archimède absolu, nous permettant d'échapper à notre finitude. L'intersubjectivité n'est qu'une subjectivité agrandie. Ce qui est déjà beaucoup, car c'est cet accroissement de la subjectivité individuelle qui habilite la communication à fonctionner comme l'arène critique où des arguments peuvent être avancés en faveur de certaines de nos convictions. Ces arguments ne sont cependant jamais exempts de rhétorique et détachés des intérêts humains. Ce qu'un individu est disposé à accepter à titre d'argument valide dans le cadre d'une communication reste profondément, mais aussi productivement ancré dans l'univers herméneutique des pratiques sociales d'une communauté langagière et historique. C'est pourquoi l'herméneutique, qui pense ce relativisme essentiel, peut élever une prétention à l'universalité.

XI

LA CONSCIENCE DU TRAVAIL DE L'HISTOIRE ET LE PROBLÈME DE LA VÉRITÉ EN HERMÉNEUTIQUE

La notion de *Wirkungsgeschichte* ou de « travail de l'histoire » constitue le noyau et le pivot de l'herméneutique philosophique de Hans-Georg Gadamer. L'économie de *Vérité et méthode* atteint son point culminant avec l'explicitation de ce concept et le reste de l'ouvrage consiste en une analyse de la conscience de la *Wirkungsgeschichte* sur le plan de l'expérience historique et langagière qui dégage les conséquences de ce qui germait déjà dans la fausse objectivation de la conscience esthétique, soumise à un examen critique et paradigmatique dans la première partie du livre. Par ce concept, qui se veut d'emblée polysémique, Gadamer apporte une contribution systématique ainsi qu'une correction importante à la philosophie de Heidegger. La *Wirkungsgeschichte* permet, en effet, de réconcilier l'expérience centrale de la *Kehre* heideggérienne, le fait d'être interpellé et entraîné par l'histoire de l'être comprise comme destin, avec la problématique herméneutique d'*Être et temps*, abandonnée par le dernier Heidegger puisque considérée trop tributaire d'une approche subjectiviste. Gadamer réussit à montrer que l'épreuve du tournant reste une expérience herméneutique qui peut être développée par une reprise de l'interrogation sur les fondements ontologiques de la compréhension. Le déplacement du centre de gravité de la conscience vers l'être prendra maintenant la forme d'une conscience qui sait et reconnaît son appartenance à une tradition qui la porte. L'être comme destin (*Geschick*) qui nous projette (*schickt*) dans l'oubli de l'être deviendra la tradition qui rend possible la compréhension. La vision négative d'une histoire qui nous condamne à l'oubli de l'être sera remplacée par la perspective plus positive d'une tradition garante de vérité. Grâce à cette explicitation herméneutique de la *Kehre* – l'être-au-monde vit toujours l'aventure du *Seinsgeschick* sur le mode de la compréhension – Gadamer parvient également à éviter le maniérisme des écrits du dernier Heidegger et à donner une tournure herméneutique plus dialogique à la méditation heideggérienne sur le langage.

Mais que signifie la *Wirkungsgeschichte* ainsi élevée au rang de principe central d'une philosophie de la compréhension? Pour comprendre un concept, il fait d'abord le traduire. Les traductions françaises de la *Wirkungsgeschichte* suggérées jusqu'à maintenant sont plus ou moins réussies. Ou bien elles tâchent de rendre la *Wirkungsgeschichte* par une expression laborieusement calquée sur le texte allemand, ou bien elles optent pour une formule particulière qui réduit l'ampleur du champ sémantique couvert par la *Wirkungsgeschichte* et par le *wirkungsgeschichtliches Bewußtsein*. En voici quelques exemples : «l'histoire de l'efficience» (E. Sacre[1]), «la conscience exposée aux effets de l'histoire» ou «la conscience de l'efficace historique» (P. Ricœur[2]), «la conscience insérée dans le devenir historique» (Fataud[3]), «la conscience engagée dans l'histoire» (P. Fruchon[4]), «l'effectivité du sens» (J. Greisch[5]). On remarque que ces traductions, qui reconnaissent en général leur caractère approximatif, éprouvent de grandes difficultés à trouver une formule unique qui puisse s'adapter à la fois à la *Wirkungsgeschichte* et au *wirkungsgeschichtliches Bewußtsein*. Dans une telle situation il serait peut-être conseillé d'employer l'expression allemande sans la traduire, comme on le fait, par exemple, avec le λόγος grec ou le *Geist* hégélien. Nous croyons cependant qu'il est possible de trouver une formule qui, d'une part, rende convenablement compte de la *Wirkungsgeschichte* et de la conscience de celle-ci, et qui, d'autre part, respecte les normes d'intelligibilité de la langue française. Nous proposons donc de traduire la *Wirkungsgeschichte* par «le travail de l'histoire» et le *wirkungsgeschichtliches Bewußtsein* par «la conscience du travail de l'histoire».

Pourquoi parler ici d'un «travail» de l'histoire? Disons d'abord que l'idée de travail se trouve déjà à la base du vocable allemand *wirken* (d'où le verbe anglais *to work*). Le radical *wirk-* vient de la

1. Dans la traduction toujours partielle de *Vérité et méthode*, *op. cit.*, 12.

2. «Herméneutique et critique des idéologies», in *Démythologisation et idéologie*, Paris, Aubier, 1973, 29 et 33, repris in P. Ricœur, *Du texte à l'action. Essais d'herméneutique II*, Paris, Seuil, 1986, 338; «Phénoménologie et herméneutique», in *Phänomenologische Forschungen*, 1, 1975, 56.

3. Cité par P. Ricœur, «Herméneutique et critique des idéologies», *op. cit.*, 33; *Du texte à l'action. Essais d'herméneutique II*, 343.

4. «Herméneutique, langage et ontologie. Un discernement du platonisme chez H.-G. Gadamer», in *Archives de philosophie*, 36, 1973, 533.

5. *Herméneutique et grammatologie*, Paris, éd. du C.N.R.S., 1977, 54.

racine indogermanique *uerg-* qui remonte au terme grec *ergon* et signifie « travailler », « faire » [1]. Même si elle a souvent été mal pratiquée par les philosophes, de Platon à Heidegger, l'étymologie reste un mode utile d'illustration philosophique puisqu'elle permet parfois de retrouver la souche oubliée que partagent les mots différents des langues qui en sont dérivées.

Le terme de « travail » comporte lui-même une richesse de significations. Il importe pour notre propos d'en faire ressortir deux :

1. Le travail désigne tout d'abord le travail accompli, l'œuvre produite par un artisan, un artiste et dans le cas de la *Wirkungsgeschichte* par l'histoire elle-même. En herméneutique on peut parler de l'influence souterraine ou des diverses interprétations d'œuvres comme l'*Antigone* de Sophocle, la *Poétique* d'Aristote ou encore la Bible comme d'un travail de l'histoire. Ces ouvrages ont été perçus et reçus, c'est-à-dire compris, vécus, Gadamer parlerait ici d'application, de façon différente à des moments privilégiés de l'histoire, de telle sorte qu'on peut considérer ces échos multiples comme des effets ou plus globalement comme un travail opéré par l'histoire. Celui-ci renvoie ici au résultat visible, aux *Werke* (œuvres), mais aussi à la *Wirkung* (productivité).

2. Dans un sens plus profond, le travail ne nomme plus l'œuvre elle-même, mais l'action de travailler, l'agir dans sa transitivité souvent aveugle. Cette notion d'un travail sans but déterminé n'est pas dénuée d'importance pour Gadamer qui refuse le téléologisme de l'histoire universelle (*Universalgeschichte*) tel qu'il fut soutenu par Hegel, mais aussi par l'école historiciste au XIXe siècle. Dans cette acception, il n'est plus question de la *Wirkung* en tant que telle, mais du *Wirken* de l'histoire qui plus souvent qu'autrement demeure inconscient ou, pour employer les termes de Gadamer, « plus être et substance que conscience » (*mehr Sein als Bewußtsein* [2]). La langue française témoigne de ce sens fondamental par des expressions comme le travail du temps, le travail de l'inconscient, le travail d'une question, etc. On trouve chez Hegel l'expression célèbre du « travail du négatif » (*die Arbeit des Negativen*) [3]. Cette formule n'est pas étrangère à l'expérience herméneutique chez Gadamer qui s'appuie justement sur

1. Kluge, F., *Etymologisches Wörterbuch der deutschen Sprache*, Berlin, de Gruyter, 19. Aufl., 1963, 864.

2. Gadamer, H.-G., *Kleine Schriften I*, Tübingen 1967, 127, 158; *WM*, 285. Nous ne citerons ici que la pagination de l'édition allemande puisqu'on la retrouve en marge de l'édition française.

3. *La phénoménologie de l'esprit*, *op. cit.*, 18.

Hegel pour mettre en lumière le caractère essentiellement négatif de l'expérience (WM. 335). Cette connotation négative est d'ailleurs celle que possédait naguère le terme français de « travail » qui signifiait alors « douleur » et « souffrance » [1]. On peut enfin ajouter que la *Wirkungsgeschichte* comprise comme un travail de l'histoire est aussi très voisine de la notion derridienne de « trace » [2]. Le *Wirken* de l'histoire est à l'œuvre comme l'inscription de la trace qui nous met en relation avec le passé qui nous porte et avec lequel il est impossible d'espérer une médiation absolue (comme l'aurait voulu Hegel). Tout comme la *Wirkungsgeschichte*, la « trace » rend possible la venue du sens et d'une vérité qui vit de l'attente métaphysique de la présence. Derrida écrit, dans ce qui demeure son plus grand livre d'herméneutique : « La trace est en effet l'origine absolue du sens en général. Ce qui revient à dire, encore une fois, qu'il n'y a pas d'origine absolue du sens en général. La trace est la différance qui ouvre l'apparaître et la signification » [3], c'est-à-dire de l'*aletheia* telle qu'interprétée sur le fondement d'une herméneutique de la finitude par Heidegger et Gadamer. Mais on ne peut pas taire la différence entre les deux stratégies herméneutiques : si pour Gadamer la *Wirkungsgeschichte* reste, malgré tout, le lieu de la présence dans une fusion des horizons entre le passé qui nous interpelle et le présent qui se met à l'écoute et à l'école de son origine, la « trace » incarne chez Derrida l'univers de l'absence, c'est-à-dire l'absence de référence autre que textuelle. Or pour Gadamer, il y a bel et bien une référence réelle qui tient à la « chose » dont il est question dans les textes que nous lisons et les dialogues que nous conduisons.

Tâchons maintenant de mettre notre traduction en rapport avec les diverses significations de la *Wirkungsgeschichte* chez Gadamer. Il faut retenir trois significations bien distinctes de ce concept. La *Wirkungsgeschichte* n'est pas une création de Gadamer. Ce concept a vu le jour au XIXe siècle dans le cadre de la critique littéraire. La *Wirkungsgeschichte* faisait alors fonction de discipline auxiliaire qui s'intéressait aux différentes réceptions d'une œuvre et de son influence dans

1. Comme le souligne P. Szondi, *Einführung in die literarische Hermeneutik*, Francfort, 1975, 78. Le Robert cite à cet effet un mot de Bossuet : « les grands travaux que Notre-Seigneur a soufferts ».

2. J. Greisch, *op. cit.*, 57ss fait allusion à ce parallèle entre Derrida et Gadamer.

3. Derrida, J., *De la grammatologie*, Paris, éd. de Minuit, 1967, 95.

l'histoire, à la sociologie des publics concernés, à l'histoire et parfois à la renaissance de certains genres, styles et contenus, etc.[1] :

> Que l'intérêt de l'historien ne s'adresse pas seulement au phénomène historique ou à l'œuvre transmise mais aussi, en une thématique seconde, à leur efficience dans l'histoire (qui, après tout, comprend aussi l'histoire de la recherche), la chose est considérée en général comme un simple complément à la problématique de l'historiographie qui, du «Raphaël» de Herman Grimm à Gundolf et au-delà, a fourni sur l'histoire maintes considérations de grande valeur. Dans cette mesure «l'histoire de l'efficience» n'est pas nouvelle.[2]

L'historicisme connaissait donc déjà cette idée de *Wirkungsgeschichte*, d'un travail de l'histoire. Seulement, l'historicisme pensait pourvoir se libérer de l'influence de cette histoire en l'étudiant systématiquement, dans le but, bien entendu, de l'isoler de l'œuvre originelle. Pour l'historicisme, il apparaît tout à fait praticable de retourner au sens originel d'un texte si l'on prend soin d'étudier, en une thématique seconde et différente, l'histoire de sa réception et les préjugés qui l'ont déterminée. L'historien espère ainsi se soustraire à l'emprise de cette histoire et de ses préjugés. Ce qui devait permettre ce détachement, c'était justement l'apparition de la «conscience historique», laquelle introduirait une césure radicale dans le rapport à l'histoire : à partir de maintenant, les phénomènes pourront enfin faire l'objet d'une analyse objective, qui interprète les événements historiques à partir de leur propre contexte (distanciation qui correspondrait au détachement pratiqué avec succès dans les sciences exactes de la nature objective). L'historicisme tirait toute sa fierté et sa confiance scientifique de l'objectivité que rendrait enfin possible la «conscience historique», le «*geschichtliches Bewußtsein*». Pour Gadamer, cette attitude objectiviste vis-à-vis de l'histoire manifeste la naïveté herméneutique de l'historicisme. Il veut rectifier l'autosuffisance et le scientisme de l'historicisme en rappelant que la conscience historique reste elle-même une conscience travaillée par l'histoire. Le «*geschichtliches Bewußtsein*» oublie qu'il est aussi, et d'abord, un «*wirkungsgeschichtliches Bewußtsein*». Le travail de l'histoire ne cesse pas d'exercer son pouvoir du fait que nous décidons d'en faire une analyse spécifique. La conscience que nous avons de l'histoire et du «sens originel» reste déterminée par la *Wirkungsgeschichte*, le travail

1. Cf. Mandelkow, K.-R., «Probleme der Wikungsgeschichte», in *Jahrbuch für internationale Germanistik*, II, 1970, 71.
2. WM, 284.

de l'histoire qui continue d'œuvrer de manière sous-cutanée en nous. La conscience ne se tient pas au-dessus de cette histoire, elle est, au contraire, toujours produite par elle. Il n'est pas possible de sauter tout bonnement « par-dessus » ce travail de l'histoire, afin de retourner à un sens premier, qui ne serait plus « contaminé » par cette même histoire :

> Nous n'exigeons donc pas que l'on élabore le travail de l'histoire pour en faire une nouvelle discipline auxiliaire des sciences humaines qui se suffirait à elle-même, mais que l'on apprenne à se comprendre soi-même avec plus de justesse et que l'on reconnaisse que l'action de ce travail de l'histoire est à l'œuvre en toute compréhension, qu'on en soit expressément conscient ou non. D'ailleurs la renier dans la naïveté de la foi en la méthode peut avoir aussi pour conséquence une déformation effective de la connaissance (...). Mais, à tout prendre, la puissance du travail de l'histoire ne dépend pas le moins du monde de la reconnaissance qu'on lui accorde. C'est là précisément la supériorité de l'histoire sur la conscience finie de l'homme que, même lorsque la foi en la méthode nous fait renier notre propre historicité, c'est elle qui a encore le dessus. L'exigence de prendre conscience du travail de l'histoire de l'efficience marque là son urgence : c'est une exigence essentielle à la conscience scientifique. Mais cela ne signifie nullement qu'elle puisse être satisfaite une fois pour toutes. Croire pouvoir expliciter totalement et en pleine conscience le travail de l'histoire est une affirmation aussi hybride que la prétention hégélienne au savoir absolu dans lequel l'histoire serait devenue parfaitement transparente à elle-même et par là serait élevée au plan du concept. La conscience du travail de l'histoire est bien plutôt un facteur du procès de la compréhension elle-même. [1]

Il faut aussi attirer l'attention sur un aspect important de cette origine philologico-historique de la *Wirkungsgeschichte* que Gadamer ne met pas toujours en relief, peut-être parce qu'il sous-tend secrètement toute son analyse : le paradigme du texte, emprunté à la philologie, se trouve en effet étendu à toute la sphère du comprendre, ainsi doté d'un caractère narratif et dialogique. [2] L'analogie se fonde sur

1. WM, 285.

2. Sur cette métaphore de la textualité, importante non seulement pour l'herméneutique, mais aussi pour la compréhension de soi des sciences exactes, cf. H. Blumenberg, *Die Lesbarkeit der Welt*, Francfort, Suhrkamp, 1981, 2e éd. 1989. Selon Blumenberg (19), même l'idée d'évolution si chère aux sciences de la vie, est d'origine herméneutique. L'*evolutio*, c'est originairement le « déroulement » du

l'idée que les contenus de sens étrangers, historiquement médiatisés, doivent être déchiffrés comme des textes ou des récits qui se laissent réinscrire dans des contextes qui nous sont déjà plus ou moins familiers. Ce récit est l'œuvre du travail de l'histoire.

Distinguons maintenant les deux significations proprement philosophiques de la *Wirkungsgeschichte*. La *Wirkungsgeschichte* décrit le travail (*Wirken*) de l'histoire en général qui prend la place du sujet dans la compréhension. L'histoire se trouve ainsi élevée au rang de sujet transcendantal qui rend possible la connaissance. On connaît les formules provocantes de Gadamer : « en vérité ce n'est pas l'histoire qui nous appartient, c'est nous qui lui appartenons » (WM, 261) ; « le comprendre lui-même doit être considéré moins comme une action de la subjectivité que comme une insertion dans le procès de la transmission où se médiatisent constamment le passé et le présent » (WM, 274). On peut lire dans ces déclarations une ontologisation de l'histoire – entreprise qui n'a pas manqué de soulever l'ire des critiques –, mais il est sûrement plus fructueux d'y reconnaître le souci de poser une limite à la philosophie moderne de la conscience et à son idéal d'une transparence à soi. La valorisation ontologique de l'histoire veut dévoiler les illusions d'une *Aufklärung* qui se croit autonome et en pleine possession de ses outils de compréhension. C'est que l'*Aufklärung* ignore la prétention de vérité qui jaillit de l'appartenance à une tradition et dont les « préjugés » constituent le fondement. Cette communauté, pourrait-on dire, résulte de la trace laissée par le travail de l'histoire, dans lequel vient s'inscrire l'événement de la vérité. On pourrait croire que le travail de l'histoire représente un labeur autonome ou une odyssée aveugle de l'être qui condamne ses participants à l'unilatéralité d'une perspective indépassable. Mais il ne saurait en être ainsi, puisqu'avant d'être une limite, la tradition est une chance offerte à l'humain dans le procès de la compréhension de soi. Plutôt que de nous fermer les portes, le travail de l'histoire vient nous ouvrir le champ illimité et interminable du dialogue avec la tradition, qui cesse d'être le monologue de la *Wirkungsgeschichte* pour devenir le *wirkungsgeschichtliches Bewußtsein*, la conscience du travail de l'histoire qui participe à la vérité de l'histoire.

Nous arrivons ainsi au deuxième volet du travail de l'histoire qui concerne cette fois l'appropriation anthropologique de cet être « travaillé » par l'histoire. En quoi consiste cette conscience du travail de l'histoire ? Cette conscience est moins une conscience explicite du

rouleau de papyrus où s'inscrivent les espèces. Le « développement » de quelque chose, c'est d'abord le « déroulement » du texte qui lui confère son intelligibilité.

quand et du comment de la détermination historique qu'une conscience du *fait que* l'histoire est irrémédiablement à l'œuvre en nous (une conscience factice du *daß* et non du *wie*). Il s'agit par conséquent d'une conscience de la « substantialité » de l'histoire qui ne se laissera jamais intégrer dans le savoir d'un sujet absolu. La conscience du travail de l'histoire peut donc se réclamer à juste titre d'un γνῶθι σεαυτόν qui fait davantage appel à une reconnaissance de ses propres limites qu'à l'idéal plus moderne d'une conscience de soi entièrement transparente. On a souligné la dimension existentielle de cette conscience du travail de la tradition chez Gadamer[1]. On peut surtout saluer dans cette « conscience » du travail de l'histoire une reconquête de la dimension originairement anthropologique (ou éthique) de l'herméneutique. On retrouve aussi cette préoccupation dans les prolongements de l'herméneutique philosophique en Allemagne (Habermas, Apel) et en France (Ricœur). Mais l'herméneutique gadamérienne, satisfaite d'avoir retrouvé cette dimension anthropologique d'ouverture – l'*Offenheit* que radicalisait la *Gelassenheit* heideggérienne –, connaît ses propres limites et renonce à l'élaboration systématique d'une anthropologie herméneutique.

C'est peut-être que la conscience du travail de l'histoire est moins une conscience que *nous* avons de l'histoire qu'une conscience que l'histoire a de *soi-même* ? Tout se joue au niveau du génitif problématique contenu dans la formule « la conscience *du* travail de l'histoire », génitif qui n'est qu'implicite en allemand. S'agit-il d'un génitif objectif ou d'un génitif subjectif ? Gadamer ne s'est pas posé la question, mais le sens général de sa réponse ne saurait être douteux : la conscience du travail de l'histoire est bel et bien une conscience que *nous* possédons de ce travail. Seulement, cette conscience est elle-même à ce point le résultat et le produit de ce travail qu'on est en droit de parler, métaphoriquement, d'une conscience que l'histoire a d'elle-même, d'un jeu de l'histoire avec elle-même qui est à la fois sujet et objet, ou mieux, l'unité des deux. C'est cette tournure hégélienne de la pensée de Gadamer qui rend si difficile la démarcation entre la conscience herméneutique et la conscience dialectique de l'esprit absolu. On pourrait pousser plus loin la comparaison entre les deux réflexions en affirmant que la conscience du travail de l'histoire en vient aussi à se

1. Cf. Schultz W., « Anmerkungen zur Hermeneutik Gadamer », in *Hermeneutik und Dialektik*, Festschrift für H. G. Gadamer, Tübingen, J. C. B. Mohr, 1970, I, 315. Cf. aussi les essais de Gadamer sur la philosophie de l'existence et le problème de la compréhension de soi dans la théologie de Marbourg dans le second tome de ses *Gesammelte Werke*.

transformer en raison. C'est en effet l'histoire qui a donné créance à nos critères de rationalité, mais aussi à ceux qui nous permettent de critiquer certains aspects de notre détermination historique. Où trouver la rationalité sinon dans la conscience réfléchie engendrée par le travail de l'histoire ?

Ces réflexions de Gadamer ont été interprétées par Habermas comme une légitimation fallacieuse de l'ordre existant. L'ordre de la tradition pourrait bien reposer sur la violence et sur une communication systématiquement distordue. Habermas dirige donc contre Gadamer le reproche adressé jadis par les hégéliens de gauche à la thèse provocante de la préface à la *Philosophie du droit* de Hegel, « ce qui est rationnel est réel et ce qui est réel est rationnel », affirmation dont Gadamer s'est parfois réclamé[1]. Nous ne relancerons pas ici le débat qui oppose l'herméneutique à la critique des idéologies. On se bornera à rappeler que l'herméneutique a seulement voulu mettre en question les prétentions d'une raison qui se tourne de façon dogmatique contre la tradition. Cette raison oublie en effet que c'est le travail de l'histoire qui lui procure ses armes et qui justifie ses aspirations. Il serait également illusoire d'imaginer que la substance du travail de l'histoire – la loi de son développement, par exemple – puisse être définitivement élevée à la conscience. La critique saborde sa propre crédibilité si elle veut scier la branche sur laquelle elle est assise. On sait que l'herméneutique de Paul Ricœur a tenté de jeter un pont entre les deux positions en reconnaissant le *fundamentum inconcussum* du travail de l'histoire, tout en cherchant à incorporer une dimension plus critique à la conscience du travail de l'histoire. Comme le remarque Ricœur, cette dimension est déjà présente chez Gadamer, puisque ce dernier a bien vu (WM, 264) que l'autorité de la tradition repose sur une reconnaissance par la raison[2]. Il serait donc naïf d'exclure la critique de l'expérience herméneutique et il le serait encore plus si on voulait dissocier celle-là de celle-ci. Les projections de la raison s'exposent elles-mêmes à une critique herméneutique.

L'absence de fondement transhistorique rend peut-être problématique l'effort de médiation tenté par Ricœur. Ce dernier vise à introduire ou plutôt a accentuer le rôle de la distanciation en hermé-

1. Gadamer, H.-G., *Vernunft im Zeitalter der Wissenschaft,* Francfort, Suhrkamp, 1976, 51.

2. « Herméneutique et critique des idéologies », 1973, 34 ; *Du texte à l'action*, 343.

neutique[1]. On peut montrer les limites de cette opération, en examinant de plus près la traduction du *wirkungsgeschichtliches Bewußtsein* proposée par Ricœur, « la conscience exposée aux effets de l'histoire ». On s'aperçoit tout de suite qu'une conscience qui est simplement « exposée » aux « effets » de l'histoire peut plus facilement faire place à la distanciation et à la critique qu'une conscience du travail de l'histoire qui se sait insérée dans la trame de la tradition. Si, pour employer un exemple simple, je suis exposé à une menace extérieure, je peux toujours tenter de m'y soustraire d'une façon ou d'une autre. Je reste maître de moi tant et aussi longtemps que je puis contourner cette détermination qui m'affecte. Or la conscience peut être « exposée » d'une autre manière : j'ai, par exemple, conscience d'être exposé à la mort, à laquelle je n'ai aucun moyen d'échapper. La conscience du travail de l'histoire chez Gadamer ressemble plus à cette dernière forme de détermination qu'à la première – songeons à la relation entre la compréhension et son futur vécu sur le mode de l'être-avec-la-mort dans la deuxième partie de *Sein und Zeit*. Gadamer reste donc fidèle à l'esprit du dernier Heidegger : la tradition n'est pas une détermination extrinsèque de la conscience que je pourrais à volonté produire devant moi pour en faire l'objet d'une réflexion, mais bien ce qui travaille toujours-déjà derrière la conscience, et ce qu'elle croit être.

La différence entre Gadamer et Ricœur pourrait s'expliquer par le contexte de leurs interventions respectives : Ricœur sort d'un débat avec l'école structuraliste et cherche à rendre justice à la dimension de l'expliquer (*Erklären*) dans l'interprétation, tandis que Gadamer, qui connaît bien les apories méthodologiques de l'historicisme, tâche de défendre une conception humaniste de la vérité, celle dont témoigne d'abord les sciences humaines et qui ne se laisse pas ramener à l'idée de méthode.

Le problème de la vérité se pose donc de façon distincte pour les deux philosophes. Gadamer peut se passer d'une redéfinition de la vérité en faisant du vrai un simple *wirkungsgeschichtliches Geschehen*, alors que Ricœur doit rendre compte de la prétention à la vérité de la distanciation présupposée dans l'expliquer. On se retrouve cependant dans les deux cas devant la même difficulté : d'où cette forme de savoir peut-elle tirer son autorité, sa clairvoyance ou sa validité (*Geltung*)? L'erreur pourrait toujours être totale. Nietzsche garderait le dernier mot. Si tout savoir s'enracine dans une perspective historique, le défi consiste à s'appuyer sur la conscience du travail de l'histoire afin de

1. Cf. P. Ricœur, « La fonction herméneutique de la distanciation », in *Du texte à l'action*, 101-117.

développer un concept de la vérité herméneutique qui tienne compte de la notion classique d'objectivité ou d'adéquation. C'est cette voie que nous voulons maintenant explorer en suivant d'abord Gadamer.

On a à maintes reprises et non sans raison déploré le fait qu'un livre qui porte le titre *Vérité et méthode* parle si peu de vérité. Gadamer semble, en effet, se soucier très peu des questions théoriques et terminologiques, préférant les démonstrations *ad hoc* aux élaborations systématiques, un procédé qui dans le contexte d'une herméneutique philosophique, d'une réflexion sur le travail de l'interprétation, n'est pas dépourvu de justification. Mais la déception reste grande dans le cas du concept de vérité herméneutique puisqu'en fin de compte le problème de la compréhension entraîne nécessairement derrière lui celui de la vérité, comme l'a bien vu Heidegger en dérivant son analyse de la vérité d'une herméneutique du *Dasein*.

Avant d'attendre de l'herméneutique philosophique de Gadamer des explications systématiques qu'elle ne veut ni ne peut remplir, il faut d'abord comprendre pourquoi Gadamer renonce à proposer un concept de vérité qui soit différent de celui d'adéquation qu'a élaboré la tradition philosophique et que présupposent, négativement, les contre-exemples de la fausseté et du mensonge. Gadamer est à la recherche d'une vérité qui précède tout contrôle méthodique, mais dont on peut illustrer l'efficacité en faisant appel au témoignage des sciences humaines. Les sciences humaines nous transmettent un savoir « adéquat », mais dont on ne peut pas toujours contrôler les résultats en adoptant une attitude objectiviste, comme cela doit être en principe possible en sciences exactes. Les sciences de l'homme servent à nous former (au sens fort de l'expression *Bildung*) en nous transmettant des valeurs humaines qui n'ont pas la clarté mathématique des algorithmes. Il y a ainsi des vérités qui ne se prêtent pas à un contrôle méthodique et qui sont peut-être même plus essentielles que la méthode pour la formation de l'humanité. Ces vérités plus «humaines» inciteront d'ailleurs Gadamer à réhabiliter toute la tradition de l'humanisme pré-kantien. Sur ce point, Gadamer s'oppose tacitement à la critique heideggérienne de l'humanisme [1], mais pour se rallier au concept de vérité du premier Heidegger et consolider sa thèse au sujet du caractère dérivé de la connaissance fondée sur le contrôle méthodique. C'est pourquoi Gadamer parle d'une vérité pré-scientifique (*vorwissenschaftlich*). Il serait cependant plus juste de parler d'une vérité «extra»-scientifique, puisque l'expression «pré-scientifique» laisse entendre que cette

1. Cf. à ce sujet notre étude «Gadamer on humanism», in *Hans-Georg Gadamer*, The Library of Living Philosophers, ed. by L. E. Hahn, 1993 ou 1994.

vérité pourrait éventuellement être soumise à un examen scientifique[1]. Or la prétention à la vérité revendiquée par les sciences de l'esprit est si peu susceptible d'un tel contrôle que celles-ci ne sauraient se laisser entraîner dans un débat méthodologique dominé par le modèle des sciences exactes.

Gadamer veut donc libérer les *Geisteswissenschaften* d'une confrontation théorique avec un modèle de scientificité qui leur est foncièrement étranger, croyant ainsi échapper aux apories de l'historicisme et de l'épistémologie néo-kantienne. Mais Gadamer réussit-il dans son entreprise s'il définit toujours la vérité en opposition aux prétentions positivistes d'une méthodologie empruntée aux sciences physiques ? On n'a qu'à se souvenir de l'empire de la « négation déterminée » dans la dialectique hégélienne pour constater que la vérité herméneutique conserve la marque de ce dont elle est la négation, même si elle prétend en livrer le fondement. Ce soupçon se trouve confirmé par la multitude des déterminations négatives du concept de vérité dans l'introduction à *Vérité et méthode* : dans la même page (WM, XXVII ; tr. fr., 21) il sera question d'une « expérience de vérité qui outrepasse le domaine soumis au contrôle de la méthodologie scientifique », d'une « prétention à la vérité que la conscience contemporaine ne saurait ni récuser, ni dépasser » et d'une « vérité inaccessible par d'autres voies ». Or, il faut le répéter, ce n'est pas l'intention de Gadamer d'aller au-delà d'une définition de la vérité herméneutique par privation. Gadamer n'a peut-être pas tort de préférer aux constructions abstraites et banales de certaines *Wahrheitstheorien* l'illustration concrète de cette vérité telle qu'elle se présente réellement dans les sciences de l'esprit. Il n'en demeure pas moins que la philosophie élève des exigences conceptuelles et requiert une détermination plus positive de cette vérité herméneutique. Nous pensons qu'il est possible de délimiter plus précisément l'ampleur et le contenu de cette vérité à partir des indications éparses fournies par Gadamer.

Pour Gadamer, la vérité se représente d'abord comme un événement, ou avènement, de sens. Les concepts-clefs d'événement (*Geschehen*) et d'ouverture (*Erschlossenheit*) de sens, ne font pas non plus l'objet de développements systématiques. On reconnaît cependant la toile de fond heideggérienne de la discussion de Gadamer. En y regardant de plus près, on se rend même compte que deux aspects, voire deux périodes, de la pensée heideggérienne se trouvent ici réunis : la vérité d'ouverture qui relève strictement du *Dasein* se trouve rattachée

1. Cf. Hufnagel, E., *Einführung in die Hermeneutik*. Stuttgart, 1976, 65.

à la vérité-événement, à l'*aletheia* que prodigue l'histoire de l'être. Dans *Être et temps*, c'était encore le premier aspect qui prédominait : la vérité était ancrée dans la tension vers le sens fondée sur la structure du souci (*Sorge*). Cependant, à la suite de la *Kehre*, la vérité échappera de plus en plus à la prise du *Dasein* pour devenir un événement de l'être, qui se doublera même d'une non-vérité, d'une « errance » essentielle. La vérité ne viendra plus de nous, mais du dire (*Sprechen, Sage*) de l'histoire de l'être qui nous invite à co-répondre (*entsprechen*) à son appel.

Gadamer parvient ainsi à combiner les deux moments du trajet de pensée heideggérien. Il reconnaît clairement que la vérité ne peut être comprise de façon adéquate sur le fondement d'une analytique de la subjectivité, comme si la vérité pouvait être construite par le sujet. La vérité est en un sens quelque chose comme un événement de l'être, mais cela veut dire, pour Gadamer, un résultat du travail de l'histoire à laquelle nous avons part. En mettant cependant l'accent sur l'application et la participation dans le processus du travail de l'histoire, Gadamer réintroduit un élément anthropologique dans la problématique heideggérienne. La dimension de l'adéquation et du sens, essentielle à l'*Erschlossenheit* d'*Être et temps*, était de plus en plus absente des réflexions du dernier Heidegger sur la vérité, comme l'a montré Ernst Tugendhat dans son étude magistrale sur Husserl et Heidegger[1]. L'idée gadamérienne d'un travail de l'histoire permet de réintégrer cette exigence d'adéquation dans sa conception herméneutique de la vérité. La *Wirkungsgeschichte* remplace bel et bien le destin de l'être, mais pour redonner une plus grande place au Dasein *réel* inséré dans ce processus historique et à l'expérience de sens qu'il transmet. La vérité s'entend maintenant comme un *wirkungsgeschichtliches Geschehen* qui vient apporter des réponses aux questions de l'homme en quête de sens. Avec cette dialogique de la question et de la réponse, qui remplace le monologue de la dialectique hégélienne et de la *Seinsgeschichte*, Gadamer retourne à un Platon absous de l'interprétation unilatéralement subjectiviste, qu'avait proposée Heidegger, et à un concept de vérité où l'adéquation est conçue comme participation à une expérience de sens[2].

1. *Der Wahrheitsbegriff bei Husserl und Heidegger*, Berlin, de Gruyter, 1966, 402.

2. On trouvera une appréciation éclairante du platonisme de Gadamer chez P. Fruchon, « Herméneutique, langage et ontologie. Un discernement du platonisme chez H.-G. Gadamer », in *Archives de philosophie*, 36, 1973, 529-568 ; 37, 1974, 223-242, 353-375, 533-571.

C'est, en effet, Platon qui doit apporter la clef du problème herméneutique de la vérité à la fin de *Vérité et méthode*. Gadamer montre à l'aide de la métaphysique du beau chez Platon et Augustin que le beau tout comme son cousin transcendantal, le vrai, possède un caractère d'événement qui nous illumine et nous surprend : « de même que le beau est une sorte d'expérience qui, tel un charme et une aventure, se détache à l'intérieur du tout de notre expérience et s'en arrache, tout en posant une tâche spécifique à l'intégration herméneutique, de même aussi ce qui est éclairant [la vérité (J.G.)] est manifestement toujours quelque chose de surprenant, tel le surgissement d'une lumière nouvelle, grâce à quoi est élargi le domaine de ce qui entre en considération » (WM, 460). L'expérience herméneutique est ainsi parente de l'expérience noétique, d'où selon Platon et Aristote (*Met.* IX, 10) l'erreur semble être exclue. L'erreur dans la compréhension équivaudrait à une *contradictio in adjecto* : ou bien l'on comprend, ou l'on passe tout à fait à côté de la chose en question. La compréhension adéquate, plus que la vérification, s'affirme comme le lieu privilégié de la vérité. La compréhension que certaines philosophies des sciences (Hempel, Abel, Stegmüller, etc.) tiennent pour un procédé simplement heuristique dans la découverte d'hypothèses nouvelles qui doivent être empiriquement vérifiées avant d'être déclarées vraies, désigne déjà chez Gadamer le lieu d'une expérience proprement humaine de vérité. La conscience herméneutique sait qu'elle doit faire l'économie de la certitude absolue, reconnaissant, dans le texte que nous venons de citer, l'élément d'aventure inhérent à toute expérience de la vérité pour une conscience finie. La vérité fait paradoxalement partie de ce domaine, de l'incertain, qui nous interpelle à travers le travail de l'histoire : « L'expérience herméneutique appartient à ce domaine parce qu'elle aussi est l'événement d'une expérience authentique. Que, dans ce qui est dit, quelque chose soit éclairant, sans pour autant être *assuré, jugé, décidé à tous égards* [souligné par nous]. C'est ce qui, en fait, se produit partout où quelque chose s'adresse à nous du fond de la tradition ». (WM, 460). Dans le même contexte, Gadamer fait référence à la tradition rhétorique antique qui voyait déjà dans le vraisemblable, le *verisimile* qui nourrit le *sensus communis*, le lieu d'une vérité qui prend une dimension humaine et, comme Platon, abandonne la vérité absolue au savoir divin.

On serait tenté de voir dans cette conception de la vérité un jeu de la subjectivité qui se contente d'une vérité simplement vraisemblable. Or, selon Gadamer, ce jeu, loin d'être subjectif, est d'abord celui de la *Wirkungsgeschichte* elle-même qui nous entraîne dans l'horizon d'un sens constitué par la somme des expériences historiques. La catégorie de jeu sera justement mise en avant à la toute fin de *Vérité et méthode* afin de circonscrire l'expérience herméneutique de la vérité : « c'est encore à partir du concept de *jeu* que nous pouvons le mieux préciser ce que signifie « vérité » dans ce domaine (...), la conduite de celui qui joue ne peut pas être comprise comme une conduite de la subjectivité, puisque c'est plutôt le jeu qui joue, en entraînant les joueurs en son sein et en devenant lui-même le véritable *subjectum* du mouvement du jeu » (WM 464). Tel semble bien être le dernier mot de Gadamer sur l'être de la vérité. Mais est-il légitime d'apostropher la vérité en termes de « jeu » ? Ce n'est pas sûr. Contrairement à ce que laissent croire les remarques de Gadamer, le concept de jeu n'est en rien une catégorie ontologique, ou explicative, mais tout au plus un expédient phénoménologique, chargé de décrire l'advenir de la vérité dans le contexte du travail de l'histoire. On réussit certes à « désubjectiviser » la notion de vérité en la projetant dans le jeu du travail de l'histoire avec nous, mais on ignore toujours en quoi consiste pour nous cette vérité. Mais est-il vraiment possible de dépasser la timidité des descriptions phénoménologiques, si la vérité se résume à un événement sur lequel nous n'avons aucune prise ? Pouvons-nous avoir la prétention de définir cette vérité qui circonscrit notre être en nous emportant dans son jeu ?

Tâchons donc de poser notre question autrement en retournant à la racine du problème herméneutique de la vérité. La compréhension repose sur une attente de sens, sur l'ouverture (*Erschlossenheit*) fondamentale du *Dasein* qui rend possible l'éclosion de la vérité. Gadamer nous apprend que c'est la tradition, le travail de l'histoire, qui nous pourvoit de ces possibilités d'ouverture. On peut donc dire que la vérité est un *wirkungsgeschichtliches Geschehen,* mais c'est toujours nous qui faisons l'expérience de la vérité. Cette vérité originaire ne s'actualise que dans le comprendre qui « subit » en quelque sorte l'impact de l'histoire. Si le comprendre n'a pas besoin d'une confirmation ou d'une preuve extérieure de la vérité qui l'illumine, on peut donc parler d'une relative incommensurabilité des expériences de vérité les unes par rapport aux autres. Dans l'interprétation des textes, par exemple, deux versions différentes d'un même passage pourront à la limite subsister côte à côte si les deux interprétations répondent à des questions différentes [1]. C'est faire œuvre de vérité, si l'on peut dire, que de respecter le contexte de toute énonciation. Le contextualisme

1. Cf. Staiger E., *Die Kunst der Interpretation*, Zürich 1955, 32-33.

n'est pas nécessairement un subjectivisme, ou encore un relativisme, comme on le proclame souvent aujourd'hui, il est mû par une volonté de vérité et d'adéquation, voire de justice : il cherche à éclairer ce qui permet de comprendre, dans sa situation propre, une prétention de vérité. Gadamer, qui demeure justement soucieux d'éviter l'anarchisme herméneutique, tient compte de cet aspect en affirmant que dans le cours de l'histoire, on ne comprend pas mieux (*Besserverstehen*), mais tout au plus « autrement » (WM, 280). La vérité du comprendre doit ainsi s'aviser de la finitude de chaque perspective. La tentative contraire, celle qui voudrait mesurer la vérité de notre connaissance à l'aune d'un étalon absolu, passerait au-dessus de la finitude humaine, méconnaissant fatalement les fondements ontologiques de la compréhension. C'est précisément la tâche de Gadamer que d'étaler au grand jour cette expérience originaire de la vérité, cachée dans le cercle herméneutique qui se transforme ainsi en cercle « alétheiologique », en cercle qui est non pas obstacle, mais condition de vérité. Dans un passage décisif, Gadamer décrit ainsi la tâche de l'herméneutique philosophique : « La réflexion herméneutique se borne à rendre manifestes des possibilités de connaissance qui sans elle ne seraient pas remarquées. Elle ne fournit pas elle-même un critère de la vérité[1] ». On sait pourquoi il ne saurait être question d'un critère de la vérité : l'immédiateté noétique de la compréhension précède et outrepasse le contrôle méthodique. Lorsque je comprends, je ne fais pas usage d'un instrument de vérification qui viendrait authentifier mon expérience de la vérité. Il n'est que de considérer de plus près les critères de vérité proposés depuis la controverse entre les sceptiques et les stoïciens jusqu'à nos jours pour s'apercevoir que ces critères (l'expérience, la raison, la perception cataleptique, la précompréhension, etc.) sont d'une telle généralité qu'ils ne sauraient être applicables à l'expérience concrète de la compréhension[2]. Le problème du critère de la vérité n'a pu surgir que dans la philosophie hellénistique suite à l'abandon du point de vue idéaliste de la philosophie classique de Platon et d'Aristote. Le point de départ sensualiste de la philosophie post-aristotélicienne entraîne nécessairement le problème du discernement entre

1. « Die hermeneutische Reflexion ist darauf beschränkt, Erkenntnischancen offenzulegen, die ohne sie nicht wahrgenommen würden. Sie vermittelt nicht selbst ein Wahrheitskriterium », in « Replik zu Hermeneutik und Ideologiekritik », Francfort, 1971, 300 et *Kleine Schriften* IV, Tübingen 1977, 130.

2. On consultera à ce propos l'étude soigneuse de G. Stricker, « Kriterion tes aletheias », in *Nachrichten der Wissenschaften in Göttingen*. 1. *Philologisch-historische Klasse*, 1974, 51-110.

le vrai et le faux à l'intérieur du divers sensible[1], une difficulté encore étrangère à la connaissance noétique chez Platon et Aristote. En accordant une immédiateté originaire à la compréhension, Gadamer se rattache tacitement à la conception de la connaissance de ces derniers.

C'est donc sur cette possibilité de connaissance immédiate que Gadamer veut attirer l'attention dans le texte cité plus haut. Mais on peut donner un autre sens à l'expression « possibilité de connaissance ». La vérité herméneutique a en effet quelque chose à voir avec l'ouverture de nouvelles possibilités de connaissance. Quand un nouvel horizon s'ouvre devant moi, je suis témoin d'une vérité à laquelle je n'avais pas accès jusque là. La compréhension devient ainsi un processus créateur et productif, comme le souligne parfois Gadamer (WM, 280). La compréhension « autre » (*Andersverstehen*), motivée par les questions particulières de son époque, permet de faire ressortir des aspects nouveaux dans les textes qu'elle interprète, ouvrant ainsi une nouvelle possibilité de connaissance, une chance – Gadamer parle bien d'*Erkenntnischancen* – offerte au comprendre dans le processus d'une compréhension de soi qui se met à l'écoute active de la tradition. Tout ce qui est original n'est pas nécessairement vrai. La nouveauté reste soumise à la critique, au dialogue et au débat d'idées, seule pierre de touche de la vérité dans un monde désenchanté. Cette critique tout comme la vérité qu'elle inspecte s'élève néanmoins sur le fond d'une *Wirkungsgeschichte* qui semble s'interpréter soi-même.

Dès lors, la production inhérente au comprendre cesse d'être le fait de la subjectivité. C'est le travail de l'histoire qui m'apporte et crée littéralement la vérité. Dans le jeu de la *Wirkungsgeschichte* avec l'herméneute, c'est à la première que Gadamer semble reconnaître le titre de *subjectum*. Je ne fais que « subir » cette vérité dans un acte d'ouverture rendu manifeste par une réflexion sur l'ontologie de la compréhension qui refuse la « fermeture » du système hégélien des déterminations de la pensée. La subjectivité ouverte succède à la subjectivité dominante de la modernité dans l'appropriation de la vérité. Conscient de mes limites, j'adopte une attitude réceptive et attentive à l'appel de la tradition. En contrepoids à la toute-puissance de la subjectivité moderne, Gadamer fait intervenir une vision plus contemplative du savoir, empruntée à la pensée grecque : « Toutefois, il ne faut pas concevoir la *theoria*, à titre primaire, comme une attitude de la subjectivité, comme une manière pour le sujet de se déterminer lui-même, mais en référence à ce qu'elle contemple. La *theoria* est une

1. Cf. Krämer H.J., *Platonismus und hellenistische Philosophie*, Berlin, de Gruyter, 1971, 58.

véritable participation ; non un agir, mais un pâtir (*pathos*) ; c'est être pris et ravi par la contemplation » (WM, 118). Ces observations, tirées d'une réflexion sur la conscience esthétique, nous procurent deux concepts-clefs qui nous aideront à mieux cerner l'expérience herméneutique de la vérité, ceux de participation et de *pathos*, ou mieux, d'une participation vécue comme *pathos*, voire comme « bienfaisance » (*charis*) de la tradition.

On voit que cette « passivité » retient l'essentiel de l'idée critique d'adéquation, ce qu'était la vérité avant de se muer en certitude subjective avec Descartes. Même si elle est pensée et articulée par nous, la vérité n'est pas faite par nous. Nous la recevons plutôt, des choses comme de la tradition. Si l'herméneutique insiste sur notre capacité « productive » de réception, c'est parce que cette vérité nous transforme et nous édifie, au sens non trivial du terme. La vérité-adéquation est aussi adéquate à notre situation, à l'*incorporation* de la vérité dans une compréhension de soi d'un être pour lequel il y ira toujours en son être de son être même. La vérité est une réponse juste – et d'autant plus juste qu'elle affole et démobilise nos attentes initiales, d'où l'importance de la négativité dans le concept herméneutique d'expérience. Cette réponse est éprouvée par l'homme comme un événement qui le transperce, disons comme un *pathos*, un pâtir.

Mais qu'est-ce qui travaille derrière ce *pathos* sinon la *Wirkungsgeschichte*, qui nous procure à la fois nos interrogations et des possibilités d'y répondre ? S'il est encore légitime de parler d'un « agent » dans cette expérience « pathétique » de la vérité, il faut bien le voir dans le travail de l'histoire. La création de la *Wirkungsgeschichte* se trouve au cœur du faire qui nous fait participer à la vérité de l'histoire. Gadamer a bien vu cette dialectique de l'agir et du subir : « on trouve aussi dans l'expérience herméneutique quelque chose comme une dialectique, un agir de la chose elle-même, un agir qui, contrairement à la méthodologie de la science moderne, est un subir, un comprendre, un événement » (WM, 440-1). En vérité, l'histoire ne part jamais de zéro ; son faire n'a rien d'une *creatio ex nihilo* ; elle façonne une matière déjà existante. C'est ainsi que l'on rejoint le concept grec de création, l'idée de ποίησις qui signifie à la fois un faire, un travail, mais aussi un « poétiser ». En conformité avec notre traduction de la *Wirkungsgeschichte*, on insistera sur le *travail* effectué par l'histoire poétisante. On ne doit cependant pas ignorer la dimension proprement poétique de la ποίησις. La ποίησις ne signifie alors rien d'autre que la production ou l'articulation des mots qui touchent et parlent à notre sensibilité en vertu de leur propriété significative, « alétheiologique ».

La *Wirkungsgeschichte* perd ses airs de destin et d'histoire autocrate pour prendre un visage humain en rendant possible un dialogue avec un être déjà prédisposé à la vérité. On pourrait parler d'un entretien infini entre « l'être-à-la-vérité » de l'homme et le créneau de vérités que lui découvre l'histoire. Il faut, d'une part, considérer la vérité comme une sorte de création, un produit ou un effet (*Wirkung*) de l'histoire plutôt que de la subjectivité, et, d'autre part, voir dans le surgissement de nouvelles possibilités de connaître un moment de vérité. Un concept herméneutique de vérité doit tenir compte de ces deux aspects. Une conception de la vérité qui voudrait faire l'économie de la finitude historique de la compréhension cesserait de parler d'une vérité mesurée à l'échelle humaine, seule susceptible de nous intéresser.

On peut comparer cette conception gadamérienne de la vérité à celle de Paul Ricœur. Ricœur, comme nous l'avons vu, souhaite reconnaître une place prépondérante aux méthodes sémiotiques et structuralistes dans l'interprétation des textes, en les soumettant toutefois aux intérêts du comprendre. Il faut faire le détour de l'expliquer avant d'en arriver à la compréhension. C'est donc, en dernière instance, au niveau du comprendre et non à celui de l'expliquer que nous devons chercher une conception herméneutique de la vérité, en tenant compte, bien sûr, de la prétention à la vérité élevée par l'analyse méthodique. Au terme d'une interrogation sur l'essence de la métaphore, Ricœur en est venu à esquisser un concept de vérité métaphorique[1]. Dans l'évolution de la pensée de Ricœur, le concept de métaphore vient remplacer celui de symbole au centre de la problématique herméneutique. Ricœur a sans doute pris conscience du caractère dérivé d'une herméneutique des symboles, mais son point de départ n'a guère changé : il s'agit toujours de rendre compte du phénomène de la créativité (sémantique) dans le langage, qui s'accompagne toujours d'une ambiguïté, béante dans le cas du double-sens. L'analyse des symboles avait mis Ricœur sur la piste d'une vérité qui réside dans la production infinie de sens et de référence au niveau du langage. Toute son enquête médite le slogan « le symbole donne à penser »[2]. Ce que le symbole, la métaphore et le récit donnent à penser, c'est une vérité qui n'est pas posée par moi – on pensera tout de suite à la *Wirkungsgeschichte* – et dont le contenu doit être déchiffré par une herméneutique de la récollection du sens qui est passée par l'école d'une herméneutique de la démystification. Le symbole et la métaphore « font » référence (« faire » doit être pris ici au sens fort de produire et d'engendrer) à un monde que le mystère du

1. *La métaphore vive*, Paris, éd. du Seuil, 1975, 300ss, 310ss.
2. *le conflit des interprétations*, Paris, éd. du Seuil, 1969, 284.

langage[1] me laisse entrevoir, sans jamais m'en livrer totalement le secret. Le problème de la vérité, qui se profilait seulement dans l'analytique des symboles, passera au premier plan d'une conception herméneutique de la métaphore qui hérite des propriétés du symbolisme. Guidé par une analyse paradigmatique du discours poétique, Ricœur tentera de découvrir une affinité, voire une identité entre la vérité et la nouveauté qu'institue la métaphore[2]. Le poème est vrai en ce qu'il permet de découvrir un monde nouveau. La vérité se mesure – même si nous savons qu'il est trompeur de parler ici d'un étalon – au débordement et à la plénitude de sens. Une conception de la vérité comme *Erfüllung* (remplissement), que Gadamer et Ricœur empruntent à Husserl, vient enrichir la conception traditionnelle de la vérité comme adéquation. La métaphore, qui gît au foyer de ce processus, n'est pas un simple ornement; elle enseigne et nous fait participer à la vérité d'un monde qui serait inaccessible par d'autres voies. Ricœur insistera sur la fonction heuristique et mimétique de la métaphore : en vertu de sa redescription du réel (*mimesis*), la métaphore transcende ce dernier et laisse miroiter un monde nouveau que je m'approprie en me laissant emporter par ce qui est dit, la chose du texte. Ce monde n'est jamais « donné », il incarne cependant une possibilité, une chance offerte à la compréhension de soi, pourrait-on ajouter avec Gadamer, Bultmann et surtout Heidegger qui avait déjà mis l'accent sur l'aspect de possibilité et de pouvoir-être (*Seinkönnen*) investi dans la compréhension. Ricœur veut décrire ce dévoilement (*aletheia*) de mondes nouveaux dans la compréhension par l'entremise du concept de vérité métaphorique qui transgresse selon lui les limites du concept ordinaire de vérité-adéquation[3]. Ricœur s'appuie sur la dynamique que Gadamer avait appelée « la métaphorique fondamentale du langage[4] » pour étendre le problème de la métaphore à toute la sphère herméneutique, laquelle a toujours affaire à l'apparition de sens. On peut s'interroger sur la légitimité d'une telle extension et sur la relation entre la métaphore et le symbole chez Ricœur, mais il nous importait seulement de faire ressortir ici la nature à la fois créatrice et réceptrice (puisqu'elle n'est pas créée par la subjectivité que nous nous attribuons) de la vérité herméneutique. L'appropriation humaine de cette vérité, qui

1. *Ibid.*, 79.

2. *La métaphore vive*, 300 : « les qualités poétiques, en tant que transférées, ajoutent à la configuration du monde ; elles son « vraies », dans la mesure où elles sont « appropriées », c'est-à-dire dans la mesure où elles joignent la convenance à la nouveauté, l'évidence à la surprise ».

3. *La métaphore vive*, 387.

4. *WM*, 406.; *La métaphore vive* , 252.

qui s'achève dans la compréhension de soi[1], provient ultimement du dialogue des traditions qui nous composent.

La convergence des visées herméneutiques de Gadamer et de Ricœur autour du concept de vérité herméneutique est indéniable ici. Un existentialisme latent et prudent succède à l'historicisme prétendument neutre dans la détermination de la vérité herméneutique. Un tel concept de vérité prépare le terrain à une philosophie post-heideggérienne de l'historicité qui ne succombe pas au subjectivisme, tout en faisant justice à la prétention à la vérité d'une compréhension dialogique parce que finie. Il faut maintenant voir ce qui permet à cette herméneutique du dialogue d'élever une prétention à l'universalité.

1. Cf. Ricœur, « Phénoménologie et herméneutique » 50 : « Que l'appropriation n'implique pas le retour subreptice de la subjectivité souveraine, cela peut être attesté de la manière suivante : s'il reste vrai que l'herméneutique s'achève dans la compréhension de soi, il faut rectifier le subjectivisme de cette proposition en disant que *se* comprendre, c'est se comprendre *devant* le texte (...) La chose du texte ne devient mon propre que si je me désapproprie de moi-même, pour laisser être la chose du texte. Alors j'échange le *moi, maître* de lui-même, contre le *soi, disciple* du texte ».

XII
L'UNIVERSALISATION DE L'HERMÉNEUTIQUE CHEZ GADAMER

L'objet de cette avant-dernière étude est de comprendre la prétention à l'universalité qu'élève le chef-d'œuvre de Hans-Georg Gadamer, *Vérité et méthode* (1960, ci-après : VM), dont on peut dire, avec trente ans de recul, qu'il aura été l'ouvrage le plus significatif et le plus influent de la philosophie allemande depuis *Être et temps*[1]. Afin de faire ressortir l'ambition philosophique de VM nous réfléchirons ici sur l'unité et la structure de fond de l'ouvrage, tout entier animé par une volonté d'élever la méditation herméneutique à une dimension universelle et, partant, philosophique. Même si son style n'a rien d'obscur ou de cryptique, VM demeure une œuvre dont le message ne se livre pas immédiatement. Son argumentation se dissémine souvent au gré d'analyses historiques ou philologiques dont les très riches détails risquent de compromettre l'intelligence des aspirations fondamentales de l'œuvre. On a, du reste, souvent reproché à VM de présenter un visage assez hétérogène. Gadamer a lui-même parfois donné à entendre que l'œuvre serait de fait née de recherches différentes et autonomes sur l'art, sur l'histoire et sur le langage. C'est ainsi qu'il parle de VM, dans son « autocritique » de 1986[2], « comme d'un projet théorique qui aurait réuni sous l'unité d'un tout philosophique des recherches entamées à partir de côtés différents ». On pourrait, en effet, se demander si l'esthétique, les sciences humaines et le langage, les trois chantiers de VM, tissent vraiment des rapports intimes dans l'ensemble de l'œuvre. VM se compose-t-il d'études séparées qui n'auraient été colligées que par hasard ?

1. Jugement partagé par F. Volpi, *Gadamer e l'ermeneutica*, in F. Volpi, *Ermeneutica e filosofia practica*, Milano, Guerini, 1990, 7.

2. H.-G. Gadamer, *Gesammelte Werke* (dorénavant : GW), tome II, Tübingen, J.C.B. Mohr (Paul Siebeck), 1986, 3 (tr. fr. in *L'art de comprendre*, t. II, Paris, Aubier, 1991).

Ce problème ne relève pas de l'ordre de la composition littéraire. Ce qui est en cause, c'est une question de fond, savoir la reconstitution du fil conducteur qui guide la totalité de l'œuvre. Y a-t-il une clef qui permette une lecture unitaire et cohérente de l'ouvrage? Pour répondre à cette question, il faut de toute évidence porter une attention particulière aux articulations principales du livre, notamment aux points de transition d'une section à l'autre. C'est alors qu'on pourra voir si les passages d'un niveau à l'autre de VM sont conséquents ou pas. On devra aussi se pencher sur les études préparatoires de Gadamer qui ont précédé la parution de l'œuvre. Gadamer a publié dans les années cinquante, durant la période d'incubation de son *opus magnum*, quelques études systématiques qui jettent beaucoup de lumière sur ses motivations originelles. Il a lui-même réuni ces ébauches systématiques sous le titre évocateur de *Vorstufen*, littéralement de «marches préalables», au début du deuxième tome de ses *Œuvres complètes*, paru en 1986. Il ressort de ces textes que Gadamer s'intéressait alors de façon privilégiée au thème de la vérité dans les sciences humaines, lequel l'a un peu moins préoccupé depuis 1960, lorsque ses débats avec Betti, Habermas et Derrida confrontèrent son herméneutique universelle à de nouveaux défis. On en retiendra peut-être que la problématique de VM est beaucoup plus étroitement liée à la question de l'autoréflexion des sciences humaines que cela n'est apparu dans la réception critique de l'œuvre. L'universalisation de l'herméneutique chez Gadamer signalera bel et bien, comme on le verra, un dépassement de cet horizon, mais son questionnement reste largement tributaire de ce cadre initial.

On devra aussi tenir compte, dans la mesure du possible, des indications que Gadamer a données sur la genèse de VM dans ses écrits à caractère autobiographique, l'œuvre restant assez peu diserte sur les articulations principales de ses parties. Nous pourrons enfin mettre à contribution la première version manuscrite de ce qui devint plus tard VM. Gadamer a confié ce manuscrit original au fonds de la bibliothèque universitaire de Heidelberg[1] en 1980 à l'occasion d'une exposition organisée pour célébrer son quatre-vingtième anniversaire. Le texte manuscrit se compose d'environ quatre-vingts pages bien remplies, dont quarante-cinq paginées par Gadamer. Dans sa structure, son expression et ses thèmes, il diffère parfois de façon significative du texte publié en 1960. En vertu de sa concision, il offre pour nous l'intérêt d'éclairer la motivation originale de VM. Ce texte n'étant pas

1. On peut le consulter dans la salle des manuscrits de cette bibliothèque (cote Heid. Hs. 3913). Les premières pages en ont été publiées dans le *Dilthey-Jahrbuch*, 8, 1993.

publié, nous nous garderons d'en faire ici un usage excessif ou de tenter une comparaison minutieuse des deux versions. Afin de conserver à notre propos une certaine contrôlabilité, nous privilégierons les textes publiés.

Rappelons d'abord quelques détails sur la genèse de l'œuvre de 1960. Ce n'est que relativement tard, alors qu'il avait soixante ans, que Gadamer publia son premier ouvrage à prétention systématique, voire son premier livre qui ne soit pas le fruit d'une thèse académique. Ce silence peut bien sûr s'expliquer par des considérations socio-politiques. Après avoir fait paraître sa thèse d'habilitation sur *L'éthique dialectique de Platon* en 1931, Gadamer n'a pu songer à une publication majeure dans le contexte totalitaire de 1933 à 1945. Au début des années trente, ses études roulaient essentiellement sur la philosophie grecque. Il travailla d'abord à un commentaire de la *Physique* d'Aristote, dont des extraits pourraient être un jour publiés[1]. Il dut interrompre, « par prudence », avoue-t-il, une étude plus élaborée sur la philosophie pratique de Platon et des sophistes. Au lendemain de la guerre, il fut nommé recteur de l'Université de Leipzig, ce qui eut sans doute pour effet de retarder ses projets de publication. Il devint professeur à Francfort en 1947, avant de prendre la succession de Karl Jaspers, parti pour Bâle, à Heidelberg en 1949. Préoccupé par la reconstruction spirituelle de l'Allemagne, il se consacra principalement à ses activités d'enseignement et à des publications de nature pédagogique. Il réédita, par exemple, le précis d'histoire de la philosophie de Dilthey et traduisit le livre Lambda de la *Métaphysique*. Hormis ces circonstances historiques, il faut bien reconnaître que Gadamer éprouvait aussi un certain mal à écrire. Il le confesse, et de la manière la plus suave, dans son autoprésentation biographique de 1973 : « Au reste, l'écriture représenta longtemps pour moi un véritable tourment. J'avais toujours la damnée sensation que Heidegger regardait par-dessus mon épaule ».[2] C'est durant les vacances universitaires entre 1950 et 1959 qu'il trouva le temps de rédiger ce qui devait être son « herméneutique » en se fondant sur les cours d'*Introduction aux sciences humaines* qu'il donnait régulièrement depuis 1936. Sa première version est celle du manuscrit original qui se trouve

1. Nous suivons ici la *Selbstdarstellung Hans-Georg Gadamer*, in GW II, 479-508, plus instructive à bien des égards que l'autobiographie de 1977 (*Philosophische Lehrjahre*, Francfort, V. Klostermann; tr. fr. E. Poulain, *Années d'apprentissage philosophique*, Paris, Criterion, 1992), davantage intéressée aux maîtres de Gadamer et dont l'exergue reprend le mot de Bacon, déjà repris par Kant et Natorp : « De nobis ipsis silemus ».

2. GW II, 491.

à la bibliothèque de Heidelberg. C'est un manuscrit non daté, mais il fut sans doute achevé en 1956 ou 1957, avant les conférences de Louvain de 1957, qui parurent en français sous le titre « Le problème de la conscience historique » en 1963, conférences qui comptent parmi les importants jalons précédant VM. La version finale et beaucoup plus longue du texte de VM dut être complétée entre 1957 et 1959.

Le manuscrit original nous révèle que VM fut bel et bien rédigé et conçu en un seul jet. Il ne comporte ni titre ni chapitres, mais on y découvre bien l'argument initial de VM. Le texte part clairement du problème de l'autoréflexion méthodologique des sciences humaines dans le sillage de Droysen et Dilthey, mais aussi, nous y insisterons, de Helmholtz. Ce point d'ancrage reste celui de l'œuvre de 1960, dont la *première* section s'intitule bien : « La signification de la tradition humaniste ». À proprement parler, le point de départ de VM n'est donc pas à chercher dans le problème de l'art. De fait, il n'est pas du tout question de l'art dans les quarante premières pages du livres. Le seul et unique problème de Gadamer est celui de la juste compréhension de soi des sciences humaines en regard du modèle de plus en plus imposant des sciences exactes et méthodiques. Gadamer s'inspire alors largement d'un texte de 1862 du scientifique Hermann von Helmholtz sur les relations entre sciences pures et humaines[1]. Il s'agit du discours solennel que prononça Helmholtz lors de son accession au vice-rectorat de l'Université de Heidelberg, la ville même où Gadamer enseigne depuis 1949. Dans sa conférence, Helmholtz estime que les sciences pures se fondent sur un procédé d'induction logique par lequel le semblable est subsumé sous un concept général qu'on appelle la « loi » des événements ou des phénomènes (selon la théorie classique de l'induction). Quant aux sciences humaines, c'est plutôt par une sorte de tact ou d'empathie psychologique qu'elles parviennent à leurs connaissances. Helmholtz parle ici d'une « induction artistique » (*künstlerische Induction*), d'un « *psychologischem Tactgefühl* »[2], d'un sentiment de tact ou d'un flair psychologique, qui n'obéit pas à des règles logiques bien définies ou même définissables. En exagérant à peine, on pourrait soutenir que Helmholtz incarne l'interlocuteur privilégié de Gadamer dans la première partie de VM. Il reviendra aux analyses de Helmholtz à des moments hautement stratégiques de sa propre enquête sur les

1. Cf. *Über das Verhältnis der Naturwissenschaften zur Gesammtheit der Wissenschaft*, in H. von Helmholtz, *Vorträge und Reden*, Braunschweig, Verlag von Freidrich Vieweg und Sohn, 1884, 119-145.

2. *Ibid.*, 132.

sciences humaines[1]. S'il est vrai que l'on n'a compris un livre que lorsqu'on est en mesure de reconstruire la question à laquelle il veut répondre, on peut dire que c'est l'interrogation de Helmholtz sur le mode de connaissance des sciences humaines qui a donné le coup d'envoi à VM.

Il est frappant de remarquer que Gadamer se montre parfaitement d'accord, quant à l'essentiel, avec l'analyse assez rudimentaire de Helmholtz. On lit dans la version originaire, passage dont la fin a été reprise dans le texte définitif de VM[2] : « À la fin de toutes les tentatives aspirant à fonder la spécificité méthodique des sciences humaines, on se trouve ramenés aux constatations les plus simples de Helmholtz. Ce que la science moderne appelle méthode démontre son efficacité de manière exemplaire dans les sciences exactes de la nature. Au fond, la méthode des sciences humaines n'a rien de spécifique. On doit même s'interroger sur la part qui revient vraiment à la méthode et se demander s'il n'y a pas d'autres conditions qui interviennent dans les sciences humaines. C'est précisément ce que Helmholtz avait bien vu lorsqu'il mettait en évidence le rôle de la mémoire, de l'autorité et qu'il parlait d'un tact psychologique qui prend ici la place de l'inférence consciente. Or sur quoi repose pareil tact ? Comment l'acquiert-on ? La scientificité des sciences humaines ne se fonde-t-elle pas plutôt là-dessus que sur l'usage d'une « méthode » ? » Gadamer s'entend donc avec Helmholtz pour affirmer que les sciences humaines reposent beaucoup plus sur l'exercice d'un tact ou d'un certain savoir-faire que sur l'application mécanique d'une quelconque méthode. Même si Helmholtz posait comme modèle la méthode inductive des sciences exactes, et il n'en pouvait guère être autrement à son époque, celle du positivisme, il demeure qu'il a fort bien cerné la « spécificité » des sciences humaines, telle que Gadamer l'entend en tout cas. Il y a quelque chose d'un peu provocant dans la solidarité secrète qui unit Gadamer à Helmholtz. En se réclamant d'une étude de 1862 rédigée par un éminent spécialiste des sciences physiques, Gadamer saute souverainement par-dessus tous les débats épistémologiques concernant la spécificité méthodique des sciences humaines qui se sont déployés à la fin du XIXe et au début du XXe siècle dans le voisinage de Dilthey, Weber, Misch, Rothacker et le néo-kantisme de Bade. Toutes ces

1. Cf. WM, 3-6, GW I, 11-14 (début du livre) ; WM, 38, GW I, 47 (fin et résumé de la première section) ; WM, 80, GW I, 90 (passage à la critique de l'esthétique). Helmholtz est aussi présent dans les études préparatoires à WM. Cf. par ex. l'essai de 1953, « La vérité dans les sciences humaines », in GW II, 39.

2. WM, 5 ; GW I, 13.

controverses restaient gouvernées par l'idée que les sciences humaines devaient d'une certaine manière élaborer leurs propres méthodes afin d'accéder au statut de science. Avec une ironie dont il a le talent, Gadamer préfère discrètement suivre l'ingénuité de Helmholtz qui faisait reposer l'autonomie scientifique des sciences humaines sur une certaine virtuosité, un tact ou un «je ne sais quoi» qui échappe à la méthode. C'est donc Helmholtz et non Dilthey[1] qui apparaît comme le représentant tacite d'une herméneutique qui fasse justice à la spécificité non méthodique des sciences humaines. C'est dans cet esprit que VM conduira une critique systématique de l'obsession méthodique dans l'épistémologie des sciences humaines.

La thèse de départ de VM sera que le caractère scientifique des sciences humaines peut être beaucoup plus adéquatement compris à partir de la tradition humaniste pré-kantienne qu'à partir de l'idée de science moderne. C'est que la tradition humaniste était encore pleinement consciente du caractère non méthodique des réquisits de toute *Bildung*, c'est-à-dire de l'éducation à l'humanité et de la formation spirituelle en général[2]. Voilà le sens des importants développements sur l'apport des concepts humanistes au début de VM. C'est au sein de cette tradition qu'ont été élaborées des notions comme celles de goût, de jugement et de sens commun qui pouvaient faire droit à la prétention de connaissance des sciences humaines. Selon Gadamer, cette tradition était encore très vivante avant Kant. Elle finit cependant par perdre toute efficacité suite à l'essor de la scientificité purement méthodique du XVIIIe siècle. Gadamer se demandera donc comment on a pu en venir à une déperdition de cette tradition humaniste afin de découvrir comment la prétention à la vérité des sciences humaines a pu tomber sous le joug de la pensée méthodique issue de la science moderne[3]. Comment se produisit ce déclin de l'héritage humaniste qui fit place à l'hégémonie de l'idée de méthode dont les sciences physiques offraient la réalisation la plus éclatante? Ce chambardement, répond Gadamer, résulta d'une «esthétisation» des concepts cardinaux de l'humanisme,

1. Cf. WM, 158; GW I, 170; tr. fr. (modifiée), 95 : «La tâche pourrait être aujourd'hui de nous soustraire à l'influence dominante de la problématique diltheyenne et aux préjugés dont il est responsable dans l'histoire des idées».

2. Cf. WM, 15; GW I, 23 : «Was die Geisteswissenschaften zu Wissenschaften macht, läßt sich eher aus der Tradition des Bildungsbegriffs verstehen als aus der Methodenidee der modernen Wissenschaft».

3. Cf. WM, 21; GW I, 29 : «Zu diesem Zweck gehen wir der Frage nach, wie es zur Verkümmerung dieser Tradition kam und wie damit der Wahrheitsanspruch geisteswissenschaftlicher Erkenntnis unter das ihm wesensfremde Maß des Methodendenkens der modernen Wissenschaft geriet».

notamment du goût et du jugement, qui furent subitement amputés de la fonction de connaissance qui avait toujours été la leur. Ce tournant esthétique fut plus précisément le fait ou l'efficace de la *Critique de la faculté de juger* qui ne reconnaissait au goût qu'une portée subjective ou esthétique, le bannissant ainsi du champ de la connaissance, occupé par les sciences exactes. Ce qui ne répond pas aux critères objectifs des sciences physiques ne bénéficie plus que d'une valeur subjective, laissée au bon vouloir de chacun. En subjectivisant de la sorte la notion de goût, donc en discréditant tout savoir théorique qui ne satisfait pas aux exigences des sciences exactes, Kant aurait contraint les sciences humaines à se comprendre et à définir leur propre scientificité selon le modèle plus qu'aliénant des sciences pures[1]. Ce qui fut abandonné, c'est l'ensemble du legs humaniste au sein duquel les sciences humaines auraient pu trouver leur propre légitimité scientifique. Ce fut une très lourde perte, estime Gadamer : « On ne saurait en sous-estimer la signification. Ce qui fut ainsi sacrifié, c'est justement l'élément des recherches philologico-historiques, celui qui aurait pu leur permettre d'acquérir une pleine compréhension de soi au moment où elles ont voulu se définir comme « sciences humaines » à côté des sciences pures ».[2]

On ne saurait non plus sous-estimer l'ampleur de cet événement pour l'architecture argumentative de VM. Car ce n'est qu'à cet instant précis que l'art et l'esthétique ont à faire leur entrée dans l'horizon de l'œuvre. Tout l'effort de Gadamer consistera à montrer que la conscience esthétique n'est au fond qu'une fausse abstraction, provenant de la banalisation imposée par la science moderne à tout ce qui ne correspond pas à ses normes de connaissance. L'analyse de l'art et de la conscience esthétique dans VM ne perd donc pas de vue la question directrice de l'ouvrage sur l'autocompréhension des sciences humaines. L'esthétisation de tout ce qui ne relève pas de la science est une hypostase que Gadamer soumettra à une critique sévère qui ira jusqu'à mettre en question l'autonomie de l'art dans nos sociétés modernes. Gadamer fera valoir, par exemple, que les musées et les salles de concert permanentes ne sont que des « inventions » du XIXe siècle[3]. La jouissance esthétique et la culture du génie qui l'alimente apparaissent

1. Cf. WM, 38 ; GW I, 47 : « Die radikale Subjektivierung, die Kants Neubegründung der Ästhetik einschloß, hat so wahrhaft Epoche gemacht. Indem sie jede andere theoretische Erkenntnis als die der Naturwissenschaft diskreditierte, hat sie die Selbstbesinnung der Geisteswissenschaften in die Anlehnung an die Methodenlehre der Naturwissenschaften gedrängt ».

2. WM, 38 ; GW I, 46.

3. Cf. WM, 82 ; GW I, 92.

raissent donc comme de pures créations du XIXe qui tente d'instituer un monde esthétique pour soi, libre de toute prétention épistémologique. La critique gadamérienne de l'esthétique ne peut intéresser notre propos immédiat. On voit seulement en quoi la critique de la conscience esthétique représente l'une des « marches préalables » (*Vorstufen*)[1] de l'œuvre et pourquoi il doit être question d'art et d'esthétique dans le projet de VM. À tout prendre, la considération de l'esthétique dans l'architectonique de l'œuvre représente un peu un *détour*. La partie inaugurale de VM propose en effet moins une esthétique qu'une anti-esthétique, la création de l'esthétique n'étant qu'une abstraction qu'il s'agit de relativiser ou, dans les termes du jeune Heidegger, de « détruire », si l'on veut reconquérir une juste compréhension du mode de connaissance des sciences humaines.

Cette reconquête aura lieu dans la deuxième partie de l'ouvrage, avant tout dans sa seconde partie à portée systématique. Il faut voir dans cette deuxième section un certain terme ou un achèvement du questionnement systématique de VM sur la juste compréhension de soi des sciences humaines. Ce n'est pas uniquement parce qu'y sont développés les thèmes principaux de l'œuvre, comme la réhabilitation des préjugés et de la tradition, la conscience du travail de l'histoire, la fusion des horizons, l'application et la logique de la question et de la réponse, qui auront été au centre des discussions suscitées par l'herméneutique. L'accomplissement du projet de VM s'annonce aussi dans le titre de la partie systématique de la deuxième section, « Fondements pour une théorie de l'expérience herméneutique », titre qui s'apparente on ne peut plus étroitement à ce qui devait être le titre original de l'œuvre (nous y reviendrons), « Fondements pour une herméneutique philosophique ». Il n'y a aucun doute que c'est dans cette section que l'œuvre parvient au but qu'elle s'était fixé dans l'introduction, c'est-à-dire à une justification de la prétention de vérité attestée par les sciences humaines, en montrant que l'attachement à une tradition et à une communauté d'interrogation est condition de possibilité de connaissance. C'est qu'il ne s'agit partout, dans cette deuxième section, que du problème des sciences humaines. Gadamer y définit expressément sa propre entreprise comme étant celle d'une « *geisteswissen-*

1. On comptera donc parmi les études préparatoires essentielles de VM la conférence sur « le caractère problématique de la conscience esthétique » prononcée à Venise en 1958 (repr. in *Theorien der Kunst*, éd. par D. Henrich et W. Iser, Francfort, Suhrkamp, 1982, 59-69 ; tr. fr. in H.-G. Gadamer, *L'actualité du Beau*, Paris, Alinea, 1992, 84-95). Gadamer y renvoie d'ailleurs dans WM, 90 ; GW I, 100.

schaftliche Hermeneutik»[1], d'une «herméneutique des sciences humaines». Il convient d'insister sur cet aspect parce qu'après VM l'herméneutique de Gadamer est devenue le dénominateur commun d'une théorie générale de l'historicité et du monde de la vie, un peu dans la lignée de ce que Heidegger avait voulu faire dans son «herméneutique de la facticité» et dans *Sein und Zeit*, en-deçà de toute herméneutique épistémologique rivée aux sciences humaines et dont le paradigme avait été fourni par le travail de Dilthey. Une lecture attentive des deux premières sections de VM révèle que le fil conducteur de Gadamer reste bien celui d'une herméneutique appropriée des sciences humaines, mais elle est conduite afin de les libérer de la séduction exercée par l'idée de méthode.

Néanmoins l'élévation de l'herméneutique au rang de problématique philosophique autonome, qui laisse derrière elle le champ limité des sciences humaines, faisait déjà partie de la trame argumentative de l'œuvre de 1960. C'est à la troisième section qu'il appartenait de la mettre en œuvre et de faire apparaître ce que l'on peut appeler la dimension universelle ou l'universalisation de l'herméneutique. Le sens de cette «universalité» n'est cependant pas tout de suite évident. Afin d'en pénétrer la signification, il faut voir que les termes «universel», «ontologique» et «philosophique» fonctionnent un peu comme des synonymes dans l'ultime partie de VM. Négativement, ces trois termes indiquent un *dépassement* du cadre d'une «herméneutique des sciences humaines» qui avait régi les deux premières sections[2]. Prétendre que l'herméneutique est universelle ou qu'elle comporte une dimension «ontologique» et philosophique, signifie pour Gadamer que la dimension du comprendre ou, plus adéquatement, de la recherche de compréhension ou de langage, caractérise non seulement le mode de connaissance des sciences humaines, mais d'abord et avant tout l'élément essentiel de la finitude humaine. Cette «universalisation» – ce «tournant ontologique» (*ontologische Wendung*) – s'effectuera, selon l'intitulé de la dernière section, «suivant le fil conducteur du

1. Cf. WM, 246, 266, 293, 294, 297, 307 (GW I, 264, 286, 314, 316, 319, 330). Cf. à titre d'illustration, WM, 266, GW I, 286, tr. fr. (modifiée) 121 : «Ces réflexions nous amènent à demander s'il n'est pas temps de reconnaître dans ses droits fondamentaux le moment de la tradition dans une herméneutique des sciences humaines».

2. Cf. WM, 451 ; GW I, 479; tr. fr., 331 : «Car le rapport de l'homme au monde est de part en part et fondamentalement langage et donc compréhension. En ce sens, l'herméneutique est, comme nous l'avons vu, un aspect universel de la philosophie et *pas seulement* la *base méthodologique* de ce qu'on appelle les sciences humaines» (le souligné est de nous).

langage» (*am Leitfaden der Sprache*). En quoi le langage permet-il de fonder le caractère universel, donc digne de la philosophie, du comprendre herméneutique, limité dans les deux premières sections au travail des sciences humaines ?

Pour le saisir, il convient de prêter une attention toute spéciale à la dernière partie de la deuxième section, à la «logique de la question et de la réponse», là où s'effectue la transition vers la troisième partie. C'est ici que se décidera l'universalisation de l'herméneutique. Toute l'entreprise de Gadamer vise en effet à comprendre le langage lui-même selon la logique de la question et de la réponse (dont la deuxième partie a montré qu'elle était constitutive de l'effort d'interprétation en sciences humaines), c'est-à-dire à partir du dialogue. On ne mesure bien la portée de cette entente dialogique du langage que si on l'oppose à une intelligence strictement propositionnelle. Selon cette dernière, le langage vise à traduire de manière prédicative (S est P) un état de fait ou un état mental. La proposition ainsi cernée doit se suffire à elle-même : elle affirme quelque chose (un prédicat) à propos d'un sujet donné : tel sujet est fonction de tel prédicat, assertion dont la rigueur peut faire l'objet d'un contrôle ou d'une vérification. Cette approche du langage, dont on peut dire qu'elle a régenté la logique classique et par là la tradition philosophique, ne fait pas justice, estime Gadamer, à ce que le langage veut proprement dire. Gadamer tient même «cette édification de la logique sur la proposition» pour «l'une des décisions les plus lourdes de conséquences de la culture occidentale» [1]. Le langage déploie-t-il tout son sens d'évocation lorsqu'il n'est entendu que sur un mode purement propositionnel ? N'y a-t-il pas une dimension du langage qui se perd dans cette logique de la proposition, savoir la volonté, le contexte, la motivation ou la visée impliqués derrière toute proposition ? Voilà le sens de la question provocante de Gadamer : «Mais y a-t-il vraiment de telles pures propositions et si oui, où et quand ?» [2] Si la proposition peut être dite une simple «fiction» pour Gadamer, c'est qu'elle fait abstraction de tout ce qui n'est pas expressément dit» [3], entendons de la motivation fondamentale de ce qui est proféré. Tout acte de langage, en tant qu'expression de notre finitude, comporte des présuppositions, des raisons qui, elles, restent non dites. «Il n'y a aucune proposition», écrivait Gadamer en 1957, «que l'on pourrait comprendre en s'en remettant uniquement à son contenu propositionnel si l'on veut en saisir la vérité. Toute

1. GW II, 193.
2. *Ibid.*
3. GW II, 195.

proposition est motivée. Toute proposition a des présupposés qu'elle ne dit pas»[1].

Afin d'appréhender cette réalité herméneutique du langage, il y a lieu de quitter la logique de la proposition au profit d'une logique de la question et de la réponse. Pour celle-ci, toute proposition doit être comprise comme réponse à une question, laquelle a elle-même été rendue possible par une réponse ou une question, issues d'une communauté de dialogue à laquelle nous appartenons. La proposition *veut* dire quelque chose, mais pour capter son vouloir dire, il faut savoir s'engager dans le dialogue dont elle provient. L'intuition cardinale de l'herméneutique sur le langage se lit donc : «le langage ne s'accomplit pas dans des propositions, mais comme dialogue»[2]. Entendre le discours comme dialogue, c'est redécouvrir, selon les termes de l'important opuscule de 1966 sur «l'universalité du problème herméneutique», celui-là même qui lança le débat avec Habermas, «le phénomène le plus originaire de l'herméneutique (*das hermeneutische Urphänomen*), qu'il n'y a aucune proposition possible qui ne puisse être comprise comme réponse à une question et que ce n'est que de cette manière qu'elle puisse être entendue»[3].

L'universalité de l'herméneutique jaillit de l'universalité de la logique de la question et de la réponse, moteur de toute pragmatique langagière. Cette logique a été conquise au terme d'une «herméneutique des sciences humaines», à la fin de la seconde partie de VM, laquelle s'est avisée du caractère productif de l'enracinement du questionnement des sciences humaines dans une communauté et dans un dialogue situés. Gadamer s'était proposé de surmonter l'historicisme sous-jacent à l'épistémologie des sciences humaines en montrant, après Heidegger, que le cercle herméneutique qui constitue l'ensemble des «préjugés» d'un interprète représente moins un obstacle à éviter si l'on veut s'approcher de l'idéal d'une objectivité désincarnée, et comme telle irréalisable, qu'une condition de possibilité féconde de la compréhension entendue comme rencontre productive de sens et par laquelle sont transmises des valeurs humaines qui résistent à l'objectivation comme à la vérification mathématique. C'était là la conclusion de l'herméneutique des sciences humaines, de la *geisteswissenschaft-*

1. GW II, 52.

2. H.-G. Gadamer, *Grenzen der Sprache*, in *Evolution und Sprache. Über Entstehung und Wesen der Sprache*, in *Herrenalber Texte*, 66, 1985, 98. Sur les origines platoniciennes de cette intuition herméneutique, cf. GW VII, 127, 333, 368.

3. GW II, 226, traduit sous le titre «Le problème herméneutique», in H.-G. Gadamer, *L'art de comprendre*, tome I, Paris, Aubier, 1982, 20 (tr. modifiée).

liche Hermeneutik de la seconde partie. La dernière partie de VM montrera que cette logique de la vérité plonge ses racines dans le langage lui-même, notamment dans la logique de la réponse et de la question. Ceci permettra de donner un fondement plus universel, plus ontologique, à la problématique de l'herméneutique devenue philosophique.

Le privilège dont a pu jouir la proposition dans la logique classique se comprend aisément. En effet, la proposition c'est ce qui, dans le discours, se laisse contrôler et vérifier. Il est dès lors tentant de réduire le langage à sa seule portion «visible», autrement dit à la prétention objectivante de ses contenus propositionnels. Selon Gadamer, et c'est l'une des leçons les plus actuelles de son grand livre, cette réduction du langage à son *input* sémantique a partie liée avec le privilège de la méthode pour la science moderne, voire pour toute la métaphysique. En effet, la méthode ne tolère que ce qui peut être vérifié, réitéré, répété et administré en faisant l'économie de toutes circonstances concomitantes. Gadamer n'oppose pas une fin de non-recevoir au contrôle méthodique. Ce dernier a ses droits et ses succès, dont nous profitons tous. Il proteste seulement contre l'équation de la vérité avec ce qui peut faire l'objet d'une assurance méthodique. Lorsque Gadamer pense la différence ontologique de la vérité et de la méthode, il veut simplement rappeler, sans contester la légitimité de la méthode en son ordre, qu'il y a aussi de la vérité en-deçà de l'espace infiniment restreint de ce qui pour nous, être finis, peut être soumis à une vérification définitive.

Pour la métaphysique dominée par l'idée de méthode, la seule dimension du langage qui compte, parce qu'il n'y ait qu'avec elle qu'on puisse compter et calculer, est celle de l'énoncé, purgé de sa motivation individuelle et dialogique. Le langage sert alors simplement d'instrument ou de véhicule pour le transport de pensées ou de contenus propositionnels, qui se prêtent à un contrôle indépendant, aussi bien du contexte que des interlocuteurs. Entendre le langage depuis le dialogue, c'est marquer la limite de cette intelligence instrumentaliste du langage, laquelle ressortit à un oubli du langage tout court, oubli qui a imprégné, comme le montrera la troisième partie de VM, toute l'histoire de la métaphysique. Gadamer, il faut le noter, ne connaît qu'une seule exception à cet instrumentalisme ou à cet oubli du langage. Il trouve en effet dans la pensée chrétienne et augustinienne de l'incarnation le seul témoignage attestant que «l'oubli du langage de la pensée occidentale n'aura pas été intégral»[1]. La référence est tellement inusitée – il s'agit effectivement d'un renvoi aux spéculations sur le *verbum* dans le dogme de la trinité –, que l'indice n'a jamais vraiment été approfondi dans la réception de l'œuvre de Gadamer[2]. Or qu'est-ce qui dans l'idée chrétienne du *verbum* montre que l'oubli du langage n'aura pas été complet? Il ne peut être pour nous question d'entrer dans le détail de l'analyse complexe de Gadamer, encore moins dans les développements subtils du *De trinitate* d'Augustin[3].

On se bornera à l'essentiel. La notion de *verbum* ou de *logos* a été attribuée à la deuxième personne de la trinité suivant le prologue du quatrième Évangile pour lequel le fils de Dieu est à entendre comme «verbe» (λόγος). En soi l'apparition terrestre d'un tel λόγος pose d'amples problèmes théologiques dont on peut dire qu'ils ont galvanisé les débats des premiers siècles de l'ère chrétienne : ce λόγος était-il pleinement divin ou seulement humain? Opter pour l'une ou l'autre des interprétations entraînait nombre de difficultés, sinon d'hérésies, trop connues pour qu'il faille y revenir ici. Comme chacun sait, la théologie chrétienne se résolut à parler d'une «*homoousia*» du Père et du Fils. C'est ici qu'entre en scène la compréhension augustinienne du *verbum*. Afin de sonder toute la profondeur de cette notion, Augustin s'inspire de la distinction stoïcienne entre un λόγος ἐνδιαθετός et un λόγος πρόφορικος, un verbe intérieur et un verbe extérieur. Pour les Stoïciens, dont la doctrine rappelle ici le *De interpretatione* d'Aristote, le discours proféré n'est toujours que l'*expression* (au sens littéral), matérielle et audible, d'un discours intérieur[4]. Dans les termes d'Augustin : «Le verbe qui sonne au dehors est donc le signe du verbe qui luit au dedans, et qui, avant tout autre, mérite ce nom de verbe. Ce que nous proférons de bouche n'est que l'expression vocale du verbe»[5]. L'audace théologique d'Augustin consistera à appliquer cette

1. WM, 395; GW I, 422; tr. fr. (modifiée), 268.

2. Une seule exception, celle de Pierre Fruchon, «Herméneutique, langage et ontologie. Un discernement du platonisme chez H.-G. Gadamer», in *Archives de philosophie*, 36, 1973, 529-568; 37, 1974, 223-242, 353-375, 533-571 (surtout 36, 1973, 550sq.).

3. Cf. à ce propos nos études «Gadamer und Augustin. Zum Ursprung des hermeneutischen Universalitätsanspruches», in *Jahresgabe der Martin-Heidegger-Gesellschaft*, 1990, 46-62 et *L'universalité de l'herméneutique*, Paris, P.U.F., 1993.

4. Sur cet héritage stoïcien et son importance pour l'herméneutique, voir notre enquête «The Task of Hermeneutics in Ancient Philosophy», in *Proceedings of the Boston Area Colloquium in Ancient Philosophy*, 8, 1993.

5. *De Trinitate*, Livre XV, 20; tr. fr. *Œuvres de saint Augustin*, tome 16 : La Trinité, Paris, Desclée de Brouwer, 1955, 471.

cette intuition au dogme de l'incarnation. La venue du Christ sur Terre serait à concevoir comme l'extériorisation du logos intérieur divin qui, lui, reste de toute éternité auprès de Dieu. Le schéma stoïcien permet à Augustin de comprendre et l'unité et la différence entre les deux formes d'un seul et même verbe. Le verbe qui a assumé pour nous une manifestation sensible ne doit pas être confondu avec le verbe intérieur qu'est l'éternelle sagesse divine.

Mais, demandera-t-on enfin, qu'est-ce que tout ceci peut bien avoir à voir avec l'herméneutique de Gadamer? Ce qui intéresse Gadamer, ce sont les méditations d'Augustin sur l'infini décalage entre le verbe intérieur et son expression externe. Selon Augustin, les mots que nous proférons ne sont jamais une copie exacte de notre verbe intérieur, de « ce verbe qui n'est ni proféré dans un son, ni pensé à la manière d'un son, qui est nécessairement impliqué dans tout langage, mais qui, antérieur à tous les signes dans lesquels il se traduit, naît d'un savoir immanent à l'âme »[1]. Augustin veut ainsi distinguer dans le processus de l'incarnation divine le verbe qui a pris chair du verbe intérieur, tout en sauvegardant leur nécessaire unité essentielle (*homoousia*). Mais cette unité d'essence n'existe que pour Dieu. Pour nous les hommes, les mots que nous employons ne recouvrent jamais pleinement notre réflexion intérieure. Tandis que le verbe divin n'est toujours que l'expression parfaite de la connaissance de soi (selon 1 Cor 1, 24), notre verbe à nous n'est à peu près jamais le reflet d'une connaissance certaine. Est-ce que notre *verbum*, se demande Augustin, procède uniquement de ce qui vient de notre science[2]? Ne nous arrive-t-il pas plutôt d'utiliser des mots sans posséder d'évidence ultime sur le fondement et les ramifications de tout ce que nous affirmons? Notre verbe humain se nourrit invariablement d'un savoir implicite, d'un « je ne sais quoi » (*quiddam mentis nostrae*)[3], pour exprimer ce qu'il a sur le cœur. C'est cet élément, ce *verbum cordis*, écrit Augustin, qu'il faut tenter d'atteindre derrière les mots si l'on veut adéquatement comprendre ce qui se dit.

Gadamer tire plusieurs leçons de l'analyse d'Augustin. Il retient tout d'abord l'idée que le mot que nous cherchons à comprendre, ce n'est jamais uniquement le mot contingent qui a été proféré, mais l'ensemble de ce qu'il veut dire, c'est-à-dire le mot de la raison (*Wort*

1. Livre XV, 20; tr. fr. 475.
2. Livre XV, 24 (« numquid verbum nostrum de sola scientia nostra nascitur? »); tr. fr., 491.
3. Livre XV, 25; tr. fr., 497.

der Vernunft) dans son universalité propre [1]. En effet, les mots que nous proférons sont toujours les mots d'une langue donnée, contingente et particulière. Ce que vise la compréhension, c'est plutôt ce « verbe qui n'est ni grec, ni latin, qui n'appartient à aucune langue » [2], le verbe dans son universalité. Limiter la compréhension à la proposition qui a été dite, c'est en amputer le rayonnement. Car ce qui veut être compris, ce « n'est pas quelque sens logiquement abstrait de la proposition, mais toute la constellation qui se produit avec elle » [3]. La dimension universelle qui intéresse Gadamer n'est pas à chercher dans l'universalité du langage qui a été dit, mais dans ce que l'on pourrait surnommer avec Augustin l'universalité du *logos* intérieur. Ce serait cependant déformer la thèse de Gadamer que de dénoncer ici une rechute dans quelque mentalisme ou psychologisme, qui prétendrait qu'il y a une « représentation mentale » derrière toute proposition. Ce que suggère l'idée d'un verbe intérieur, c'est plutôt qu'il y a comme un *dialogue* « derrière » tout énoncé et qu'il est impossible de comprendre le dit d'un langage sans s'engager dans ce dialogue qui déborde ce qui a été dit : à quoi tel énoncé veut-il répondre ? à qui a-t-il été destiné ? pourquoi a-t-il été dit à tel moment ? etc. Le verbe extérieur, comme le savait déjà Platon, risque d'être perverti s'il se trouve coupé du verbe intérieur qui l'anime. Gadamer peut donc écrire : « Ce qui est dit n'est jamais tout. C'est seulement le non-dit qui constitue le mot comme tel, c'est-à-dire le mot qui peut nous atteindre » [4]. Et dans un texte plus récent : « Le *logos* et les *logoi* ne se limitent pas seulement à ce qui a été proféré dans sa teneur chosale et sa cohérence. On ne peut se contenter de proférer le *logos*. Il faut aussi le comprendre. La digression de la *Septième Lettre* traite précisément de la manière dont se produit le παραγίνεσθαι de l'ἐπιστήμη (Ep. VII, 342a). Nous faisons la même expérience. Lorsqu'il s'agit de philosophie, il ne suffit pas de savoir écrire, reproduire et répéter. Notre monde scientifique voué à la sécurité et à la certitude ne l'entend peut-être pas volontiers, mais il en est bien ainsi : ce que peut dire le langage reste nécessairement en-deça de ce qu'il veut dire » [5]. C'est cet enracinement du langage dans ce dialogue du dit et du

1. WM, 398 ; GW I, 425 ; tr. fr., 272.
2. Livre XV, 19 ; tr. fr., 469.
3. WM, 404 ; GW I, 431. La traduction française est ici (p. 278) désastreuse, rendant *Verflechtung* par « malédiction » au lieu de constellation, combinaison, enchevêtrement, etc.
4. GW II, 504.
5. GW VII, 333 (« Logos und Logoi sind nicht nur das Ausgesagte in ihrem Sachgehalt und ihrer Schlüßigkeit. Es darf nicht nur ausgesprochen sein. Es muß auch verstanden sein. Der Exkurs des 7. Briefes handelt genau davon, wie das

du non-dit, où se balbutie notre finitude, qui fonde l'universalité philosophique de l'herméneutique.

Il faut reconnaître que cette intuition de fond ne s'affirme peut-être pas avec toute la clarté et l'univocité voulues dans la troisième partie de VM. On peut regretter que cette troisième partie ne démontre pas toujours autant de rigueur conceptuelle que la deuxième, dont les thèses ont aussi connu un plus grand retentissement. Il semble que cette dimension herméneutique du langage, son entente à partir du dialogue et de la logique de la question, ait été beaucoup mieux cernée dans des essais postérieurs à VM comme dans « L'universalité du problème herméneutique » (1966), « Dans quelle mesure la langue préforme-elle la pensée ? » (1970), « Langage et compréhension » (1970) et, enfin, dans la belle réflexion sur les « Limites du langage » (1985). Il y aurait donc lieu de compléter l'intelligence de VM par la prise en compte de ces études plus tardives, d'autant que Gadamer semble avoir consacré beaucoup plus d'essais au problème du langage *après* 1960 qu'il ne l'avait fait auparavant, quand ses travaux poursuivaient le projet d'une herméneutique encore limitée aux sciences humaines. C'est un peu comme si Gadamer avait prolongé dans ses essais ultérieurs l'universalisation de l'herméneutique engagée dans l'œuvre de 1960.

Nous aimerions conclure en suggérant que la rédaction de VM ne s'est pas vraiment terminée cette année-là, mais qu'elle s'est en un sens continuée jusqu'à aujourd'hui. C'est ce que peut confirmer l'histoire du titre « Vérité et Méthode ». Comme nous l'avons déjà souligné, l'ouvrage devait d'abord s'intituler « Fondements pour une herméneutique philosophique »[1]. L'éditeur de Gadamer trouvait cependant le titre un peu curieux, le terme d'herméneutique n'étant alors pas très répandu. Il demeure que c'était le titre original et que c'est toujours sous le titre d'une « herméneutique » que Gadamer avait annoncé la publication de son ouvrage à ses collègues[2]. Il est à signaler, par exemple, que Betti, dans son débat avec Gadamer, cite systématiquement l'ouvrage sous le titre « Fondements pour une herméneutique philosophique », comme si le titre « Vérité et Méthode » n'existait pas[3]. Prié de trouver un titre

παραγίνεσθαι der ἐπιστήμη geschieht (Ep. VII, 342a). Wir haben die gleiche Erfahrung. Mit dem Schreiben und dem Nach-Schreiben und dem Nach-Reden ist es nicht getan, wenn es sich um Philosophie handelt. Man mag das in unserer auf Sicherheit und Gewißheit eingeschworenen wissenschaftlichen Welt von heute ungern hören, aber es ist doch so : Sprache bleibt mit dem, was sie zu sagen vermag, notwendig hinter dem zurück, was sie meint »).

1. Cf. H.-G. Gadamer, *Philosophische Lehrjahre*, 182.

2. Cf. GW II, 493.

plus accrocheur, Gadamer songea d'abord à « Événement et compréhension » (*Geschehen und Verstehen*), mais il y renonça, le titre rappelant peut-être un peu trop un titre de son maître Rudolf Bultmann (*Glauben und Verstehen*).

Mais les choses n'en sont pas restées là. L'ouvrage connut quatre éditions entre 1960 et 1975. Une cinquième édition, revue et corrigée, parut en 1986, comme premier tome des *Œuvres complètes*. On ne l'a pas remarqué tout de suite, mais le titre fut alors légèrement retouché. En effet : en même temps que le premier tome, qui offrait une version revue du texte de 1960, paraissait un second tome de « compléments » (*Ergänzungen*), composé essentiellement d'essais sur l'herméneutique publiés avant et après VM. Ce qui est fabuleux, c'est que ce second tome portait *aussi* le titre « *Wahrheit und Methode* ». Ce titre se retrouve en toutes lettres sur la couverture des deux premiers volumes des *Gesammelte Werke*. Tout ce qui distingue la page de titre du premier tome, c'est l'inscription « Fondements pour une herméneutique philosophique ». Par le fait même, le texte de 1960 s'est comme réapproprié son titre original. Ce titre « Fondements... » ne vaut cependant que pour le premier tome, celui de 1960. En sous-main, mais tout est permis pour une édition dite « de dernière main », « Vérité et Méthode » est devenu le titre des *deux* tomes. C'est ainsi, par exemple, que la préface et les postfaces des éditions antérieures ont pu se retrouver dans le *deuxième* tome, le premier n'offrant plus que le texte de 1960. Gadamer nous prodigue de cette façon un clin d'œil sur l'intelligence de son œuvre, en nous invitant peut-être à ne pas limiter le contenu de VM à ce qui a été dit dans l'ouvrage publié en 1960. C'est que Gadamer n'a jamais cessé de travailler à VM ou à son herméneutique. Seuls ses « Fondements » restèrent, forcément, les mêmes. Mais ils ont ouvert un dialogue qui fait encore partie de l'œuvre. Celui ou celle qui veut comprendre l'herméneutique de Gadamer doit aussi tenir compte des travaux antérieurs et postérieurs à *Vérité et méthode*. Sa composition ne s'est pas terminée en 1960. Elle est encore en cours.

3. Cf. E. Betti, *Die Hermeneutik als allgemeine Methodik der Geisteswissenschaften*, *op. cit.*, 27.

XIII
L'INTELLIGENCE HERMÉNEUTIQUE DU LANGAGE

Ah, non giovan le parole...
Zerlina

On a parlé avec beaucoup d'ironie, mais non sans justesse, d'une « inflation » du langage en philosophie contemporaine[1]. Il est clair que cette caricature vise surtout la philosophie analytique classique. Sans nécessairement souscrire à la thèse de Wittgenstein selon laquelle tous les problèmes de la philosophie proviendraient eux-mêmes d'abus langagiers, plus ou moins corrigibles, les philosophes analytiques continuent de voir dans l'analyse linguistique la méthode privilégiée pour s'orienter de façon claire et ordonnée dans l'ordre (argumentatif) des questions philosophiques. Mais le langage est aussi devenu une obsession pour la philosophie continentale elle-même, dont les trois modes les plus actuels sont sans doute la phénoménologie herméneutique (Heidegger, Gadamer, Lévinas), la « déconstruction » (Derrida, mais aussi Foucault) et la pragmatique transcendentale (Habermas, Apel), l'héritière de la théorie critique de l'École de Francfort. Pour ces philosophies du continent, tout qui se laisse penser se ramènerait aussi au langage. La théorie de l'agir communicationnel de Habermas veut en effet asseoir sa conception de la rationalité et sa théorie critique de la société sur des *a priori* universels qui seraient investis dans l'usage du discours (s'engager dans un acte de discours, ce serait reconnaître les réquisits universels, qu'ils soient effectivement respectés ou non, de l'ordre communicatif et de sa rationalité implicite). Il s'agit d'un renversement inouï et dont les générations futures auront à mesurer la portée : dorénavant, la « raison » ne se trouve plus dans l'ordre du

1. Cf. G. Hottois, *L'inflation du langage dans la philosophie contemporaine. Causes, formes et limites*, Éditions de l'Université de Bruxelles, 1979 ; voir aussi *Le signe et la technique*, Paris, Aubier, 1984.

monde, ni dans la tête des sujets pensants, mais dans le langage qui impose ainsi sa positivité à la philosophie contemporaine. La déconstruction part du même phénomène, celui du langage, mais pour en arriver à une conclusion diamétralement opposée. Ce qui la fascine dans l'univers vertigineux du langage, c'est que le sens (la « présence réelle » de la chose) y soit continuellement différé. C'est cette « différance » qui régirait le jeu infini, mais arbitraire de l'ordre des signes et qui exclurait toute espèce de référence extra-textuelle. Cette dernière ne serait elle-même qu'une présence réelle « indiquée », ou seulement promise, par des signes. Or, ces signes ne renverraient jamais à un monde objectif observable, mais à d'autres signes, à d'autres oppositions dont l'empire définirait ce que nous sommes en droit de tenir pour réel (empire qui correspond un peu à ce que Foucault entend par *epistèmè* et ce à quoi Derrida fait allusion lorsqu'il parle du discours de la métaphysique). Le monde, l'être, le référent, la vérité, bref, toutes les notions à l'aide desquelles nous tentons d'accéder à un au-delà du langage ne seraient elles-mêmes que des « effets de discours ».

On trouverait sans peine dans la phénoménologie herméneutique de Heidegger ou de Gadamer des confirmations de cette inflation du langage. Dans les écrits du dernier Heidegger, tout accès au monde semble être devenu l'affaire du langage, celui-ci héritant un peu de la fonction de *Dasein* qui revenait encore à l'homme dans *Être et temps*. Gadamer semble suivre le dernier Heidegger lorsqu'il professe à la fin de *Vérité et méthode* (1960) que « l'être qui peut être compris est langage ». L'ontologie universelle de l'herméneutique paraît vouloir ramener tout ce qui est et tout ce qui se peut penser à l'ordre impérial du langage.

Ce que l'idée critique d'une « inflation » du langage suggère, c'est que l'attention vouée au langage est allée un peu loin dans sa cécité référentielle (ou ontologique) et que le réel ne se limite peut-être pas à ce que peut en dire notre discours. S'il est encore permis de parler d'erreur et de mensonge, c'est que tout ne se réduit pas à un univers linguistique fermé sur lui-même. Dans cette mesure, la critique de l'inflation linguistique est une affaire très saine.

Ce que nous aimerions montrer ici, c'est que la conception herméneutique du langage qu'on trouve chez le premier Heidegger et chez Gadamer se trouve aux antipodes de la célébration inflationiste du langage qui sévit en philosophie. Ce qui caractérise l'intelligence herméneutique du langage, c'est peut-être même sa thèse sur la « secondarité » du langage réel. Pour l'herméneutique, le discours des énoncés apparaît second en regard d'une expérience herméneutique plus fondamentale encore. Entendre herméneutiquement le langage, c'est justement percer la façade du langage proféré afin de porter attention aux choses que cherche à dire le discours, mais sans toujours y parvenir, d'où son indigence ou sa secondarité.

La thèse du caractère secondaire du langage trouve son expression la plus claire dans l'intitulé du § 33 de *Sein und Zeit*, « L'énoncé comme mode dérivé de l'interprétation ». À première vue, cette notion paraît assez naïve, *a fortiori* si on la compare à ce qui semble correspondre à une « inflation » du langage dans les écrits plus tardifs de Heidegger. Paul Ricœur est de ceux qui ont cru devoir critiquer le statut second que Heidegger réservait au langage dans son œuvre maîtresse[1]. Il faut cependant noter que le § 33 ne parle que du statut dérivé de l'énoncé (*Aussage*), mais non du « langage » lui-même (*Sprache*). Si Heidegger veut mettre à distance l'énoncé, l'*Aussage*, c'est pour raviver une intelligence plus herméneutique du langage qui ne se laisse pas confiner à l'ordre des énoncés. Mais y a-t-il donc une sphère du discours qui ne relève plus de l'énoncé ? Le langage, n'est-ce pas l'ensemble de ce qui se laisse énoncer ? C'est une évidence, sur laquelle repose la logique classique, que le premier Heidegger entend contester. Ce que veut faire voir Heidegger, et ce « faire voir » résume toute sa « phénoménologie », c'est que l'énoncé humain procède d'une expérience de sens qui ne se dit pas entièrement dans la proposition attributive qu'étudie la logique. L'exemple de Heidegger est classique : « le marteau est lourd ». C'est une exclamation qui peut venir sur les lèvres d'un ouvrier épuisé dans son atelier. Mais ce que l'énoncé énonce, c'est que le prédicat de la lourdeur se trouve à être appliqué au sujet « marteau », comme si l'énoncé n'était qu'une constatation théorique à propos d'un objet subsistant qui n'aurait rien à voir avec le

1. Cf. P. Ricoeur, *Du texte à l'action. Essais d'herméneutique II*, *op. cit.*, 93 : « La philosophie de Heidegger – tout au moins celle de *Sein und Zeit* – est si peu une philosophie du langage que la question du langage n'est introduite qu'après celles de la situation, de la compréhension et de l'interprétation. Le langage, à l'époque de *Sein und Zeit*, reste une articulation seconde, l'articulation de l'explicitation dans des énoncés (*Aussage*, § 33, p. 191 sq.). Cf. aussi le « Cours sur l'herméneutique » donné par P. Ricoeur à l'Université de Louvain en 1971-2, 115, où Ricœur souligne justement la « dégradation » qu'accomplit l'énoncé : « Il n'est pas douteux que, pour Heidegger, ce soit par dégradation que l'on passe du en tant que, encore immanent à l'interprétation, à la détermination de propriétés abstraites. La clarification logique est ainsi payée par un obscurcissement ontologique. L'énoncé est l'un de ces lieux où l'on peut surprendre la marche de l'oubli et de la dissimulation. Ce n'est donc pas, encore une fois, la promotion du logique qui importe, mais sa dérivation par appauvrissement ontologique ».

Dasein. Si Heidegger évoque le statut dérivé de l'énoncé, c'est parce que l'acte prédicatif serait tout à fait second en regard de l'expérience herméneutique originaire qui *motive* l'énoncé et qui risque même de se perdre dans l'énonciation. Ce que l'énoncé « veut dire », ce n'est pas que l'objet « marteau » possède la qualité physique de la pesanteur, mais que le *Dasein* souffre dans son commerce avec le marteau. Seul ce contexte permet de comprendre la teneur de l'énoncé, lequel peut vouloir dire plusieurs choses : il peut traduire une expression immédiate de souffrance, signifier une demande d'aide, que le temps est venu de faire une pause, etc. À ce titre, l'énoncé est carrément second, « dérivé ». Il dérive justement d'une interprétation de soi du travailleur souffrant qui précède en quelque sorte l'énoncé et qui n'a peut-être pas même besoin de s'énoncer dans des mots. Un juron aurait tout aussi bien pu faire l'affaire, ou même le simple acte de mettre l'outil de côté. « De l'absence de mots, il ne faut donc pas conclure à l'absence d'interprétation »[1]. L'interprétation « pré-énonciative » est celle que Heidegger qualifie d'« herméneutique »[2]. L'herméneutique désigne ici le rapport à soi du *Dasein* qui se déploie sur le mode de la compréhension soucieuse. Lorsque cette lecture de soi en vient à s'exprimer en mots, on passe de l'ordre herméneutique à une monstration apophantique, prédicative ou énonciative.

L'arrière-fond motivationnel, herméneutique, peut effectivement se perdre, ou être mal compris, dans les énoncés objectifs qui ont cours. C'est pourquoi il est légitime, dans la perspective de Heidegger, de parler de sa secondarité. Ceci ne veut pas dire que Heidegger ignore tout à fait l'importance du langage dans la compréhension. Il est une modalité du langage qui n'est pas secondaire dans *Sein und Zeit*. C'est celle de la *Rede*, du « parler » ou du « discours » que tient le *Dasein* quotidien. Ce parler s'affirme même comme « cooriginaire » avec le comprendre (*Verstehen*)[3], en ce qu'il représente « l'articulation de la compréhension du là ». Ce parler embrasse toutes les formes « primitives » de discours dans lesquelles s'épanche notre être-au-monde pratique : les soupirs, le rire, les prises de bec, les tics linguistiques, les sous-entendus, etc. Tout cela paraît banal, mais c'est sous ce mode que le langage se présente d'abord et le plus souvent. En face de ces jeux de

1. *SZ* 157 ; aussi GA 20, 414-415 ; GA 21, 187-188.

2. Pour cette distinction capitale entre l'ordre apophantique des énoncés et le plan herméneutique, effleurée dans *SZ* (158), mais qu'on trouve partout dans les cours de cette période, cf. GA 21, 143-161.

3. *SZ* 161 ; trad. E. Martineau, 129 ; trad. F. Vezin, Paris, Gallimard, 1986, 207.

langage élémentaires, pour reprendre l'expression du dernier Wittgenstein, l'énoncé apparaîtra comme une « abstraction » qui ne caractérise en propre que le discours « théorique ». L'intention polémique de Heidegger est, bien entendu, de relativiser le privilège dont jouit l'énoncé ou la proposition dans la logique traditionnelle. C'est que cette logique aurait entravé la compréhension adéquate de ce qu'est le langage, comme mode pratique de l'être-au-monde, qui se manifeste moins dans l'énoncé prédicatif que dans le parler qui jaillit de la sphère de la préoccupation quotidienne et dont la logique est en quelque sorte « anté-prédicative ».

On peut ainsi parler chez le premier Heidegger d'une méfiance générale vis-à-vis de l'énoncé. Il faut aussi y reconnaître l'une des motivations premières de ce qu'il entend par phénoménologie. Pour lui, l'approche phénoménologique tient dans la simplicité du « retour aux choses elles-mêmes ». En exagérant à peine, on pourrait dire que c'est la seule injonction qui l'intéresse vraiment en phénoménologie. Faire de la phénoménologie ou s'en tenir aux choses elles-mêmes, comme vient de le confirmer le tome XIX des *Œuvres complètes*, c'est lutter contre la séduction et la facilité des « discours » communément reçus et qui voudraient nous épargner la nécessité d'un recours direct aux choses elles-mêmes. La double tâche de la philosophie, insiste Heidegger, est justement de nous redonner accès aux choses elles-mêmes, mais en même temps de détruire les discours qui recouvrent ces choses élémentaires[1] (double tâche, positive et négative, qui commandera l'architecture des deux parties de *Sein und Zeit*, l'analytique et la destruction).

Il n'est pas indifférent que Heidegger exprime sa méfiance radicale envers les « discours » dans un cours sur le *Sophiste*. Car le sophiste est pour Platon celui qui veut enseigner l'habileté dans l'art des *logoi*, mais en faisant complètement abstraction de la prétention de vérité du discours. Au vu de l'indigence des *logoi* pour la connaissance de la vérité, la *Septième Lettre* et le *Phèdre* iront jusqu'à condamner l'utilité de l'écriture, voire du langage, en philosophie. La solidarité de Heidegger avec Platon est sur ce point totale.[2] Le discours écrit, ou public, risque d'être détourné de son sens originel si l'auteur n'est pas là pour défendre ses intentions. L'essentiel n'est pas de croire tenir la vérité philosophique dans un discours ou quelque proposition, mais de « voir » les choses, et de ne se servir du discours que pour en arriver à

1. Cf. M. Heidegger, *Platon : Sophistes* (GA 19), Francfort, V. Klostermann, 1992, 16.

2. *Ibid.*, 340-348.

ce sens immédiat des choses elles-mêmes. À la limite, révélera une note manuscrite, la philosophie, dans la mesure où elle tend d'abord vers un « voir », est « en un certain sens affranchie du *logos* » (*Philosophie... in gewissem Sinne logos-frei*)[1].

Pour Heidegger, la tendance à en rester à la superficie du *logos* correspond à une forme d'inauthenticité du *Dasein*. L'homme, en tant que *Dasein* virtuel, est justement appelé à être « là », c'est-à-dire là où se découvrent les choses, voire à assumer lui-même ce découvrement. Suivre aveuglément les *logoi* qui circulent sans prendre sur soi l'effort d'une vision directe des choses elles-mêmes, c'est cesser d'être « là », cesser d'être *Da-sein*. Dans son cours de 1929/30, puis dans les *Beiträge*, Heidegger parlera ici d'un *Wegsein*[2] – d'un *Dasein* qui n'est pas là, mais ailleurs, dans les *logoi* ou le clabaudage, par exemple. Le *logos* ambiant vient obstruer l'accès du *Dasein* à soi-même. Un discours sans vision correspondante, ou recherchée, n'est que bavardage. « Il est évident que le *logos* est voué à un *horan*, un voir, qu'il jouit donc d'un statut dérivé, dans la mesure où il s'accomplit isolément, dans la mesure où il est le mode selon lequel on ne fait que parler, c'est-à-dire bavarder au sujet des choses. Il est précisément ce qui, dans l'être de l'homme, lui barre la possibilité de voir les choses, ce qui a justement la tendance, dans la mesure où il flotte en l'air, de répandre un savoir présumé à la faveur d'une simple répétition de ce qui a été dit qui n'a elle-même plus rien à voir avec les choses »[3]. Heidegger parle bien du *logos* pour autant qu'il procède « de manière isolée », c'est-à-dire où il revendique une autonomie qui tient lieu d'un accès aux choses. C'est cette autonomie que Heidegger veut affoler avec la seule arme de la phénoménologie, le retour aux choses elles-mêmes.

S'il est difficile de concevoir ce que serait un discours qui pourrait légitimement s'autoriser des fameuses « choses elles-mêmes », la portée polémique du propos de Heidegger est claire. Il s'agit d'attaquer la tendance, toujours très répandue, qui consiste, en philosophie comme dans les autres modes du discours, à s'en tenir paresseusement au jargon, aux « on-dit », aux bavardages et aux potins qui courent dans

1. *Ibid.*, 628.

2. GA 29/30, 95; GA 65, 301.

3. GA 19, 339-340 (Es ist deutlich geworden, daß *der logos auf das horan angewiesen ist*, daß er also einen *abgeleiteten Charakter* hat, daß er andererseits, sofern er *isoliert* vollzogen wird, sofern er die Weise ist, in der man einzig über die Dinge spricht, d.h. schwätzt, gerade dasjenige im Sein des Menschen ist, was ihm die Möglichkeit, die Sachen zu sehen, *verstellt*, daß er in sich, sofern er *freischwebend* ist, gerade die Eignung hat, vermeintliches Wissen zu verbreiten im Nachreden, das selbst kein Verhältnis zu den Sachen hat).

notre milieu et en fonction desquels nous nous orientons tous à des degrés divers. C'est ce mode « déficient » de la compréhension que le cours sur le *Sophiste* nomme fort bien le « *Verfallen* sur les *logoi* », la « déchéance » au niveau des seuls discours[1]. Cette formule superbe, la déchéance sur le *logos*, traduit l'une des intuitions les plus fondamentales de Heidegger. On « déchoit », on chute dans les discours reçus, comme on tombe dans un piège. C'est qu'on cède à la facilité d'un jargon qui procure une vague orientation générale, commode bien évidemment, mais qui ne résulte pas d'une attestation directe. Afin de combattre cette dérive vers les *logoi*, cette course aux cancans, la phénoménologie appelle de ses vœux un accès aux choses qui fasse l'objet d'une conquête autonome et, par là, d'une légitimation concrète. Cette évidence, la phénoménologie pourra toujours la rappeler et, dans le meilleur des cas, la produire. Il est beaucoup moins crucial, si l'on veut être phénoménologue, de souscrire à ses thèses particulières sur la hiérarchie des réductions ou la constitution des noèses transcendantales. Sans doute est-il aussi utile de le rappeler à l'encontre de la phénoménologie contemporaine qui s'efforce de reconstruire avec beaucoup de minutie la filiation des entreprises de Husserl et de Heidegger. Insister trop sur les subtilités théoriques de cette relation, c'est peut-être manquer l'essentiel, ou faire de la phénoménologie sans herméneutique[2]. Ce qui compte, ce ne sont pas les doctrines de la phénoménologie, mais la nécessité de voir les choses elles-mêmes. Heidegger l'a bien senti. C'est du reste au nom d'une conception aussi primitive de la phénoménologie qu'il a pu accuser la philosophie de Husserl d'être « non-phénoménologique »[3]. L'introduction à la phénoménologie, insiste Heidegger en 1924, ne s'accomplit pas par la lecture de la littérature phénoménologique, mais par le travail concret à même les choses elles-mêmes[4].

On voit que Heidegger souscrit par là, *nolens volens*, à une conception de la vérité comme *adaequatio* : le discours vrai est celui qui correspond au réel. Heidegger a beau insister sur l'acte découvrant qui incombe au *Dasein*, lequel a pour vocation de découvrir les choses dans leur vérité, mais cette vérité ne se laisse penser que comme adéquation, si elle veut être « conforme » aux « choses elles-mêmes ». La destruction de la tradition aura justement pour tâche d'identifier les *logoi* qui s'emparent de notre vision et qui l'empêchent d'apercevoir les choses

1. GA 19, 27, 47 et *passim*.
2. Cf. à ce propos « La phénoménologie sans herméneutique », *supra*.
3. GA 20, 147 et *passim*.
4. GA 19, 9.

les plus simples. Comment détruire les « erreurs » de la tradition sans entendre la vérité comme correspondance ?

La valence polémique de la phénoménologie heideggérienne est précieuse. Elle dénonce efficacement la langue de bois des évidences reçues qui ne reposent sur aucune expérience réelle, sur aucune « vision », et dont, bien sûr, la phénoménologie elle-même n'est pas exempte. Souvent, en effet, les professeurs, ou les étudiants, se contentent de répéter des formules générales, des slogans ou des citations sans même en avoir compris le sens. Toutefois, le versant positif de cette thèse présente quelques difficultés. On peut en indiquer trois. *1)* En quoi consiste exactement la vision directe des choses que la phénoménologie s'engage à promouvoir ? Le slogan d'un « retour aux choses elles-mêmes » ne demeure-t-il pas purement déclamatoire ? Heidegger ne l'ignore pas. C'est pourquoi il s'emploiera à montrer que le phénomène le plus essentiel est celui de l'être [1], vouant toutes ses énergies phénoménologiques à la destruction des recouvrements successifs de la question de l'être qu'aurait pratiqués la métaphysique. Mais comment s'assurer de l'authenticité d'un retour aux choses elles-mêmes s'il doit s'effectuer par l'intermédiaire d'une question qui reste elle-même « traditionnelle », celle de l'être ? *2)* On peut ensuite se demander si la critique heideggérienne de l'énoncé n'a pas un peu tendance à négliger le discours effectif et ses tendances positives de découvrement des choses elles-mêmes. S'il y a beaucoup de jargon, ou d'idéologie, dans les discours que nous récitons, il demeure que les discours servent bel et bien à découvrir le réel, à nous présenter les choses telles qu'elles sont en elles-mêmes. Sans prétendre avec la philosophie contemporaine qu'il représente notre seul accès au réel, si ce n'est une prison, le langage reste certainement le mode privilégié de notre ouverture

1. Cette primauté phénoménologique de la question de l'être est de plus en plus contestée aujourd'hui. Pensons aux travaux récents de J.-L. Marion, *Réduction et donation*, *op. cit.* ; K. Held, « Heidegger und das Prinzip der Phänomenologie », in A. Gethmann-Siefert et O. Pöggeler, *Heidegger und die praktische Philosophie*, Francfort, Suhrkamp, 1988, 111-139 ; E. Tugendhat, *Philosophische Aufsätze*, Francfort, Suhrkamp, 1992. Le premier à la mettre en question d'un point de vue phénoménologique avait été E. Lévinas, « L'ontologie est-elle fondamentale ? », *Revue de Métaphysique et de Morale*, 56, 1951, 88-98. La critique de la question de l'être chez Heidegger a, par ailleurs, toujours été un lieu commun de la philosophie analytique. La plus récente en date est celle de H. Philipse, « Heidegger's Question of Being and the 'Augustinian Picture' of Language », in *Philosophy and Phenomenological Research*, 52, 1992, 251-287, qui cherche à montrer que l'interrogation heideggérienne resterait prisonnière d'un concept référentiel de l'être (le verbe être correspondrait à un objet réel), issu de la conception augustinienne et husserlienne du langage.

compréhensive au monde. Et le discours ne se déploie-t-il pas toujours sur un mode énonciatif ? *3)* La troisième difficulté tient à ce que l'on peut appeler la dévalorisation existentiale de l'ordre des énoncés. Comme nous l'avons vu, et cela est encore plus manifeste dans le cours de 1924/25 que dans *Être et temps*, Heidegger paraît assimiler la prédominance du *logos* à une certaine déchéance du *Dasein*. Paul Ricœur parlait justement de « dégradation ontologique » dans le processus objectivant de l'énonciation. En s'abandonnant aux jargons qui ont cours, le *Dasein* se ferme en quelque sorte à lui-même. C'est qu'il n'assume plus lui-même le découvrement de son être à lui, préférant se le laisser dicter par les discours de bon teint (ceux du « on », dira Heidegger en 1927). Souvent, écrit Heidegger, les propositions viennent ainsi remplacer la vérité [1]. Un découvrement véritable des phénomènes eux-mêmes aurait pour fonction de mettre le *Dasein* à même de lutter contre le *Verfallen*, la déchéance, au niveau des seuls *logoi* [2]. Tout se passe un peu comme si l'ordre des énoncés en était un qu'il faudrait absolument combattre. Pour Heidegger, le *Dasein* est d'abord et le plus souvent fermé à soi-même, dans la mesure où il s'oriente exclusivement sur les discours courants. La transparence à soi du *Dasein* ne semble devoir être conquise qu'au prix d'une lutte permanente contre le *logos*. On a un peu le sentiment ici que Heidegger greffe sur l'opposition de l'énoncé et de la vérité sa dichotomie de l'inauthentique et de l'authentique. Mais est-il légitime d'entretenir une conception disons, à nos risques et périls, aussi « moralisante » du discours ? L'énoncé est-il en soi plus recouvrant que découvrant ? [3]

On sait que le jeune Gadamer fut un auditeur attentif des cours de Heidegger durant les années vingt. Gadamer reconnaît avoir été fasciné par l'usage que faisait Heidegger de la distinction augustinienne [4] entre

1. GA 19, 25, 197.
2. Cf. GA 19, 47.
3. La thèse de Heidegger sur la secondarité de l'énoncé gouverne aussi sa confrontation avec les grands auteurs de la tradition métaphysique, tous interprétés en fonction d'une seule question, celle de l'être, que, souvent, ils n'ont pas eux-mêmes posée. Pensons au début de l'essai sur *La doctrine de Platon sur la vérité* où Heidegger déclare que « la 'doctrine' d'un penseur, c'est le non-dit dans ce qu'il a dit ». Une note manuscrite sur Kant est encore plus explicite : « Ce qui est dit est indigent, seul le non-dit nous découvre un trésor » (*Das Gesagte ist das Dürftige, das Ungesagte erfüllt mit Reichtum*, « Aufzeichnungen zum Kantbuch », appendice à *Kant und das Problem der Metaphysik*, Francfort, V. Klostermann, 5. Auflage, 1991, 249). La passion de Heidegger pour le non-dit n'est pas le fait d'une lubie ésotérique, elle découle directement de sa conception de la phénoménologie.
4. Sur cet arrière-plan augustinien et la distinction connexe du verbe intérieur et extérieur, sur laquelle nous ne reviendrons pas expressément ici, cf. nos études

l'*actus signatus* et l'*actus exercitus*, c'est-à-dire entre l'acte significatif du discours, celui qu'expriment les signes d'un énoncé, et son exercice effectif, ou son accomplissement compréhensif. Le terme d'accomplissement rend assez maladroitement la notion allemande de *Vollzug*. « Accomplir » le discours, l'*actus exercitus*, cela veut dire deux choses : aller jusqu'au bout du discours prononcé, en sonder la motivation secrète et l'arrière-fond, mais aussi savoir appliquer ce qui a été proféré à sa propre situation, l'actualiser en quelque sorte sur le terrain de notre existence concrète. C'est dans cet esprit que le jeune Heidegger a introduit ses propres concepts comme de simples « indications formelles » qui ne sont liées à aucune terminologie précise, mais qui appellent une appropriation expresse de la part de ceux qui cherchent à comprendre. Les concepts de la philosophie ne sont adéquatement compris que si l'on réussit à les appliquer à notre existence, en perçant encore une fois la surface sémiotique du discours pour accéder à sa motivation intérieure. En philosophie, en effet, il ne suffit pas de savoir répéter des formules ou des théorèmes, ce serait en rester au niveau de l'*actus signatus*, il faut accomplir soi-même un effort de compréhension spécifique qui vise aussi bien la motivation de l'énonciation que son application à l'existence, donc aussi bien l'aval que l'amont du discours. Seul l'effort de l'*actus exercitus* permet de parvenir au sens plein des propositions.

Lorsque Gadamer emploie le terme d'herméneutique, c'est justement pour faire écho à la conception herméneutique du langage préconisée par le jeune Heidegger[1]. Dans cette perspective, l'herméneutique est peut-être moins une doctrine philosophique déterminée qu'une façon d'entendre le discours. On peut toutefois déjà noter une première petite différence entre Heidegger et Gadamer. Tandis que, pour Heidegger, l'ordre herméneutique semble parfois renvoyer à un au-delà du discours, à la souffrance de l'ouvrier, par exemple, lorsqu'il soupire que « le marteau est lourd », Gadamer fait davantage allusion à l'intériorité du discours lui-même, à la volonté de sens et à la motivation du discours effectif. Ce qui est commun aux deux auteurs, c'est l'idée que l'énoncé ne peut être considéré comme une entité sémantique auto-suffisante. Gadamer suit assurément Heidegger dans son opposition à l'empire de l'énoncé : c'est que « le concept d'énoncé (...) se trouve dans l'opposition la plus extrême qui

« L'universalisation de l'herméneutique chez H.-G. Gadamer », *supra* ; « Gadamer und Augustin », *op. cit.*, 46-62 ; *L'universalité de l'herméneutique, op. cit.* ; « The Task of Hermeneutics in Ancient Philosophy », *op. cit.*

1. Cf. H.-G. Gadamer, *GW*, II, 219 ; tr.fr. *L'art de comprendre*, t. 1, 28.

soit avec l'essence de l'expérience herméneutique et la linguisticité de l'expérience humaine du monde»[1]. Le privilège de l'énoncé n'est cependant pas opposé à un au-delà du langage, mais à la *Sprachlichkeit*, à la «linguisticité» originelle de notre expérience herméneutique du monde. En quoi consiste cette expérience herméneutique ?

Elle trouve sa plus limpide illustration dans ce que Gadamer appelle la logique de la question et de la réponse. Elle exprime ce que Gadamer tient pour «le phénomène herméneutique le plus originaire»(*das hermeneutische Urphänomen*), le plus universel, à savoir «qu'il ne saurait y avoir d'énoncé qui ne puisse être compris comme réponse à une question – et que l'énoncé ne peut toujours être compris *que de cette façon*»[2]. Celui qui veut bien entendre un énoncé doit d'abord s'efforcer de comprendre à quelle question il veut répondre, dans quel horizon d'interlocution il s'inscrit. Gadamer parle à dessein d'une «logique» de la question et de la réponse, puisque cette logique, en tant que science de la vérité dans le discours, vise à remplacer la logique prédicative qui se confine à la positivité de l'énoncé. La dialogique de la question et de la réponse invite à chercher la vérité du discours en amont des énoncés qui ont été prononcés, dans le dialogue dont ils «émergent».

Mais il importe de voir que, pour Gadamer, cet amont de l'énoncé relève encore du langage, ou plus exactement, de la *Sprachlichkeit*. La notion gadamérienne de *Sprachlichkeit* n'est pas toujours bien comprise. Elle ne désigne pas uniquement le «caractère langagier» de notre expérience du monde, puisque cette caractéristique générale vaudrait aussi pour la logique de l'énoncé. Dans ce cas, Gadamer apparaîtrait bel et bien comme l'un des responsables, ou des «coupables», de l'inflation du langage en philosophie contemporaine. La *Sprachlichkeit* nomme plutôt la virtualité langagière, la recherche de sens, le besoin pour ce qui cherche à être compris de devenir langage. Ce qui est universel en herméneutique, ce n'est pas le caractère langagier de notre compréhension, parce que très souvent nous n'arrivons pas à dire ce que nous croyons comprendre. C'est la recherche de langage qui est universelle et l'herméneutique sait assez qu'elle n'est que rarement satisfaite.

1. *Wahrheit und Methode*, GW I, 472 (Der Begriff der Aussage (...) steht nun in einem äußersten Gegensatz zu dem Wesen der hermeneutischen Erfahrung und der Sprachlichkeit der menschlichen Welterfahrung überhaupt) ; tr. fr. *Vérité et méthode*, Paris, Seuil, 1976, 323, mod.

2. GW II, 226 ; tr.fr. *L'art de comprendre*, t. I, 20, mod.

L'expérience herméneutique originelle est donc moins celle du langage que celle des *limites* du langage[1]. C'est parce que le langage n'arrive jamais à bout de tout ce qui voudrait être dit et compris que notre compréhension reste toujours en quête de langage. L'insatisfaction constitutive de la *Sprachlichkeit* correspond à ce que Gadamer nomme la structure « spéculative » du langage, qui sera étudiée dans l'avant-dernier chapitre de *Vérité et méthode*, celui qui prépare l'universalisation de l'expérience herméneutique à la fin de l'ouvrage. La dimension « spéculative » en appelle à tout ce qui n'est pas dit dans ce qui est effectivement dit, à toute la sphère du non-dit que laisse « miroiter » (puisque le spéculatif se nourrit de la métaphore du miroir) ou réfléchir le discours effectif. Il y a dans les termes qui sont employés une volonté de sens qui ne parvient pas à se cristalliser parfaitement dans des énoncés[2]. L'entente spéculative du langage veut encourager un accomplissement compréhensif du sens qui tienne compte de ce non-dit, de l'arrière-fond motivationnel, du contexte, en un mot, du dialogue dont procède le discours. La teneur spéculative va dans les deux sens. Elle est à l'œuvre aussi bien au niveau du locuteur que de l'auditeur. Le locuteur « risque » des énoncés, il s'y « commet » – et on pourrait dire que le balbutiement est le mode d'être le plus honnête du langage -, mais il sait parfaitement bien que ses mots n'épuisent pas sa volonté de sens ou tout ce qu'il faudrait pouvoir dire pour être bien entendu. Le locuteur dont les propos sont pris à la lettre se sait mal compris. Il peut prendre une certaine distance face à ses propres expressions, en chercher d'autres pour exprimer ce qu'il voudrait dire, ou tout ce qu'il faudrait pouvoir dire pour être adéquatement compris. C'est en regard de cet excès de sens qu'on peut continuer de parler d'une secondarité de l'énoncé effectif. Et ce qui est requis de l'auditeur qui cherche à comprendre, c'est de faire à rebours le trajet de l'énonciation, de l'*hermeneia* que les Anciens tenaient déjà pour un acte d'*interpretatio* : remonter de ce qui est dit à tout ce qui n'est pas dit. Partir de ce qui est dit pour entendre ce qui voudrait être dit, c'est cela spéculer, c'est cela chercher à comprendre. La dimension spéculative de la *Sprachlichkeit* présuppose donc un travail sur le langage, qui n'en reste pas à la positivité du discours, mais qui essaye de parvenir à un accomplissement de sens, à un *Vollzug von Sinn*. Citons tout au long l'analyse très fine que Gadamer consacre à cette teneur spéculative : « C'est dans un tout autre sens en effet que le langage a en lui-même

1. Cf. H.-G. Gadamer, « Grenzen der Sprache », *op. cit.*, 89-99.

2. D'où la primauté pour Augustin du *logos* intérieur sur le *logos* extérieur et contingent, parce que prisonnier de langues particulières.

quelque chose de spéculatif – non seulement au sens hégélien d'une préfiguration instinctive des relations logiques de la réflexion, mais en tant qu'accomplissement de sens, événement de discours, d'entente et de compréhension. Un tel accomplissement est spéculatif dans la mesure où les ressources finies des mots sont subordonnées au sens visé comme à une direction qui se prolonge à l'infini. Celui qui a quelque chose à dire cherche et trouve les mots au moyen desquels il se fait comprendre des autres. Cela ne veut pas dire qu'il fait des 'énoncés'.[1] Tous ceux qui ont assisté à un interrogatoire, ne fût-ce que comme témoins, savent ce que cela signifie que de faire des énoncés et combien peu ce qu'on y dit correspond à ce qu'on voulait dire. Dans l'énoncé [qui devient ainsi déclaration protocolaire], l'horizon de sens de ce qu'il s'agit de dire se trouve occulté avec une exactitude méthodique». La tâche d'une pénétration herméneutique du langage sera de reconquérir la densité spéculative du discours en tenant compte du non-dit qui se réfléchit dans ce qui a été proféré. On voit que l'intelligence herméneutique du langage, entendue au sens subjectif du génitif, est un peu celle du langage avant que d'être la nôtre. Ce que cette intelligence requiert de nous, c'est une compréhension, voire une compassion, qui sache reproduire la vérité spéculative qui a cherché à se dire dans les termes limités, mais intelligents, du discours. Et l'intelligence se mesure toujours à ce qu'il y a derrière les discours. Gadamer poursuit : « Dire ce qu'on pense, savoir s'entendre, cela signifie que l'on réussit à tenir ensemble ce qui a été prononcé avec l'infini du non-dit dans l'unité d'un sens et faire en sorte que l'on soit ainsi compris. Celui qui parle de cette manière peut bien n'employer que les mots les plus habituels et les plus courants, mais il est par là même justement en mesure de porter au langage ce qui n'est pas dit et ce qu'il faut dire».[2]

1. À cet endroit, le traducteur français de *Vérité et méthode* rend *Aussagen* par « déclarations ». À juste titre ici parce que Gadamer fait allusion à la signification juridique que peut avoir l'énoncé lorsqu'il devient « déclaration » dans un interrogatoire. C'est par souci de constance terminologique que nous maintenons cependant partout la traduction d'*Aussage* par énoncé.

2. *Wahrheit und Methode*, GW I, 472-3 (In einem ganz anderen Sinne nämlich hat die Sprache selbst etwas Spekulatives – nicht nur in jenem von Hegel gemeinten Sinne der instinkthaften Vorbildung logischer Reflexionsverhältnisse, sondern als Vollzug von Sinn, als Geschehen der Rede, der Verständigung, des Verstehens. Spekulativ ist ein solcher Vollzug, sofern die endlichen Möglichkeiten des Wortes dem gemeinten Sinn wie einer Richtung ins Unendliche zugeordnet sind. Wer etwas zu sagen hat, sucht und findet die Worte, durch die es sich dem anderen verständlich macht. Das heißt nicht, daß er 'Aussagen' macht. Was es heißt, Aussagen zu machen, und wie wenig das ein Sagen dessen ist, was man meint, weiß jeder, der einmal ein Verhör – und sei es auch nur als Zeuge – durchgemacht hat. In der

Savoir laisser entendre dans ce qui est dit tout ce qui ne peut être dit, voilà en quoi consiste la tâche et le péril du discours, mais aussi celle de la compréhension qui cherche à prendre la mesure de ce qui se dit. Comprendre, c'est donc entrer en dialogue avec ce qui a été proféré, bien sûr avec ce que l'auteur a voulu dire, mais aussi avec tout ce qu'il n'a pas été capable de dire. Le parler et le comprendre apparaissent ainsi comme des processus « spéculatifs », dont le succès est plus que fragile. Comprendre, c'est faire ressortir le non-dit qui est nécessaire à l'accomplissement de ce qui a été dit. L'herméneutique doit donc, en un sens, quitter la sphère des énoncés, tellement seconds qu'ils ont toujours besoin d'explications supplémentaires pour être adéquatement saisis. Son élément est moins celui du langage, qui reste occupé, voire obstrué par des énoncés, que celui de la *Sprachlichkeit*, celui de la virtualité de sens que recèle le langage sans pouvoir faire passer cette infinité de sens à l'élocution. La compréhension humaine se meut dans cet élément universel du dialogue, de la recherche de langage, qui précède le monde objectif, et combien facile à manipuler, des énoncés.

Mais l'herméneutique gadamérienne s'expose-t-elle alors aux dérives qui semblaient guetter la thèse de Heidegger sur le caractère dérivé de l'énoncé ? On a vu que la secondarité de l'énoncé pouvait faire écran au discours réel des hommes, lequel semble condamné à prendre la forme d'énoncés, aussi imparfaits soient-ils (ils, c'est-à-dire les énoncés...). La conception de Heidegger semblait aussi présupposer une vision directe, « *logos-frei* », des choses, mais dont la possibilité n'a peut-être pas fait l'objet d'une démonstration positive. Enfin, elle paraissait subordonner la tension entre la vérité et le discours à une dichotomie de l'authentique et de l'inauthentique.

Dans un article ancien, mais très perspicace, puisqu'il a été l'un des seuls à apercevoir l'orientation ultime de la *Sprachlichkeit* gadamérienne, le théologien Wolfhart Pannenberg a accusé Gadamer de condamner trop sévèrement la nature énonciative de notre expérience langagière.[1] Pannenberg est d'accord avec Gadamer pour reconnaître

Aussage wird der Sinnhorizont dessen, was eigentlich zu sagen ist, mit methodischer Exaktheit verdeckt. (...) Sagen, was man meint, sich Verständlichmachen, hält im Gegenteil das Gesagte mit einer Unendlichkeit des Ungesagten in der Einheit eines Sinnes zusammen und läßt es so verstanden werden. Wer in dieser Weise spricht, mag nur die gewöhnlichsten und gewohntesten Worte gebrauchen und vermag doch eben dadurch zur Sprache zu bringen, was ungesagt ist und zu sagen ist.) ; tr. fr. *Vérité et méthode*, 323-4, mod.

1. W. Pannenberg, « Hermeneutik und Universalgeschichte », in *Zeitschrift für Theologie und Kirche*, 60, 1963, 90-121 ; repr. in *Die Hermeneutik und die*

que l'horizon du non-dit est essentiel à l'appréciation du discours. Mais Gadamer aurait négligé deux choses. *1)* La juste compréhension de l'horizon du non-dit doit nécessairement *partir* de ce qui a été dit, de l'énoncé donc. Il n'y aurait donc pas lieu de mettre en question la primauté de l'énoncé pour l'herméneutique. *2)* La mise en relief de la sphère du non-dit ne pourrait à son tour se faire que par l'intermédiaire d'énoncés. La compréhension herméneutique, l'accomplissement du sens qui travaille en amont de l'énoncé, relèverait encore de l'ordre de l'énonciation.

Ces critiques sont tout à fait justes, mais je pense qu'elles se laissent concilier avec ce que Gadamer veut dire. Il est clair qu'il faut partir des énoncés lorsqu'on cherche à comprendre ou à interpréter. L'herméneutique ne le conteste pas. Sa thèse sur la secondarité de l'énoncé veut uniquement rappeler l'indigence de l'énoncé eu égard à l'infinité qui cherche à se dire et dont le langage réel n'est que le *speculum*. Ce qu'elle condamne, ce n'est pas le fait de l'énoncé, ce qui la contraindrait à une sigétique absurde, mais la fixation sur l'énoncé comme entité autonome de signification. Si l'énoncé peut être dit une « abstraction » pour Gadamer, c'est que la concentration sur la logique des seuls énoncés risque de faire abstraction de leur horizon dialogique (contextuel, motivationnel, etc.).[1] L'énoncé n'est « secondaire » qu'en considération de cet horizon dialogique essentiel. Le langage réel, comme le rappelle Pannenberg, se constitue bel et bien d'énoncés, plus ou moins articulés – et plus le discours bégaye, plus il est humain, l'assurance linguistique venant en quelque sorte masquer la détresse essentielle au discours des hommes. La seule question est de savoir si ces énoncés peuvent être bien compris si on fait l'économie de cette détresse et des questions qui la travaillent.

Pannenberg a aussi raison de dire que l'éclaircissement compréhensif de l'énoncé ne peut s'effectuer que par le biais d'énonciations. On n'en sort pas. Mais l'explication herméneutique de la motivation de l'énoncé ne saurait non plus se figer sur les explications qui sont offertes. Les énoncés qu'on peut faire au sujet d'autres énoncés

Wissenschaften, éd. par H.-G. Gadamer et G. Boehm, Francfort, Suhrkamp, 1978, 283-319. Pannenberg s'appuie notamment sur le texte de Gadamer cité plus haut (n.21) : « le concept d'énoncé se trouve dans l'opposition la plus extrême qui soit avec l'essence de l'expérience herméneutique et la linguisticité de l'expérience humaine du monde. » Les critiques de Pannenberg ont été reprises par G. Warnke, *Gadamer. Hermeneutics, Tradition and Reason*, Stanford University Press, Stanford, 1987. trad. fr. *Gadamer. Herméneutique, tradition et raison*, Paris, Editions universitaires de Boeck, coll. Le Point philosophique, 1991.

1. Sur l'abstraction, voire la « fiction » qu'est l'énoncé, cf. GW II, 194-5.

participent aussi de la structure spéculative du langage. L'explication ne dit jamais tout. Et ce qu'elle affirme est à son tour susceptible des lectures les plus diverses. Dans les termes finis que mobilisent les énoncés explicatifs se cache encore une infinité de sens, et de malentendus, possibles : est-ce vraiment tout ce que l'auteur voulait dire? est-ce que le contexte, par exemple, explique tout ce que l'énoncé souhaitait faire entendre? – telles sont les questions qui continuent de préoccuper l'écoute herméneutique du langage.

Il est possible que les critiques de Pannenberg touchent plus Heidegger que Gadamer. Ce dernier, en effet, n'envisage pas un au-delà du langage lorsqu'il convie à une intelligence herméneutique. L'herméneutique ne s'oppose pas frontalement à l'apophantique, il l'anime tout simplement. Gadamer ne néglige donc pas le discours effectif, comme Heidegger l'a peut-être fait dans certaines de ses formules où il évoque une compréhension qui serait «*logos-frei*», affranchie du *logos*. Si Heidegger a pu souligner que la *Rede*, le discours, était co-originaire du comprendre, c'était parce que le parler de la vie de tous les jours laissait mieux voir que le discours théorique de l'énonciation l'enracinement pratique de la compréhension. Mais ce qu'il faut comprendre demeure un en-deça de l'énoncé, un souffrir pratique que manquerait presque fatalement le langage effectif des énoncés, en raison de la domination de l'ontologie de l'étant-subsistant et de la logique propositionnelle qu'elle commande.

C'est pour une autre raison que Gadamer se rattache à l'expérience élémentaire du langage qui caractérise ce qu'il appelle notre expérience herméneutique du monde. Ce n'est pas d'abord parce que la motivation pratique y serait plus visible que dans l'énonciation théorique, mais parce que la nécessité de remonter en-deça des énoncés fait déjà partie de la façon dont la compréhension du langage est vécue et pratiquée dans la vie de tous les jours. Elle n'est donc pas une procédure sophistiquée qui serait propre à l'herméneutique philosophique : «Le premier pas de l'effort herméneutique, à savoir l'exigence pour la compréhension de remonter des énoncés aux questions qui le motivent n'est pas un procédé qui exigerait un artifice particulier, il décrit, au contraire, notre pratique la plus courante (...) Ce qui est artificiel, c'est de ne pas s'interroger sur ces présuppositions. Ce qui est très artificiel, c'est plutôt de se représenter que les énoncés tombent du ciel et qu'ils puissent être soumis à un travail analytique, sans même se demander pourquoi ils ont été dits et en quoi ils sont des réponses à quelque chose»[1]. La spéculation sur le langage habite déjà notre linguisticité, notre rapport herméneutique au langage. La *Sprachlichkeit* n'est donc pas une invitation à quitter le cercle des énoncés, mais à y entrer de manière convenable.

En reliant l'entente herméneutique du langage à la pratique quotidienne de la compréhension, à l'intelligence en acte du langage, Gadamer évite aussi la dichotomie de l'authentique et de l'inauthentique qui paraissait prêter une orientation un peu élitiste au radicalisme phénoménologique de Heidegger : les *logoi* qui ont cours sont d'emblée du côté de l'inauthentique, relevant d'un *Dasein* qui s'échoit sur les rives du bavardage, tandis que la vérité relève de la phénoménologie, d'une légitimation par les choses elles-mêmes, assurée par la philosophie qui sait détruire la tradition.

L'herméneutique gadamérienne réussit à préserver la portée critique de la thèse heideggérienne sur la secondarité de l'énoncé, tout en évitant ses écueils. Elle n'oppose pas l'ordre du langage à une quelconque vision directe des choses. L'élément de la compréhension n'est pas celui de la vision immédiate, mais celui de la «linguisticité» où le langage est en quelque sorte en mesure de se surpasser lui-même, mais tout en restant dans un horizon d'intelligibilité qui ne peut pas ne pas être axé sur un langage possible. L'herméneutique rappelle ainsi à la phénoménologie qu'on ne peut donner congé à la sphère des énoncés possibles et que la confirmation par les choses elles-mêmes doit elle-même faire l'objet d'un effort énonciatif et dialogique. Rivée à la pratique réelle de la compréhension, elle peut aussi traiter du discours sans faire intervenir aucune notion d'authenticité ou de déchéance. L'herméneutique philosophique de Gadamer redonne ainsi ses droits à la multiplicité des *logoi* humains, dont les balbutiements ressortissent moins à quelque déchéance existentiale qu'à la finitude de notre raison dialogique.

1. H.-G. Gadamer, *Vernunft im Zeitalter der Wissenschaft*, *op. cit.*, 102-3 : «Dieser erste Schritt hermeneutischer Anstrengung, insbesondere die Forderung, beim Verstehen von Aussagen auf die motivierenden Fragen zurückzugehen, ist nicht ein Verfahren von besonderer Künstlichkeit, im Gegenteil, es ist unser aller allgemeine Praxis. (...) Es ist im Gegenteil künstlich, nicht über diese Voraussetzungen nachzudenken. Es ist sehr künstlich, sich vorzustellen, daß Aussagen vom Himmel fallen und daß sie analytischer Arbeit unterworfen werden können, ohne überhaupt in Betracht zu ziehen, warum sie gesagt werden und in welcher Weise sie auf etwas Antworten sind».

SOURCES

Nous remercions les premiers éditeurs des textes qui constituent ce livre de nous avoir permis de les rééditer et de rehausser ainsi ce qui pourrait être leur cohérence. Tous les textes ont été revus pour cette publication.

I. « Le sens du titre *Être et temps* », in *Dialogue*, 25, 1986, pp. 709-725.

II. « La persistance et les ressources éthiques de la finitude chez Heidegger », in *Revue de Métaphysique et de Morale*, 93, 1988, pp. 381-400.

III. « Prolégomènes à l'intelligence du tournant chez Heidegger », in *Les Études philosophiques*, 1990, pp. 333-352.

IV. « La phénoménologie sans herméneutique », in *Internationale Zeitschrift für Philosophie*, 1, 1992.

V. « De Heidegger à Habermas », in *Les Études philosophiques*, 1986, pp. 15-31.

VI. « Rationalité et agir communicationnel chez Habermas », in *Critique*, 1986, no 464-465, pp. 40-59.

VII. « L'éthique d'Adorno », in *Les Études philosophiques*, 1987, pp. 505-519.

VIII. « L'herméneutique comme science rigoureuse selon Emilio Betti (1890-1968) », in *Archives de philosophie*, 53, 1990, pp. 177-198.

IX. « L'herméneutique positive de Paul Ricœur : du temps au récit », in « *Temps et récit* » *de Paul Ricœur en débat*, éd. du Cerf, collection Procope, Paris, 1990, pp. 121-137.

X. « Herméneutique et relativisme », in *Communio*, 12, 1987, cahier 5, pp. 101-120.

XI. « La conscience du travail de l'histoire et le problème de la vérité en herméneutique », in *Archives de philosophie*, 44, 1981, pp. 435-453.

XII. « L'universalisation de l'herméneutique chez Hans-Georg Gadamer », in *Archives de philosophie*, 53, 1990, pp. 531-545.

BIBLIOGRAPHIE SOMMAIRE

APEL, K.-O., « Constitution du sens et justification de la validité. Heidegger a-t-il dépassé la philosophie transcendantale par sa conception de 'l'histoire de l'être' ? », *Les Études philosophiques,* 1990, 373-396.

AUGUSTIN, *Sur la doctrine chrétienne. Œuvres de saint-Augustin,* Paris, 1955.

BARBOTIN, E. (éd.), *Qu'est-ce qu'un texte? Éléments pour une herméneutique,* Paris, 1975.

BEAUFRET, J., *Dialogue avec Heidegger,* (I: *Philosophie grecque,* 1973; II: *Philosophie moderne,* 1973; III: *Approche de Heidegger,* 1974; IV: *Le chemin de Heidegger,* 1985), Paris, Minuit.

BERNASCONI, R., « Bridging the Abyss: Heidegger and Gadamer », *Research in Phenomenology,* 16 (1986), 1-24.

BERNSTEIN, R. J., *Beyond Objectivism and Relativism: Science, Hermeneutics and Praxis,* Philadelphia, Univ. of Pensylvania Press, 1983.

BETTI, E., *Die Hermeneutik als allgemeine Methodik der Geistewissenschaften,* J. C.B. Mohr (Paul Siebeck), Tübingen, 1962, 1972 (2e).

—, *Teoria generale della interpretazione,* Milano, A. Giuffrè, 2 vol, 1955 ; tr. all.: *Allgemeine Auslegunslehre als Methodik der Geisteswissenschaften,* Tübingen, J. C. B. Mohr (Paul Siebeck), 1967.

BLEICHER, J., *Contemporary Hermeneutics: Hermeneutics as a Method, Philosophy and Critique,* London / Boston, Routledge and Keagan Paul, 1980.

BOUCHINDHOMME, C. (éd.), *Paul Ricœur: Temps et récit en débat,* Paris, Cerf, 1989.

BOLLNOW, O. F., *Dilthey. Eine Einführung in seine Philosophie,* 1930, 1936 (2e), Stuttgart / Berlin / Köln / Mainz, W. Kohlhammer Verlag, 1955 (3e), 1980 (4e).

—, *Studien zur Hermeneutik,* Freiburg / München, K. Alber, Bd. 1 : 1982 ; Bd. 2 : 1983.

BORMANN, C. von, « Hermeneutik I : Philosophisch-theologisch », G. Müller (Hs.), *Theologische Realenzyclopädie,* Bd. 15, New York / Berlin, 1986, 108-137.

BOUCHINDHOMME, C. (éd.), *Paul Ricœur : Temps et récit en débat,* Paris, Cerf, 1989.

BRES, Y. P., « Ricœur : le règne des herméneutiques ou 'un long détour' », *Revue philosophique de la France et de l'Étranger,* 94 (1969), 425-429.

BUBNER, R., *Modern German Philosophy,* Cambridge, Cambridge Univ. Press, 1981.

—, *Essays in Hermeneutics and Critical Theory,* Columbia Univ. Press, 1988.

BUBNER, R., K. CRAMER et R. WIEHL (Hs.), *Hermeneutik und Dialektik,* 2 Bde., Tübingen, J. C. B. Mohr (Paul Siebeck), 1970.

BULTMANN, R., « Das Problem der Hermeneutik », *Zeitschrift für Theologie und Kirche,* 47 (1950), 47-49.

COLLINGWOOD, R. G., *The Idea of History,* London, Oxford Univ. Press, 1946.

COURTINE, J.-F., *Heidegger et la phénoménologie*, Paris, Vrin, 1990.

COUTURIER, F., *Herméneutique. Traduire - interpréter - agir. Essai sur Heidegger et Gadamer,* Montréal, Fides, 1990.

DERRIDA, J., *L'écriture et la différence,* Paris, Seuil, 1967.

—, *La voix et le phénomène,* Paris, PUF,1967.

DICENSO, J., *Hermeneutics and the Disclosure of Truth. A Study in the Work of Heidegger, Gadamer, and Ricœur, (1- Aspects of the Problem of Truth in the History of Thought),* Charlottesville, Univ. Press of Virginia, 1990.

DILTHEY, W.,« Das hermeneutische System Schleiermachers in der Auseinandersetzung mit der älteren protestantischen Hermeneutik », *Gesammelte Schriften,* Bd. 14 / 2, 1966, 595-787.

—, *Le monde de l'esprit,* 2 tomes, Paris, Aubier, 1947 (« Origines et développement de l'herméneutique', t.1, 319-340).

—, *L'édification du monde historique dans les sciences de l'esprit,* tr. de S. Mesure, Paris, Cerf, 1988.

DOSTAL, R.J., « The World Never Lost : The Hermeneutic of Trust », *Philosophy and Phenomenological Research,* XLVII (1987), 413-434.

DROYSEN, J. G., *Historik. Vorlesungen über die Enzyklopädie und Methodologie der Geschichte,* hrsg. von R. Hübner, München / Berlin, 1937, 1955 (2e), Darmstadt, 1960 (4e).

EBELING, G., « Hermeneutik », *Religion in Geschichte und Gegenwart,* Bd.III, Tubingen, 1959 (3e), 242-262.

Exégèse et herméneutique, Paris, Seuil, 1971 (Textes de R. Barthes. P. Beauchamp, H. Brouillard, J. Courtès, E. Haulotte, X. Léon-Dufour, L. Marin, P. Ricœur, A. Vergote).

FERRARIS, M., *Storia dell' Ermeneutica,* Milano, Gruppo Editoriale Fabbri, Bompiani, Sonzogono, Etas S.p.A., 1988.

FERRY, L. et A. RENAUT, « La dimension éthique dans la pensée de Heidegger », *Le Genre Humain,* 14 (La valeur), Paris, Editions Complexe, 1986, 87-104.

FLASHAR, H., K. GRÜNDER et A. HORTSMANN (Hs.), *Philologie und Hermeneutik im 19. Jahrhundert. Zur Geschichte und Methodologie der Geisteswissenschaften,* Göttingen, Vandenhœck und Ruprecht, 1979.

FRUCHON, P., « Herméneutique, langage et ontologie. Un discernement du platonisme chez

H.-G. Gadamer », *Archives de philosophie,* 36 (1973), 529-568 ; 37 (1974), 223-242, 353-375 et 533-571.

—, « Niveaux de l'herméneutique selon Gadamer », in *Penser la foi. Mélanges offerts à Joseph Moingt*, Paris, Cerf, 1993, 933-954.

FUCHS, E., *Hermeneutik,* Bad Cannstadt, 1954, 1963 (3e) ; Tübingen, J. C. B. Mohr (Paul Siebeck), 1970 (4e).

GADAMER, H.-G., *Gesammelte Werke,* Tübingen, J. C. B. Mohr (Paul Siebeck), 1985ff : Bd. 1 : *Hermeneutik I : Wahrheit und Methode. Grundzüge einer philosophischen Hermeneutik,* (1960), 1986. Bd. 2 : *Hermeneutik II : Wahrheit und Methode. Ergänzungen,* Register, 1986. Bd. 3 : *Neuere Philosophie I : Hegel-Husserl- Heidegger,* 1987. Bd. 4 : *Neuere Philosophie II : Probleme- Gestalten,* 1987. Bd. 5 : *Griechische Philosophie I,* 1985. Bd. 6 : *Griechische Philosophie II,* 1985. Bd. 7 : *Griechisch Philosophie : Plato in Dialog,* 1991.

—, *Wahrheit und Methode*: *Grundzüge einer philosophischen Hermeneutik,* Tübingen, J. C. B. Mohr (Paul Siebeck), 1960, 1975 (4e); trad. fr. (partielle) de E. Sacre, *Vérité et Méthode,* Paris, Seuil, 1976.

—, *Le problème de la conscience historique,* Paris, Éd. Béatrice-Nauwelaerts, Louvain, Publications Univ. de Louvain, 1963.

—, *L'art de comprendre. Écrits I*: *Herméneutique et tradition philosophique,* Paris, Aubier-Montaigne, t. 1, 1982; *Écrits II*: *Herméneutique et Champ de l'expérience humaine*, Paris, Aubier, 1991.

—, *Qui suis-je et qui es-tu? Commentaire de* Cristaux de Souffle *de Paul Celan* (1973), Paris, Actes Sud, 1987.

—, *Années d'apprentissage philosophique* (1977), Paris, Criterion, 1992.

—, *L'Actualité du Beau* (1977), Paris, Alinea, 1992.

GETHMANN, C. F., « Philosophie als Vollzug und als Begriff. Heideggers Identitätsphilosophie des Lebens in der Vorlesung vom Wintersemester 1921/1922 und ihr Verhältnis zu 'Sein und Zeit' », *Dithey-Jahrbuch,* 4 (1986-1987), 27-53.

GREISCH, J., *Herméneutique et grammatologie,* Paris, Éd. du CNRS, 1977.

—, « La tradition herméneutique aujourd'hui : H.-G. Gadamer, P. Ricœur, G. Steiner », *Revue des Sciences philosophiques et théologiques,* 61 (1977), 289-300.

—, *L'âge herméneutique de la raison,* Paris, 1985.

—, « Bulletin de philosophie : herméneutique et philosophie pratique », *Revue des sciences philosophiques et théologiques,* 75, (1991), 97-128 ; « Bulletin de philosophie herméneutique : Comprendre et interpréter », 76 (1992), 281-310 ; « Les limites de l'interprétation »77 (1993), 255-288.

GRONDIN, J., *Hermeneutische Wahrheit? Zum Wahrheitsbegriff Hans-Georg Gadamers. (Monographien zur philosophischen Forschung, 215),* Königstein / Ts, Forum Academicum, 1982.

—, *L'universalité de l'herméneutique*, Paris, PUF, 1993

—, « Canonicité et philosophie herméneutique », in *Théologiques. Revue de la Faculté de théologie de l'Université de Montréal*, 1/2 (1993).

—, « La contribution silencieuse de Husserl à l'herméneutique », in *Philosophiques*, 19 (1993).

GUSDORF, G., *Les origines de l'herméneutique,* Paris, Payot, 1988.

HAAR, M., *Nietzsche et la métaphysique*, Paris, Gallimard-Tel, 1993.

HABERMAS, J., *La logique des sciences sociales* (1970), Paris, PUF, 1987.

—,*Théorie de l'agir communicationnel,* 2 tomes, Paris, Fayard, 1987.

—, *Morale et communication*, Paris, Cerf, 1986.

—, *Die nachholende Revolution,* Francfort, Suhrkamp, 1990.

—, *La pensée postmétaphysique*, Paris, Cerf, 1993.

Hans-Georg Gadamer, LaSalle, Open Court Publishing / Library of Living Philosophers, 1994.

HEIDEGGER, M., *Sein und Zeit* (1927), hrsg. von F. W. v. Herrmann, *Gesamtausgabe,* Bd., 2, 1977 ; trad. fr. de F. Vezin, *Être et Temps,* Paris, Gallimard, 1986 ; trad. fr. de E. Martineau, Paris, Authentica, 1985.

—, *Gesamtausgabe*, Francfort, V. Klostermann, depuis 1975.

—, *Interprétations phénoménologiques d'Aristote*, Trans-Europ-Repress, Mauzevin, 1992.

HERMANN, F.-W. von, « La fin de la métaphysique et l'autre commencement de la pensée. À propos du 'Tournant' de Heidegger », (trad. G. Guest) *Cahiers philosophiques,* 41 (1989), 45-74.

HIRSCH, E. D., *Validity in Interpretation,* New Haven / London, Yale Univ. Press, 1967.

—, *The Aims of Interpretation,* Chicago / London, Chicago Univ. Press, 1976.

HOLLINGER, R. (ed.), *Hermeneutics and Praxis,* Univ. of Notre Dame Press, 1985.

HOTTOIS, G., *L'inflation du langage dans la philosohie contemporaine. Causes, formes et limites,* Bruxelles, Éd. de l'Univ. libre de Bruxelles, 1979.

HOWARD, R. H., *Three Faces of Hermeneutics. An Introduction to Current Theories of Understanding,* Berkeley / Los Angeles / London, California Univ. Press, 1982.

INGRAM, D., « The Historical Genesis of the Gadamer-Habermas Debate », D. La Capra, S. L. Kaplan (Hs.), *Modern European Intellectual History,* Ithaca, 1982.

JANICAUD, D., *Le tournant théologique de la phénoménologie française*, Paris, L'Eclat, 1991.

JAUß, H. R., *Pour une esthétique de la réception,* Paris, Gallimard, 1977.

—, *Pour une herméneutique littéraire,* tr. fr. de M. Jacob, Paris, Gallimard, 1988.

KISIEL, T., « The Happening of Tradition: the Hermeneutics of Gadamer and Heidegger », *Man and World,* 2 (1969), 358-385.

—, *The Genesis of Heidegger's* Being and Time, Berkeley, University of California Press, 1993.

KLEMM, D. E. (ed.), *Hermeneutical Inquiry,* vol. I: *The Interpretation of Text,* vol. II: *The Interpretation of Existence,* Atlanta, Scholars Press, 1986.

MacINTYRE, A., « Contexts of Interpretation. Reflections on Hans-Georg Gadamer's 'Truth and Method' », *Boston University Journal,* 24 (1976), 41-46.

MADISON, G. B., *The Hermeneutics of Postmodernity. Figures and Themes,* Bloomington / Indianapolis, Indiana Univ. Press, 1988.

MARION, J.-L., *Réduction et donation. Recherches sur Husserl, Heidegger et la phénoménologie*, Paris, PUF, 1989.

MARQUARD, O., « Frage nach der Frage, auf die die Hermeneutik die Antwort ist », *Philosophisches Jahrbuch,* 88, (1981), 1-19, repris: *Abschied vom Prinzipiellen,* Reclam, Stuttgart, 1981, 117-146.

MEIER, G .F., *Versuch einer allgemeinen Auslegungskunst,* Halle, 1757, (Réimp.: L. Geldsetzer (Hs.), Stern-Verlag Janssen & Co., Instrumenta philosophica, Series Hermeneutica, 1, Düsseldorf, 1965.)

Les métamorphoses de la raison herméneutique. (Actes du colloque de Cerisy-la-Salle 1er-11 août 1988 sous la direction de Jean Greisch et Richard Kearney), Paris, Cerf, 1991.

MICHELFELDER, P. et R. E. PALMER (ed.), *Dialogue and Deconstruction. The Gadamer-Derrida Encounter,* New York, Suny Press, 1989.

MISGELD, D. et G. NICHOLSON (ed.), *Hans-Georg Gadamer on Education, Poetry and History: Applied Hermeneutics,* Albany, SUNY Press, 1992.

NANCY, J.-L., *Le partage des voix,* Paris, Galilée, 1982.

ORMISTON, G. L. et A. D. SCHRIFT (ed.), *The Hermeneutic Tradition from Ast to Ricœur,* New York, Suny Press, 1989.

—, *Transforming the Hermeneutic Context. From Nietzsche to Nancy,* New York, Suny Press, 1989.

PALMER, R. E., *Hermeneutics. Interpretation Theory in Schleiermacher, Dilthey, Heidegger, and Gadamer,* Evanston, Northwestern University Press, 1969.

PANNENBERG, W. , « Hermeneutik und Universalgeschichte », in *Zeitschrift für Theologie und Kirche*, 60, 1963, 90-121 ; repr. in *Die Hermeneutik und die Wissenschaften*, éd. par H.-G. GADAMER et G. BOEHM, Francfort, Suhrkamp, 1978, 283-319

PETIT, J. C., « Répertoire bibliographique sur l'herméneutique. Avec une section consacrée à Gadamer », *Recherches et théories,* n° 27, Montréal, 1984.

—, « Herméneutique philosophique et théologie », *Laval théologique et philosophique,* 41 (1985), 159-170.

PICHE, C., « Expérience esthétique et herméneutique philosophique », in *Texte*, 3 (1984), 179-191.

—, « Gadamer, Aesthetics and Modernity », *Eidos,* IX / 2 (1990), 159-175.

PHILIPSE, H., « Heidegger's Question of Being and the 'Augustinian Picture' of Language », in *Philosophy and Phenomenological Research*, 52 (1992), 251-287.

PÖGGELER, O., *Der Denkweg Martin Heidegger,* Pfullingen, Neske, 1963, 1983 (2e); tr. fr. (1ère éd.) de M. Simon, *La pensée de Martin Heidegger,* Paris, Aubier-Montaigne, 1967.

— (Hs.), *Hermeneutische Philosophie,* München, Nymphenburger Verlagshandlung, 1972.

— (Hs.), *Heidegger und die hermeneutische Philosophie,* Freiburg / München, 1983.

RESWEBER, J.-P., *Qu'est-ce qu'interpréter? Essai sur les fondements de l'herméneutique,* Paris, 1988.

RICOEUR, P., *De l'interprétation. Essai sur Freud,* Paris, Seuil, 1965.

—, *Le conflit des interprétations. Essais d'herméneutique,* Paris, Seuil, 1969.

—, *Cours sur l'herméneutique (1971-1972).* Bibliothèque universitaire de Louvain [Universitetsbiblioteek, cote : KUL 587 993].)

—, « La métaphore et le problème central de l'herméneutique », *Revue philosophique de Louvain,* 70 (1972), 93-112.

—, *La métaphore vive,* Paris, Seuil, 1975.

—, *Temps et récit,* Paris, Seuil, 1983, 1984, 1985 (3 tomes).

—, *Du texte à l'action. Essais d'herméneutique II,* Paris, Seuil, 1986, 1988.

—, *Soi-même comme un autre,* Paris, Seuil, 1990.

RORTY, R., *L'homme spéculaire,* Paris, Seuil, 1990.

SCHLEIERMACHER, F. D. E., *Hermeneutik,* hrsg. von H. Kimmerle, Heidelberg, 1959, 1974 (2e) ; tr. fr. de M. Simon, *Herméneutique,* Labor et Fides, 1987 ; tr. fr. de C. Berner, Paris, Cerf, 1987.

SMITH, P. C., « The Ethical Dimension of Gadamer's Hermeneutical Theory », *Research in Phenomenology,* XVIII, (1988), 75-92.

THISELTON, A. C., *The Two Horizons. New Testament Hermeneutics and Philosophical Description with Special Reference to Heidegger, Bultmann, Gadamer, and Wittgenstein,* Grand Rapids / Michigan, W. B. Eerdmans Publishing, 1980.

VATTIMO, G., *Introduction à Heidegger,* Paris, Cerf, 1985.

—, « Vers une ontologie du déclin », *Critique,* 452-3, 1985.

—, *La fine della modernità. Nichilosmo ed ermeneutica nella culture post-moderna,* Milano, Garzanti, 1985 ; trad. fr. de C. Alunni, *La fin de la modernité. Nihilisme et herméneutique dans la culture post-moderne,* Paris, Seuil, 1987.

—, *Éthique et Interprétation* (trad. de l'italien par J. Rolland), Paris, Éd. La Découverte, 1991.

WACHTERHAUSER, B. R. (éd.), *Historicity and Objectivity in Interpretation. A Critique of Gadamer's Hermeneutics,* Diss. Ph. D, Northwestern University, 1981.

—, *Hermeneutics and Modern Philosophy,* New York, Suny Press, 1986.

WAELHENS, A. de, *Phénoménologie et vérité. Essai sur l'évolution de l'idée de vérité chez Husserl et Heidegger,* Paris, PUF, 1953.

—, *La philosophie de Heidegger,* Louvain, 1942, 1971 (7e).

—, « Sur une herméneutique de l'herméneutique », *Revue philosophique de Louvain,* 60 (1962), 573-591.

—, « Quelques problèmes ontologiques de l'herméneutique », *Ermeneutica e tradizione (Archivio di filosofia),* Padova, Casa Editrice Dott. Antonio Milani, 1963, 43-53.

WARNKE, G., *Gadamer. Hermeneutics, Tradition and Reason,* Stanford University Press, Stanford, 1987. trad. fr., *Gadamer, herméneutique, tradition et raison,* Paris, Éditions universitaires de Bœck, coll. Le Point philosophique, 1991.

WEINSHEIMER, J. C., *Gadamer's Hermeneutics. A Reading of «Truth and Method»,* New-Haven / London, Yale University Press, 1985.

WRIGHT, K. (ed.), *Festivals of Interpretation. Essays on Hans-Georg Gadamer's Work,* Albany, Suny Press, 1990.

INDEX DES NOMS

INDEX DES NOTIONS

TABLE DES MATIÈRES

Imprimerie de la Manutention à Mayenne — septembre 1993 — N° 272-93